全国职业教育城市轨道交通专业规划教材

Chengshi Guidao Jiaotong Yunying Guanli Guizhang
城市轨道交通运营管理规章

徐新玉　**主编**
赵正波　**主审**

人民交通出版社

内 容 提 要

本书为全国职业教育城市轨道交通专业规划教材。本书从目前城市轨道交通运营组织架构与教学实践的角度出发，对城市轨道交通运营所涉及的主要设备与岗位进行全面分析，主要阐述了有关人员的岗位职责与作业标准、行车主要设备的操作维护规则，以及安全管理规则等内容。全书分为三篇，共七个单元，具体内容为：城市轨道交通调度组织管理、城市轨道交通乘务组织管理、城市轨道交通站务组织管理、城市轨道交通车站主要设备操作维护管理、城市轨道交通其他主要设备操作维护管理、城市轨道交通安全管理规则与城市轨道交通事故处理规则。

本书为高职、中职城市轨道交通类专业教材，还可作为城市轨道交通运营管理岗位的职业培训教材，同时也可供从事城市轨道交通规划、建设和运营管理的专业技术人员参考。

图书在版编目(CIP)数据

城市轨道交通运营管理规章 / 徐新玉主编. — 北京：人民交通出版社，2011.9

ISBN 978-7-114-09361-6

Ⅰ.①城… Ⅱ.①徐… Ⅲ.①城市铁路 - 运营管理 - 规章制度 Ⅳ.①U239.5

中国版本图书馆 CIP 数据核字(2011)第 169785 号

全国职业教育城市轨道交通专业规划教材

书　　名：	城市轨道交通运营管理规章
著 作 者：	徐新玉
责任编辑：	袁　方　张一梅
出版发行：	人民交通出版社股份有限公司
地　　址：	(100011)北京市朝阳区安定门外外馆斜街 3 号
网　　址：	http://www.ccpcl.com.cn
销售电话：	(010) 59757973
总 经 销：	人民交通出版社股份有限公司发行部
经　　销：	各地新华书店
印　　刷：	北京市密东印刷有限公司
开　　本：	787×1092　1/16
印　　张：	18.25
字　　数：	416 千
版　　次：	2011 年 9 月　第 1 版
印　　次：	2023 年 6 月　第 12 次印刷
书　　号：	ISBN 978-7-114-09361-6
定　　价：	36.00 元

(有印刷、装订质量问题的图书由本公司负责调换)

全国职业教育城市轨道交通专业规划教材编写委员会

主　　任：马伯夷　黄远丰

副 主 任：李建国　张国保　王心明

特邀专家：佟关林　王　英　林伟光

委　　员：(按姓氏笔画排序)

于　涛　仇海兵　王艳荣　宁　斌　刘莉娜

吴　冰　张利彪　张　莹　李红军　汪成林

沈　艳　单永欣　单　侠　赵巍巍　徐树亮

徐新玉　耿幸福　陶　艳　高　蓉　崔建荣

阎国强　谢玉华

出 版 说 明

随着我国城市化进程的快速发展，城市交通拥堵问题日益严重。大力发展城市轨道交通已成为解决城市交通问题的重要手段。截至 2010 年 11 月，国务院已批准 29 座城市的轨道交通建设规划。另有多座城市的轨道交通建设规划正在审批中。我国城市轨道交通建设已进入快速发展时期。

由于全国大部分城市轨道交通建设起步较晚，项目建设规模大，速度快，致专业人才供不应求，运营管理、驾驶、检修岗位的初中级人才短缺尤为突出。各地职业院校纷纷开设了城市轨道交通相关专业，轨道交通专业培训教材也陆续出版。但目前已出版教材存在体系不完善、教材内容侧重岗前培训、理论叙述过多等缺点，不适合职业院校教学使用。

为促进和规范轨道交通行业职业教育教材体系的建设，适应目前职业教育"校企合作，工学结合"的教学改革形势，人民交通出版社约请北京交通运输职业学院、南京铁道职业技术学院、上海交通职业技术学院、湖南铁道职业技术学院一线资深教师联合编写了"全国职业教育城市轨道交通专业规划教材"。2010 年推出其中 7 种：

《城市轨道交通概论》
《城市轨道交通客运组织》
《城市轨道交通行车组织》
《城市轨道交通运营安全》
《城市轨道交通车辆及操作》
《城市轨道交通信号与通信系统》
《城市轨道交通供电技术》

为完善课程体系，我社进一步扩大作者范围，整合编写资源，邀请北京市地铁运营有限公司、北京京港地铁有限公司、哈尔滨铁道职业技术学院、武汉铁路职业技术学院、成都铁路运输学校、西安科技商贸职业学院、北京外事学校等企业、院校加入原编写团队，共同编写以下 11 种教材，于 2011 年陆续推出。

《城市轨道交通专业英语》
《城市轨道交通票务管理》
《城市轨道交通服务礼仪》
《城市轨道交通车辆电器》
《城市轨道交通电工电子技术及应用》
《城市轨道交通车站设备》

《城市轨道交通运营管理规章》
《城市轨道交通控制系统》
《城市轨道交通车辆检修》
《城市轨道交通车辆检修实训》
《城市轨道交通接触网维护》

  本套教材突出了职业教育特色,围绕职业能力的形成组织课程内容;教材内容先进,总结了北京、上海、广州等地的地铁运营管理经验;侧重实际工作岗位操作技能的培养;理论知识的叙述以应用为目的,以够用为尺度;教材编写充分考虑了职业院校学生的认知特点,文字简洁明了,通俗易懂,版式生动活泼,图文并茂;每单元后附有复习题,部分章节附有实例。

  为方便教学,本套教材配套有教学课件,读者可于人民交通出版社网站免费下载。

  希望该套教材的出版对职业院校轨道交通专业教材体系建设有所裨益。

人民交通出版社
2011 年 8 月

前　言

　　本书由具有丰富轨道交通运营管理经验的高级工程师、工程师与具有多年轨道交通岗前培训教学经验的教师编写。编者在广泛调研、总结城市轨道交通运营管理企业主要岗位典型工作任务的基础上，以各岗位所需的岗位技能与应掌握的规章制度为主，结合现场运营管理实际与教学规律，对城市轨道交通运营管理组织制度进行了详细的叙述，主要阐述了有关人员的岗位职责与作业标准、行车主要设备的操作维护规则，以及安全管理规则等内容。

　　本书由校企合作共同开发，在编写过程中，强调工学结合，以能力培养为本位。以单元形式编写，内容由浅入深、循序渐进、层次清晰，同时结合教学实践与岗位技能要求，在书中融入了大量的知识链接、小贴士等内容，每单元附有复习与思考题，以便学生巩固复习所学知识，培养学生解决实际问题和拓展思考的能力，本书还突出了运营管理各岗位员工处理突发事件的能力培养。

　　本书编写分工如下：苏州大学阳澄湖校区(原南京铁道职业技术学院苏州校区)徐新玉编写绪论、单元2、单元3、单元4，宁波轨道交通公司高级工程师王晔编写单元1，苏州大学阳澄湖校区崔建荣编写单元5.1、单元5.2，苏州大学阳澄湖校区陈国富编写单元5.3、单元5.4，苏州大学阳澄湖校区谢旭方编写单元6.1、单元6.2，南京地铁高级工程师徐树亮编写单元6.3，苏州大学阳澄湖校区耿幸福编写单元7。本书由徐新玉主编并负责全书统稿，由苏州轨道交通有限公司赵正波担任主审。

　　本书在编写过程中得到了京港地铁王英老师、北京地铁佟关林老师、南京地铁、苏州地铁、上海轨道交通培训中心等有关人员的大力支持。在此谨向有关专家致以衷心地感谢！

　　由于编者水平有限，书中难免有不足之处，敬请读者多提宝贵意见，以便再版时修正。

编　者

2011 年 7 月

目 录

绪论 ·· 1
 0.1 城市轨道交通主要作业岗位概述 ·· 2
 0.2 城市轨道交通主要行车设备概述 ·· 3
 复习与思考题 ·· 10

第一篇 城市轨道交通运输组织管理

单元1 城市轨道交通调度组织管理 ·· 13
 1.1 运营调度工作概述 ·· 14
 1.2 行车调度员 ·· 17
 1.3 电力调度员 ·· 27
 1.4 环控调度员 ·· 31
 1.5 设备维修调度员 ··· 42
 1.6 车辆基地调度员 ··· 45
 复习与思考题 ·· 47

单元2 城市轨道交通乘务组织管理 ·· 48
 2.1 电动列车司机的岗位要求与作业标准 ·· 49
 2.2 电动列车司机作业程序 ·· 53
 2.3 特殊情况下的列车驾驶 ·· 62
 2.4 列车故障处理 ·· 65
 2.5 乘务工作纪律与列车安全驾驶的基本规定 ··· 75
 2.6 乘务管理 ··· 81
 复习与思考题 ·· 82

单元3 城市轨道交通站务组织管理 ·· 83
 3.1 车站行车作业基本要求与制度 ·· 84
 3.2 车站客运服务原则与规范 ·· 87
 3.3 站务人员岗位职责与作业标准 ·· 89
 3.4 城市轨道交通主要客运规章制度 ·· 103
 3.5 车站突发事件应急处理办法 ··· 106
 复习与思考题 ·· 123

第二篇 城市轨道交通主要设备操作维护管理

单元4 城市轨道交通车站主要设备操作维护管理 ··························· 127
 4.1 车站日常消防设备操作与故障处理 ·· 128

4.2　自动扶梯操作与故障处理 ………………………………………………………… 138
　　4.3　屏蔽门操作与故障处理 …………………………………………………………… 142
　　4.4　自动售检票系统操作与故障处理 ………………………………………………… 148
　　复习与思考题 …………………………………………………………………………… 157
单元5　城市轨道交通其他主要设备操作维护管理 …………………………………… 158
　　5.1　城市轨道交通车辆运用与检修管理 ……………………………………………… 159
　　5.2　城市轨道交通接触网维护与运行管理 …………………………………………… 170
　　5.3　城市轨道交通通信信号设备操作维护管理 ……………………………………… 190
　　5.4　城市轨道交通线路维护管理 ……………………………………………………… 205
　　复习与思考题 …………………………………………………………………………… 212

第三篇　城市轨道交通安全管理

单元6　城市轨道交通安全管理规则 …………………………………………………… 215
　　6.1　城市轨道交通安全管理概述 ……………………………………………………… 216
　　6.2　城市轨道交通运输安全管理的途径 ……………………………………………… 218
　　6.3　城市轨道交通安全规则 …………………………………………………………… 225
　　复习与思考题 …………………………………………………………………………… 235
单元7　城市轨道交通事故处理规则 …………………………………………………… 236
　　7.1　城市轨道交通事故处理规则 ……………………………………………………… 237
　　7.2　城市轨道交通事故案例分析 ……………………………………………………… 251
　　7.3　城市轨道交通事故预防与处理 …………………………………………………… 266
　　复习与思考题 …………………………………………………………………………… 278

附录　城市轨道交通常用缩略语英汉对照表 ………………………………………… 279
参考文献 ………………………………………………………………………………… 281

绪　论

 教学目标

1. 掌握城市轨道交通主要行车设备及其功能特点；
2. 了解城市轨道交通主要作业岗位及其相互关系。

 建议学时

2 学时

0.1 城市轨道交通主要作业岗位概述

城市轨道交通运营企业是一个多部门、多工种协同作业才能完成运输任务的综合性企业,虽然各个企业组织架构各不相同,但是他们主要作业岗位基本一致。其主要有车务部、AFC管理中心、车辆管理中心、维修工程部以及自动化控制中心等。主要作业岗位有行车调度员、电力调度员、环控调度员、设备维修调度员、信号楼调度员、电客车司机、车站站长、值班站长、客运值班员、行车值班员、售检票员、站台安全员、设备维修员等。

 知识链接

某市轨道交通运营企业组织架构(如图0-1所示)

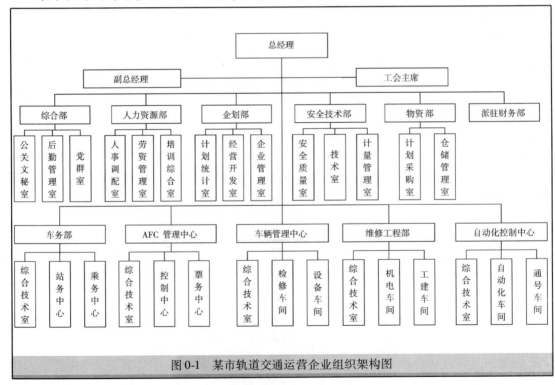

图0-1 某市轨道交通运营企业组织架构图

0.2 城市轨道交通主要行车设备概述

城市轨道交通系统作为现代化城市的重要基础设施,是为了最大限度地满足市民出行需要,迅速、舒适、安全、便利地运送旅客。它包括地铁、城市快速铁路、轻轨、独轨等交通系统。各类城市轨道交通运输系统都是由各种先进的设施、设备组成的,行车设备主要由车辆、线路、车站、车场、轨道、地面信号、列车自动控制系统、通信系统、供电设备及机电设备构成。作为城市轨道交通系统的职工,必须掌握和了解这些行车设备的基本知识,更好地利用这些设备来确保行车安全。

一 车辆

城市轨道交通车辆是整个城市轨道交通系统中最关键、技术含量高且集中的机电设备,其选型和技术参数不仅是确定线路技术标准的基础,也是确定系统运营管理模式和维修方式的基本条件,而且还是系统设备选型和确定设备规模的重要依据。各城市的城市轨道交通车辆的结构和性能不尽相同,这与许多因素有关,除车辆提供商的技术背景和设计时考虑问题的角度有所不同以外,还与当时的城市轨道交通车辆发展水平及城市运用环境等有很密切的关系。它们都尽可能结合城市各自的特点,满足城市交通客流量大、安全、快速、舒适、美观、节能和环保的要求,具有先进性、可靠性和实用性。

城市轨道交通车辆的类型不同,其技术参数也不同,但其结构基本相同。一般城市轨道交通车辆的组成为:车体、车门、车钩缓冲装置、转向架、制动装置等。例如,目前上海地铁运用的车辆均为地铁列车,它们均以电动车组编列运行,编组为6节(远期为8节),分4节动车与2节拖车。目前共有4种车型,包括:直流传动的DC—1型、交流传动的AC—1型、AC—2型、AC—3型。

在城市轨道交通车辆中还有一种工程车辆,它的作用是维护线路设备设施,并承担突发事件处理、事故救援工作。按照用途不同可分为内燃机牵引车、轨道牵引车、接触网线车、起重车、清扫车、平板装卸车等。

二 线路

线路是城市轨道交通的重要组成部分,其内涵是保证轨道交通在安全、快速前提下,确定列车在城市三维空间的走向。线路包括：正线、联络线、场线及道岔。线路按其所处环境不同可分为地面线路、地下线路及高架线路。

三 车站

车站是城市轨道交通系统最重要的组成部分，是乘客上下车、换乘的场所，也是列车到发、通过、折返、临时停车的地点。还具有购物、集聚及作为城市景观等一系列功能。车站的选址、布置、规模等，不仅影响运营效益，而且关系到城市交通的运转。

1 车站的组成

（1）从使用功能角度讲，大型城市轨道交通系统的车站组成包括：车站大厅及广场、售票大厅、运营管理场所、技术设备用房和管理用房。车站大厅及广场是乘客、游客和商业聚集的地方；售票大厅为乘客出售列车客票的地方；站台、垂直交通及跨线设施，直接供乘客乘降车使用；运营管理场所，旅客不能到达的地方，如车站办公室、仓库、维修设施及铁路股道等；技术设备用房及管理用房，一般分设于站厅和站台的两端部。

（2）从建筑空间位置角度讲，车站一般包括：主体、出入口及通道、通风道及风亭（地下）和其他附属建筑物。

2 车站的分类

按车站的空间位置可分为地下车站、地面车站、高架车站；按运营功能可分为终点站、中间站、换乘站、区间站（或称折返站）、通勤站；按车站站台形式分为岛式车站、侧式车站、岛侧混合式等车站形式；按车站施工方法分为明挖车站（又可分为浅埋式和深埋式）、暗挖车站等；按车站断面结构分为矩形车站（又可分为单层、双层、多层）、拱形车站（又可分为单拱、多跨连拱）、圆形车站（又可分为正圆、椭圆）、马蹄形车站等。

四 车场

车场又称为车辆停放及维修基地，是车辆停放、保养、修理的专门场所，主要由停车库、列检库、站场线路、信号控制楼等组成。车辆段主要划分为检修区和运营区，所有的检修工作均集中在检修区域进行，运营区主要负责段属车辆的停放、列检和乘务工作。为了便于统一管理，往往将机电、通号、公务、仓库、教育培训等部门、设施与车辆基地组建在一起，成为更大的车辆综合维修基地。

五 轨道

轨道是城市轨道交通系统的重要组成部分。轨道是作为一个整体结构，铺设在路基之上，直接承受列车车辆及其荷载的巨大压力，对列车运行起着导向作用的一组设备。

轨道是由钢轨、轨枕、扣件、道床、道岔及其他附属设备等组成的构筑物（如图 0-2 所示）。

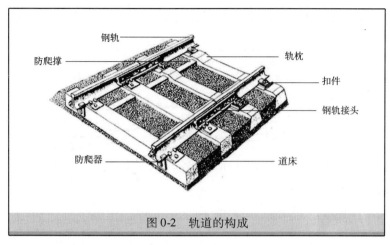

图 0-2 轨道的构成

① 钢轨

钢轨是指两条直线形呈平行分布,安装在轨枕或路基之上的由钢铁材料制成的金属构筑物。钢轨是轨道的组成部分,其功用是直接承受车轮传递的列车荷载,并引导列车的运行方向,此外在城市轨道交通系统中,钢轨还要兼供轨道电路之用。

除上述功用外,钢轨有时还起到安全保护作用,这时的钢轨被称为"护轨"。

(1)防脱护轨:当列车以高速转弯时,外弯一面的轮缘受着极大的压力,为防止轮缘负荷过重,在内弯的轨条处会装设一段钢轨,使另一边的轮缘分担列车转向时所产生的离心力,而通常这附加的轨条会比正常的轨条高些,以加强保护。

(2)桥上护轨:在钢轨两侧分别装设两段钢轨,以防止列车在桥上或高地出轨时继续向外冲。

(3)道岔护轨:在道岔区防止车轮在岔心处进错路线而安装的护轨。

② 轨枕

轨枕是轨道的基础部件,它是承垫于钢轨之下,将钢轨所承受的重量压力平均传递到道床上,同时又能有效地保持钢轨轨距和方向几何形位的轨道部件。轨枕具有必要的坚固性、弹性和耐久性,能便于固定钢轨,有抵抗纵向和横向位移的能力,阻止钢轨因列车行驶压力而被拖动,保持两条钢轨间的一定距离和方位,列车经过时,它可以适当变形以缓冲压力,但列车过后还得尽可能恢复原状。

③ 道床

道床是指路基、桥梁或隧道等下部结构之上,钢轨、轨枕之下的碎石、卵石层或混凝土层。它是钢轨或轨道框架的基础。道床的主要作用是支承轨枕,把来自轨枕上部的巨大荷载,均匀地分布到路基面上,大大减少了路基的变形。道床依靠本身和轨枕间的摩擦,起到固定轨枕的位置,阻止轨枕纵向或横向移动。

④ 道岔

道岔是一种使列车车辆从一股道转入另一股道的线路连接设备,通常在车站、车辆段和停车场大量使用。由于道岔具有数量多、构造复杂、使用寿命短、限制列车速度、行车安全性低、养护维修投入大等特点,与曲线、接头并称为轨道的三大薄弱环节。

道岔种类较多,最常见的是普通单开道岔,主要由转辙器、连接导轨和辙叉及护轨三大部分组成(如图0-3所示)。

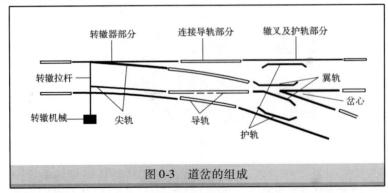

图0-3　道岔的组成

道岔组合的基本形式有三种:即线路的连接、交叉、连接与交叉的组合。常用的线路连接有各种类型的单式道岔和复式道岔;交叉有直角交叉和菱形交叉;连接与交叉的组合有交分道岔和交叉渡线等。

常用道岔的种类有如下几种:

(1)单开道岔:主线为直线,侧线向主线的左侧或右侧分支的道岔。

(2)双开道岔:又称对称道岔,为Y形,即与道岔相衔接的两股道向两侧分岔。

(3)三开道岔:三开道岔如同Ψ形,同时衔接三股道,由两组转辙机械操纵两套尖轨。

(4)交分道岔:又称多开道岔、复式交分道岔。复式交分道岔像X形,实际上相当于四组单开道岔和一副菱形交叉的组合。它起到了两个道岔的作用,且占地较短,特别是连接几条平行线路时,比单开道岔连接的长度缩短的更为显著,而且列车通过时弯曲较少、走行平稳、速度可较高、瞭望条件也较好。缺点:交分道岔构造复杂,零件数量较多,维修较困难。

(5)交叉渡线:是将复式交分道岔的X形的上面两点和下面两点分别连接起来,由四组单开道岔和一组菱形交叉设备组合而成。它不仅能开通较多的方向,而且占地不多,所以经常在车站采用。

(6)除此而外,还有一种交叉设备,通常使用的叫做菱形交叉。它由两组锐角辙叉和两组钝角辙叉组成,但没有转辙器,所以股道之间不能转线。

六　信号系统

信号系统是城市轨道交通系统中最重要的设备之一。信号系统的作用是指挥行车,保证安全,提高效率。并且根据城市轨道交通高密度、短间隔、短站距和快速的特点,有着安全要求高、通过能力大、抗干扰能力强、可靠性高、自动化程度高等特点。改变了传统的铁路以地面信号显示指挥行车的方式,以车载信号为主体信号,用计算机系统实现了速度控制、进路选择、进路控制等,并逐步向无人驾驶的方向发展。信号系统从设备上讲主要是信号、联锁和闭塞等设备的总称。

1　信号机

信号机用以指挥行车,保证列车的行车安全,列车必须绝对执行信号机显示的命令。城市轨道交通的信号机采用色灯信号机。

(1)信号机命名。正线下行、上行、防护、阻拦信号机等信号机冠以"X"、"S"、"F"、"Z"等,其下缀编号方法为:下行方向为单号,上行方向为双号,从站外向站内顺序编号。车辆段进段冠以"JD",下缀编号方法为:下行方向为单号,上行方向为双号,从站外向站内顺序编号。列车调车信号机冠以"D",下缀编号方法为:下行咽喉为单号,上行咽喉为双号,从段内向段外顺序编号。

(2)信号显示的颜色。信号显示的基本颜色为:红、黄、绿三种,再辅以蓝、月白,构成信号的基本显示系统。因为人眼对红光最敏感,更能引起人的注意,所以以红色灯光作为停车信号。黄色显示距离远,且具有较强的分辨力,故采用黄灯为警惕信号。绿色和红色的反差较大,容易分辨,所有用绿色作为允许信号。调车的禁止信号选用蓝色灯光,而允许信号采用月白色灯光。

(3)各种功能的信号机。

①进站信号机:禁止或允许列车进入站台,设于车站入口。

②出站信号机:禁止或允许列车从车站发车,设于列车运行方向出口。

③通过信号机:禁止或允许列车进入下一个闭塞分区,设于闭塞分区的分界点。

④防护信号机:防护列车发生侧向冲突,设于同区间平面交叉地点前方。

⑤阻拦信号:阻拦列车行进,不能超越规定地点。

⑥调车信号:禁止或允许列车进入调车进路。

⑦引导信号:当主体信号因故障显示红灯,通过人工处理点亮其下方月白灯光,准许列车以低于15km/h的速度继续行进,随时准备停车。

2 发车表示器

通过发车表示器的显示告知司机同意关门发车。

3 信号标志

信号标志是向行车人员显示行车命令及有关机车车辆等运营条件的固定设备,主要有线路标志和信号标志。

4 手信号

当信号机故障或停用情况下,采用手信号接发列车。手信号在昼间通常用信号旗,夜间用信号灯。

5 联锁系统

联锁系统是城市轨道交通的重要组成部分,用来在车站和车辆段实现联锁关系。所谓联锁,是指信号设备与相关因素的制约关系,这里所说的联锁其实是指车站信号设备之间的制约关系,是信号、道岔、进路之间的制约关系。

联锁的基本内容是:防止建立会导致列车车辆相冲突的进路,必须使列车或调车列车经过的所有道岔均锁闭在与进路开通方向相符合的位置,必须使信号机的显示与所建立的进路相符。

6 闭塞

闭塞,是指为了防止列车在区间线路上发生迎面相撞和同向追尾事故,采取的一定规律组织的列车在区间运行的方法。ATC 系统按闭塞制式分为:固定闭塞、准移动闭塞和移动闭塞。

7 列车自动控制系统

列车自动控制(Automatic Train Control,简称 ATC)系统是城市轨道交通信号系统最重要的部分。它实现了列车指挥和运行的自动化,最大限度地保证列车安全,提高运输效率。列车自动控制由列车自动防护(ATP)系统、列车自动驾驶(ATO)系统、列车自动监控(ATS)系统组成。

(1)列车自动防护系统(Automatic Train Protection,简称 ATP)。ATP 系统是保证行车安全、防止列车进入前方列车占用区段和防止超速运行的设备。

ATP 系统将联锁系统和操作层的信息、线路信息、前方目标点距离、允许速度信息等通过轨道电路传至车上,车载设备根据 ATP 所传输的信息计算当前所允许的速度,由测速器测得列车实际的运行速度。如果列车速度大于 ATP 装置指示速度,ATP 车载设备发出制动指令,列车自动制动,当列车速度降至 ATP 指示速度以下时,自动缓解。

ATP 是 ATC 的基本环节,是安全系统,必须符合故障安全。

(2)列车自动驾驶系统(Automatic Train Operation,简称 ATO)。ATO 系统主要是实现"地对车的控制",即用地面信息实现对列车的控制,根据控制中心指令自动使列车正点、安全、平稳运行。ATO 系统是非故障安全系统,它是模拟最佳的司机,高质量的自动驾驶,提高运行效率和舒适度。

(3)列车自动监控系统(Automatic Train Supervision,简称 ATS)。ATS 系统主要实现对列车运行的监督和控制,主要功能包括:对列车运行情况的集中监视、自动排列进路、自动的列车调整、自动记录列车的运行轨迹、自动监测设备状态等,辅助调度人员对全线列车进行管理。

七 供电系统

城市轨道交通供电系统(Power Supply System For Urban Rail Transit)由电力系统经高压输电网、主变电所降压、配电网络和牵引变电所降压、换流(转换为直流电)等环节,向城市轨道快速交通线路运行的动车组输送电力的全部供电系统。

城市轨道交通供电系统通常包括两大部分:对沿线牵引变电所输送电力的高可靠性专用外部供电系统;从直流牵引变电所经降压、换流后,向动车组供电的直流牵引供电系统。

通常高压输电线到了各城市或工业区以后通过区域变电所(站)将电能转配或降低一个等级,如 35/10kV 向附近各用电中心送电。城市轨道交通牵引用电,既可从区域变电所高压线路得电,也可以从下一级电压的城市地方电网得电,这取决于系统和城市地方电网具体情况以及牵引用电容量大小。

对于直接从系统高压电网获得电力的城市轨道交通系统,往往需要再设置一级主降压变电所,将系统输电电压由 110~220kV 降低到 10~35kV,以适应直流牵引变电所的需要。从管理角度上看,主降压变电所可以由电力系统(电业部分)直接管理,也可以归属于城市轨道交通部门管理。

从发电厂(站)经升压、高压输电网、区域输电网、区域变电站至主降压变电所部分通常被称为牵引供电系统的"外部(或一次)供电系统"。

从主降压变电所(当它不属于电力部门时)及其以后部分统称为"牵引供电系统"。它包括:主降压变电所、直流牵引变电所、馈电线、接触网、走行轨及回流线等。直流牵引变电所将三相高压交流电变成适合电动车辆应用的低压直流电,然后通过馈电线分别供电给牵引变电所两侧的接触网。馈电线是将牵引变电所的直流电送到接触网上,接触网是沿列车走行轨架设的特殊供电线路。电动车辆通过其受流器与接触网的直接接触而获得电力,走行轨道构成牵引供电回路的一部分。回流线将轨道回流引向牵引变电所。

轨道电路是利用钢轨线路和钢轨绝缘构成的电路。它用来监督线路的占用情况和传递列车的行车信息。

八 通信系统

通信系统是实现运输集中统一指挥、行车调度自动化、列车运行自动化、提高运输效率的有效手段,是既能传输语音信号,又能传输文字、数据和图像等信息的综合业务数字通信网。

通信系统按其用途可分为:传输系统、电话系统、调度系统、时钟系统、闭路电视、广播系统、商用通信系统、旅客信息系统等。

(1)公务电话。公务电话以数字程控交换机设备为核心,连接办公室、OCC、车站、设备室等电话分机,以满足城市轨道交通对内和对外的通信,为保证安全和减少成本使用专网网络构建。

(2)调度电话。调度电话系统为运营、电力、维护和救灾等提供有效的通信,为控制信息的行车调度员、环控调度员、电力调度员、设备维修调度员等提供专用直达通信。

(3)站内和轨旁电话。

①站内电话是为了适应站内岗位之间频繁通话建立的独立的内部电话系统。站内电话主要提供车站内部通信和与相邻车站、联锁站间直达通信。站内电话是一个车站内部的电话系统,一般采用小型交换机实现。

②轨旁电话是满足系统运营和维护的应急需要,使列车司机和维修人员在紧急情况下能及时联系车站及相关部门。轨旁电缆连接轨旁电话与站内交换机,轨旁电话机具有抗冲击性和防潮等特性,区间内 150~200m 安装一部电话,3~4 部轨旁电话机并接使用同一号码,通常在一条区间线路是几部电话交叉配置以提高可靠性。轨旁电话可同时接站内电话和公务电话,通过插座或开关实现号码转换。

(4)无线调度系统。无线调度系统是调度与司机通信的唯一手段,也是移动作业人员、抢险人员实现通信的重要手段。无线调度系统有专用频道方式和集群方式两种形式。

专用频道方式是根据用途配置频道,多少用途多少频道,每种频道只作一种用途,空闲也不作它用。专用频道方式有着设备简单,通话相应速度快的特点,但是在话务负荷上分布不均,某些繁忙的信道经常阻塞,而某些信道有经常处在空闲状态。

集群方式是所有用途共用一个频道,根据需要临时分配,设置一个控制频道和若干通话频道,通话频道数目少于用途数,平时移动台接收中心控制中心返回信息,通话时由中心分配通话频道,结束自动返回。集群方式有着共用频率,共用设施,共享覆盖区和通信业务,分担费用,改善服务的优点。

(5)闭路电视系统。闭路电视系统是控制中心调度管理人员、车站值班员、站台管理人员和司机实时监控车站客流、列车出入站、旅客上下车,以提高运营组织管理效率,保证列车安全、正点,同时借助车站和中心录像对安全及事故取证。

(6)广播系统。广播系统是城市轨道交通运营组织的必要手段,它的主要作用有:对乘客广播,通知列车到站、离站、线路换乘、时间表变更、列车误点、安全状况,播放音乐改善候车环境,广播区域在站厅、站台、列车车厢;防灾广播,突发或紧急情况,组织指挥事故抢险,提高应急响应能力;对运营人员广播,发布有关通知信息,协同配合工作,广播区域在办公区、站台、站厅、运用库、段内道岔群附近、人行道。

(7)时钟系统。时钟系统是为运营准时、服务乘客、统一全线设备标准时间而设置的。系统采用 GPS 标准时间信息,GPS(Globe Position System)全球卫星定位系统。

(8)商用通信系统。商用通信系统是为旅客提供在地铁内的无线通信、广播、无线上网等服务。主要有城市广播、中国移动 GSM 通信、GPRS 上网、中国联通 GSM、CDMA 通信一级未来的 3G 服务等。

 复习与思考题

1. 城市轨道交通有哪些主要工作岗位?
2. 城市轨道交通有哪些主要行车设备?

第一篇
城市轨道交通运输组织管理

单元 1

城市轨道交通调度组织管理

 教学目标

1. 了解运营调度工作的作用与任务;
2. 了解运营调度主要设备;
3. 了解运营调度指挥组织架构及相互关系;
4. 掌握调度各工种的岗位职责与基本任务;
5. 掌握正常情况与非正常情况的行车调度组织工作;
6. 掌握相关设备故障时的应急处理办法。

 建议学时

12 学时

1.1 运营调度工作概述

一 运营调度工作的作用与任务

1 运营调度工作的作用

城市轨道交通系统是技术密集型的公共交通系统,运营调度是城市轨道交通运营企业日常运输组织的指挥中枢,担负着组织行车、提高运营服务质量、确保运输安全、完成乘客运输计划、实现列车运行图的重要责任。它对城市轨道交通日常工作的开展起着决定性的作用。运营调度现场如图1-1所示。

图1-1 运营调度现场

在生产过程中,为了保证完成乘客运输计划,实现列车运行图,必须进行一系列的运输日常工作组织。城市轨道交通运输工作的日常工作组织就是通称的调度工作。运营调度工作由调度控制中心实施,实行集中领导、统一指挥、逐级负责的原则,以使各个环节紧密配合、协同动作,从而保证列车安全、正点的运行。

2 运营调度工作的任务

列车运营调度的主要任务是科学地组织客流,经济合理地使用车辆及其他运输设备,挖掘运输潜力,根据列车运行图和每日的具体状况,组织与运输相关的各部门密切配合,采用相应的调整措施,努力完成运输任务,以满足乘客出行的需要。运营调度工作的基本任务有:

(1)负责组织各站及有关行车部门,按列车运行计划行车,监督各站及有关行车部门的执行情况,及时正确发布有关行车命令及指示。

(2)监督列车到发及运行情况,遇到列车晚点和突发事件时,应及时采取运营调整措施,迅速恢复列车正常运行。

(3)遇运行列车调度调整时,应正确指导车站及有关行车部门工作。

(4)负责入轨施工作业的管理。

(5)负责工程车、试验列车等上线车辆的调度指挥工作。

(6)当发生行车事故时,应按规定程序及时向上级主管部门汇报,并采取措施防止事故扩大,并积极参与救援工作的指挥。

(7)建立、健全运营生产、调度指挥等各项原始记录台账及统计分析报表并按规定向上级主管部门报告。

(8)密切注意客流动态,协同有关部门根据客流变化采取相应的组织方案。

二 运营调度主要设备

城市轨道交通系统仿佛是一个大联动机,与运输有关的设备、人员紧密联系,协同动作,从而构成了一个庞大的系统性工程。行车调度员是这个系统的指挥官,他能否熟练使用有关运输设备,是否熟悉现场设备,对整个系统的运行起着非常重要的作用。一般情况,城市轨道交通都设有交通控制中心(或称调度中心),该中心的设备有调度监督、调度集中、行车指挥自动化、列车运行图自动铺画、传真、通信记录设备、无线列车调度系统及调度命令无线传输设备。同时在中心应备有相关的行车调度规章制度汇编,如《行车组织规则》《行车调度指挥规则》《行车事故处理规则》《控制中心手册》等,配备调度指挥使用的有关调度命令格式、电报、列车运行图,管辖线路各站平面示意图、接触网供电系统及信号、联锁、闭塞设备的有关资料。

城市轨道交通控制中心一般装有行车、供电、环控中央监控终端设备、各模拟屏能够显示现场(车站、车辆段)设备的使用和占用情况,包括列车运行状态、供电系统情况和车站环控设备工作情况,如图1-2所示。

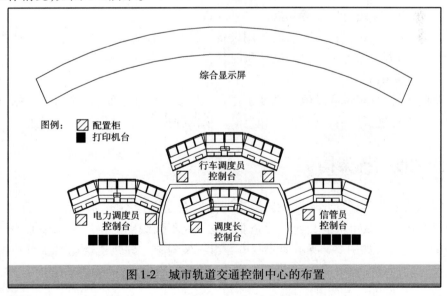

图1-2 城市轨道交通控制中心的布置

1 综合显示屏

综合显示屏主要显示有关行车的信息,包括轨道电路、线路、信号平面布置各站及区间线路布置、列车车次及其运行状态。

② 监视器

控制中心的工作台分别设置了列车自动控制系统、自动售检票终端监控系统、通信系统、电力监控、防灾报警等操作设备,供有关人员操控及监察日常客运作业及处理故障和事故。

控制中心为行车调度员配备了若干监视终端和一个操作盘,通过监视器可以监视各车站的情况,可对各车站的站台、站厅进行图像监视,并可对监视图像进行切换,同时也可使用移动摄像机进行监控,并对监视的对象进行录像。

③ 通信设备

控制中心的通信设备主要有调度电话、无线调度电话、中央广播设备等。

(1) 调度电话

调度电话是为列车运行、电力供应、维修施工、发布命令等提供指挥手段的专用通信工具,包括调度直通电话、公务电话等。

调度直通电话:控制中心设置有防灾调度、行车调度及电力调度直通电话。调度直通电话具有单呼、组呼、全呼、紧急呼叫和录音等功能;各工作台设置有数字话机(ISDN),可实现与其他部门的通信。并具有会议电话功能,以及来电显示、呼叫转移等业务。

公务电话在绪论0.2中已讲述。

(2) 无线调度电话

包括无线调度台和手持台。

无线调度台:值班调度主管工作台及行车调度员工作台均需设置无线调度台(互为备用)。列车司机、站场无线工作人员通过无线调度台实施无线通信,该设备具有组呼、紧急呼叫、私密呼叫及对列车进行广播等功能。

手持台:用于无线调度台故障时的备用设备。控制中心配备多部手持台,手持台分车站台、维修台与电力调度台等。在日常交接班时须保持手持台处于良好状态。

(3) 中央广播系统

值班调度主管、行车调度及电力调度工作台分别设置广播控制台,可对各车站、停车场、车辆段等相关单位进行广播,具有人工和自动广播两种模式,并可指定区域广播。

三 运营调度指挥架构

为了实现安全、正点的行车,城市轨道交通运营企业进行不间断的组织指挥和监督,从而有序地组织运营。城市轨道交通运营企业一般设立不同级别的调度控制中心OCC(Operation Control Center),如图1-3所示为控制中心组织架构图。各轨道交通系统可根据自己的具体情况及管理模式设置不同的调度工作岗位,但在控制中心,一般都设置有行车调度员、环控调度员、电力调度员等调度工种。

值班调度主任是调度班组工作的领导者,在值班中,接受控制中心主任的领导,负责统一指挥协调各种调度工种及车站、车辆段等相关人员的工作,并组织处理运营中出现的各种故障和事故。

行车调度员是一个调度区段行车工作的指挥者,负责监控列车的运行状况,及时掌握列车运行、到发情况,发布调度命令,检查各站、段执行和完成行车计划情况,并且在列车晚点或事故时,组织和指挥车站工作人员、列车乘务员以及相关的各个部门及时采取相应措施,尽快恢复列车运行,减少运营损失。

环控调度员主要监控通风、空调、给排水等和环境相关的各种设备,及时调节所管辖区段内的温度、湿度、空气流动速度、含尘量等各种参数,保证环境质量,满足乘客的出行需要。

电力调度员主要监控变电所、接触网等和供电相关的各种设备,及时采集各种数据,保证各个车站、列车供电的可靠性与安全性。

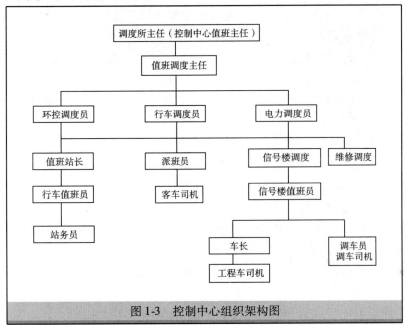

图1-3 控制中心组织架构图

1.2 行车调度员

一 行车调度员应具备的基本素质

(1)具有运输专业大专以上学历,具备运输专业实践工作经验,并经过调度专业知识的学习,熟悉《调度工作规则》、《行车工作规则》以及所在公司的各项运输类规章,并取得调度员上岗资格证。

(2)熟悉人、车、天、地、电、设备、规章等各种与运营相关的情况。

①人:熟悉司机、各车站值班员、各车站值班站长及乘务人员等的基本情况,包括业务水平、工作经历、性格特点等,以便于更好地组织工作。

②车:熟悉车辆结构、列车的基本工作原理以及车辆主要系统(如制动系统、转向架系统、传动系统等)常见故障的处理方法,以便于在运行时出现车辆故障后能沉着冷静地进行合理调度,使故障的影响降到最小。

③天:熟悉天气变化对行车造成的影响。例如:在雨、雪天对站厅、站台的影响;露天线路,天气变化可能给行车工作带来的影响等。行车调度员若能及时掌握天气变化,便可以根据不同的天气情况提前采取有效的调整措施,保证列车安全、正点运行。

④地:熟悉列车运行过程中途经线路的曲线、坡度、信号机布置、桥隧及建筑物限界等情况。

⑤电:掌握所管辖区段线路牵引供电区域的划分以及供电情况。

⑥设备:熟悉与列车运行相关的各种设备,如信号设备、环控设备、防灾报警设备、车站监控设备、售检票设备、电扶梯系统、动力照明系统、屏蔽门、线路平纵断面、信号、联锁、闭塞设备、车站折返设备、调度集中设备和通信广播设备等。

⑦规章:应全面掌握《技术管理规程》、《行车组织规则》、《行车调度规则》、《行车事故处理规则》等各种与列车运营及事故处理相关的各种规章制度。

(3)身体健康,无色盲、色弱、高血压、心脏病、传染病、肠胃系统等疾病。

(4)掌握节假日、重大活动等因素对客流增减及对列车运行影响的一般规律。

(5)应具有高度的责任心,爱岗敬业;应能承受较强的心理压力,具有良好的心理素质;应具有较强的语言表达、人际沟通能力和应急决策能力。

二 行车调度员的基本职责与岗位要求

在各种调度当中,行车调度员是运输调度工作的核心工种,担负着指挥列车运行、贯彻安全生产、实现列出运行图、完成运输计划的重要任务。

1 行车调度员的基本职责

行车调度员是列车运行的组织者和指挥者,其基本职责有:

(1)组织指挥各部门、各工种严格按照列车运行图的规定和要求行车。

(2)组织列车到发和途中运行、监控列车行车和设备运转状况。

(3)根据客流变化,及时调整列车开行计划。

(4)列车晚点、运行秩序紊乱时,应通过自动或人工调度,尽快恢复按图行车。

(5)发生行车事故时,应按照规定立即向上级和有关部门报告,迅速采取救援措施,最大限度减少人员伤亡、降低事故损失、防止事故升级,及时恢复列车的正常运行。

(6)安排各种检修施工作业,组织施工列车开行。

2 行车调度员的岗位要求

鉴于行车调度员对列车的安全运营起着决定性的作用,因此每个城市轨道交通运营企业对行车调度员的要求也是非常严格的,不仅需要扎实的专业知识,还需要具备较强的分析处理问题能力、反应能力、沟通能力等。

三 行车调度工作制度

1 日常工作制度

日常工作制度包括:交接班制度、文件传阅制度、员工大会制度、调班申请制度、卫生轮值制度。

(1)交接班制度

交接班会在调度工作中具有承上启下的作用,当班的调度人员必须提前10min到岗,全面了解上一班需要跟进的工作和本班的工作任务。接班值班主任主持召开交接班会,听取各岗位的汇报,布置本班的工作重点,分配工作任务,并制订具体的工作措施。

(2)文件传阅制度

当值人员必须按时传阅最新文件,学习、贯彻文件的相关精神。在传阅文件后,当值人员应按要求签名并注明日期。

(3)员工大会制度

每月月初召开一次全体员工大会,总结上月的工作情况,并布置本月的工作任务,对重点工作内容提出具体要求,同时传达上级(公司或部门)会议精神。

(4)调班申请制度

调度岗位轮值必须按照排班表进行,遇特殊情况无法按照班表上班时,应与相同岗位的同事协商,双方一致同意调班后,由申请人填写《调度员调班申请表》,经双方值班主任同意后调班。

2 安全管理制度

安全管理制度包括:安全例会制度、安全检查制度、安全演练制度、事故分析制度。

(1)安全例会制度

每月月初召开一次安全例会,总结上月的安全工作情况,对上月发生的故障、事件和事故处理进行分析和学习,同时布置本月的安全工作任务,对安全工作的重点内容提出具体要求,同时传达上级(公司或部门)安全会议的精神。

(2)安全检查制度

安全检查制度包括:运营前检查、每周一查、非正班检查、消防日查以及安全大检查制度。

①运营前检查制度。行车调度员应在每天运营开始前30min检查车站和车辆基地的运营准备情况,填写《运营前准备工作检查记录表》,并进行一次人机界面MMI(Man Machine Interface)操作功能检查,发现设备设施故障或其他异常情况时,应做好记录,并及时通知设备维修调度员处理。

②每周一查制度。安全员每周检查安全培训记录、设备运行的安全、调度日志(兼交接班簿)、调度命令、线路施工作业登记表记录情况,故障及延误报告的填写等,发现问题应及时提出整改。

③非正班检查制度。在非正班时间段,控制中心或上级部门领导应不定期对控制中心进行突击抽查,检查各班组的(即作业纪律、劳动纪律、作业标准化)和安全运作情况。

④消防日查制度。控制中心的消防设施一般由物业管理。

⑤安全大检查制度。逢元旦、春节等大节日前对安全网络进行一次安全大检查,除了日常的安全检查内容外,还包括了节假日的运营组织方案和运作命令等。

(3)安全演练制度

为使调度员熟练掌握各种应急方案,提高调度指挥水平,各班组每月至少进行一次桌面演练。此外,各班组还需参加上级部门组织的突击演练。

(4)事故分析制度

发生事故后,当值班组要进行全面分析,分析不足,总结经验,写出事故处理报告,由控制中心上报部门安全网络;控制中心视情况召集全体成员分析事故的责任,总结经验教训,制定防范措施,防止出现同类事故。

3 业务培训制度

业务培训制度包括班组学习制度、每日一问制度。

(1)班组学习制度

所有调度员必须参加培训网络组织的班组学习。学习内容包括规章文件、运营方案和各种故障、事故处理案例。

(2)每日一问制度

为了检查员工对近期重点工作内容和安全关键点的掌握,值班主任每班抽问一名成员,了解班组成员的掌握情况,发现不熟练时要进行有针对性的培训。

4 填写书面报告

(1)运营日报

①值班调度主任每日7时前编写运营日报,报告前一天6时至当日6时运营计划完成情况。

②运营日报须送交分公司领导、相关部门领导。

③日报主要内容包括:列车服务情况,包括事故、故障和列车延误及处理等;当日完成运送客运量、列车开行情况、兑现率及正点率;列车晚点、清客、下线、抽线、救援、加开等服务情况;当日施工计划件数及截至6时止的施工完成件数;有关工程车、试验列车运行方面的信息;耗电量(总耗电与牵引耗电)和车站温湿情况;接待情况说明;派班员上报的当日运营列车运营里程、空驶里程、载客里程;运营日报的格式按地铁运营分公司的规定执行。

(2)故障和延误报告

①行车调度员应在行车设备发生故障及造成列车延误时,及时填写故障和延误报告。

②故障和延误报告作为编写运营日报原始资料的一部分。

③故障和延误报告主要包括:发生故障的时间、地点、列车编组、报告人员及概况(故障现象)等情况;发生故障导致行车延误(直接延误、本列延误)、影响情况;所采用的调整列车运行措施;恢复正常运作的时间,故障及延误报告格式见表1-1。

(3)行车事故概况

①行车调度员应根据每件行车事故及时填写《行车事故概况》。

表 1-1

故 障 及 延 误 报 告

年 月 日至 年 月 日　　　　编号：

序号	时间	车次	车组	发生地点	报告人	概况	直接延误	本列延误	跟进措施	维持运营	终点检修	调整退出	恢复时间

行车调度员　日班：　　　　　　夜班：
值班调度主任　日班：　　　　　夜班：

②《行车事故概况》按公司规定的时间报分公司安全保卫部。

5 统计工作

(1)列车统计

在运营结束后,由行车调度员提供以下数据,值班主任负责进行当日的列车统计分析,并填写《运营日报》。

统计的内容有:计划开行列数;实际开行列数及运行图兑现率;救援列次;清客列次;下线列次;晚点列数和正点率;向车辆基地派班员收记运营里程(列公里)。

应记录发生晚点的列车原因,并对晚点列车进行分析,晚点原因包括车辆故障、线路故障、供电故障、通信故障、信号故障、客流过多、调度不当、其他等方面。

(2)工程车统计

要求对当天工程车开行情况进行统计,内容包括:工程车列数、实际进出车辆基地的时间。

(3)调试列车统计

要求根据当天调试列车开行情况进行统计,内容包括:实际开行车调试列车的列数。

(4)检修施工作业及统计分析

①对昨天正线、辅助线的检修计划件数和完成情况进行统计。

②对检修施工完成情况进行分析:各施工单位周计划、日补充计划、临时补修计划件数统计;检修施工作业请点总件数的统计;各施工单位计划情况、完成情况进行分析。

四 正常情况下的行车调度组织工作

行车调度工作是协调与运营有关的各个工种的工作,在保证安全的前提下,以完成列车运行计划为基本任务。行车调度员在工作中,必须掌握指挥主动权;在复杂情况下,能积极主动调整列车运行以实现列车运行图;必须熟悉与运营有关的工种、人员设备,如:电力、车辆、信号等调度控制系统的使用;必须熟悉列车运行图和有关规章制度;必须掌握客流变化的一般规律,灵活运用各种列车调整方法,充分调动有关人员,确保完成乘客运输任务。

行车调度组织工作是指在营业时间内采用基本列车运行控制方式和基本行车闭塞法情况下的列车运行组织。包括运营前的准备工作、列车出入场作业、运营中的调度监督、运营结束后的收尾及施工前的准备工作等环节。

1 运营前的准备工作

(1)在每日运营前,行车调度员要与车站值班员确认线路上所有施工检修作业已经完成、注销,线路空闲,无侵限。

(2)根据运营计划,与车辆段运转值班员核对运行图,当日运用车列数应符合运营计划的要求。出场列车需具备以下条件:

①列车无线电话和车厢广播设备使用功能良好;

②车载列车自动控制系统设备日检正常、铅封良好;

③车辆设备良好;

④每日运营前列车自动监控系统需具备以下条件：

中央工作站、表示正确且一致；所有集中站处于中控状态；方向开关、道岔位置及信号表示正确；确认各终端站折返的主要模式；确认系统的调整方式；消除告警窗内所有无效告警；建立并确认计划时刻表。

(3) 每日运营前须确保接触网系统、消防环控系统、通信信号系统等与运营有关的设备状况良好。

(4) 每日运营前各车站及信号楼须按规定做好各项运营准备工作。所有运营有关值班人员须到岗，检查并确认无任何异常情况。

(5) 每日运营前行车值班员、运转值班员等有关运营人员须主动与行车调度员校对以控制中心 ATS 钟点为准的钟表时间(ATS 钟点应与北京时间校对)，列车司机须在出乘报到时向运转值班员校对钟表时间。

② 列车出、入场作业

(1) 列车出场

出场列车为控制中心列车自动监控 CATS(Central Automatic Train Supervision)系统所确认的计划列车，并确定列车的出场径路，以及进入运营系统的车站。列车经出场线(入场线)出场，司机凭出场信号机显示的绿色灯光开出车场。列车在出入场无码区按慢速前行方式限速(20km/h)运行，在进入有码区前一度停车，待设置好车次号及接收到速度码后，以列车自动驾驶 ATO(Automatic Train Operation)或列车自动防护 ATP(Automatic Train Protection)方式投入线路运营。遇特殊情况时，列车可以凭行车调度员下达命令投入运营。

(2) 列车入场

入场列车为 CATS 系统所确认的计划回库列车，列车入场原则由入场线开往车场，图定或经由行车调度员准许的入场列车，可由出场线运行至车场。入场列车在有码区按人工 ATP 方式运行，在一度停车标至车场的无码区按慢速行车方式限速(20km/h)运行，司机凭入场信号机显示的黄色灯光进入车场内。

车场接入站和车场信号楼的行车值班员，需相互办理行车日志的填报，其内容为车次、开车点、到达点、反向运行时尚需注明径路(出场线或入场线)及调度命令号等。在中央控制故障改为车站控制时，车场接入站和车场信号楼的行车值班员须向行车调度员报出、入场列车的车次、到开点，车场信号楼的行车值班员应按运行图规定，组织好列车的出、入车场工作。

③ 运营中的调度监督

列车进入正线运营后，行车调度员必须时刻关注列车运行动态，确保安全、正常运行。

正常情况下的列车运行组织是指在营业时间采用基本列车运行控制方式和基本行车闭塞情况下的列车运行组织。目前主要有以下两种方式。

(1) 调度监督下的列车运行组织

调度监督是一种行车调度员能监视现场设备和列车运行状态，但不能直接进行控制的远程监督设备。通常是城市轨道交通新线在信号系统尚未安装的情况下投入运营时采用的过渡期时调度指挥方式。为了实现调度监督，除控制中心的显示盘等设备外，还需要在车站安装行车控制台、道岔局部控制设备及出站信号机等临时信联及出站信号机等信联闭设备，在实施调度监督时，双线自动闭塞为基本闭塞法。

在调度监督情况下，由车站值班员排列列车进路、开闭出站信号，行车调度员通过显示盘，监督线路上各车站信号机开闭显示、区间闭塞情况和列车运行状态，组织指挥列车运行。

为了实现按图行车，行车调度员要努力组织列车正点运行，而组织列车正点始发又是列车正点运行的基础。对始发列车，行车调度员应在列车出库、列车折返和客流异动等各方面进行具体掌握，以组织列车正点始发。

在始发站列车正点始发的情况下，由于途中运缓、作业延误或设备故障等原因，难免会出现列车运行晚点的情况。行车调度员应根据实际情况，及时采取有效的调整措施，尽可能使晚点列车恢复正点运行或缩短晚点时间。

（2）行车指挥自动化时的调度监督

行车指挥自动化是利用计算机控制调度集中设备，指挥列车运行的一种自动远程遥控设备。在行车自动化时，自动闭塞为基本闭塞法。

行车指挥自动化的基本功能如下：

①由基本列车运行图或计划列车运行图自动生成实际列车运行图。

②自动或人工监督控制各管辖车站的信号机、道岔及排列接发车进路。

③跟踪正线列车运行的信息（车次、正晚点）、显示沿线各车站进路占用。

④自动或人工进行列车运行调整。

⑤自动绘制实际列车运行图及运营统计分析报告。

在行车指挥自动化情况下，由电子计算机通过调度集中设备实现当日使用列车运行图，指挥列车进路自动排列和列车运行自动调整。控制中心 ATS 通常储存多套基本列车运行图，经过加开或停运等修改后的列车运行图称为计划列车运行图。使用列车运行图是当日列车运行的实际计划，由基本列车运行图或计划列车运行图生成。行车调度员通过显示盘与工作站显示器，准确掌握线路上列车运行和分布情况、区间和站线的占用情况、信号机的显示状态和道岔的开通位置等。行车调度员也可以应用人工控制功能，通过工作站终端键盘输入各种控制命令，控制管辖区域的信号机、道岔以及排列列车进路，进行列车运行组织。

❹ 运营结束后的收尾及施工前的准备工作

运营结束后，首先要核对所有运营列车及备用列车离开运营正线，确保正线线路空闲。

日常的养护、维修、施工，原则上利用停营期间进行。作业单位应提前提出计划报运营部，经运营部安排，以检修施工通告的形式下达给有关站、段、总调度所及作业单位。施工前，调度员应对当晚行车、电力、工务、环控等方面的施工进行核对，落实具体的施工计划、责任人和安全细则。

根据施工计划及施工申请，应通知电力调度员对需要停电区段的接触网停电，同时，监控施工作业过程。

日常的养护维修、施工，作业负责人应充分做好一切准备，按批准的检修施工计划，提前在车站进行检修施工登记，通过车站值班员向行车调度员申请作业，行车调度员应保证作业时间，并向有关车站、单位及作业负责人发出实际作业命令。作业负责人确认施工内容及起止时间后，在设好停车防护后方可开工，并保证在规定时间内完成。经检验设备使用性能良好,通过车站值班员报行车调度员申请开通区间,由总调度所下达注销命令号码。如不能在规定时间内完成施工作业,须在规定的施工截止时间前 20min 与总调度所联系,得到批准后方可延长作业时间。

五 非正常情况下的行车调度组织工作

城市轨道交通采用较先进的设备,自动化程度比较高,正常情况时行车组织作业主要是利用先进设备监控列车运行。特殊情况下的行车组织是相对于正常情况下的行车组织而言的,主要指由于设备故障、大客流、火灾等原因不能采用正常情况下的行车组织时组织轨道交通行车的方法。城市轨道交通某条线路一旦发生事故,将会造成全线列车运行的延误,对乘客的出行将会造成重大的影响。因此,城市轨道交通系统非常重视特殊情况事故演练。下面我们以国内某些轨道交通系统为例,主要介绍几种特殊情况下的行车组织基本方法。

① 列车晚点

由于列车故障或行车组织等原因造成列车大幅度晚点时,应牢固树立"以乘客为本"的思想,积极恢复正点运行。晚点时行车组织的重点是通过调整列车在区间的运行时间、运行速度和停站时间等,逐步恢复列车的正常运行秩序。行车调度员此时应该及时掌握列车晚点的原因、程度、发生地点等各种情况,及时调整前行和后续列车的站间运行时分和停站时间,并通知其他调度员和车站做出相应的应对措施,及时解决列车晚点所带来的不利影响。

② 区间发现不明身份人员

在列车运行中,行车调度员若得到区间内有不明身份人员的报告时,应及时通知后续列车司机在区间内慢行查找,将不明身份者带出区间并交车站处理。若连续三辆列车在区间查找后,均未发现情况,可暂停查找。

③ 列车故障

列车在运行的过程中出现故障时,应根据不同的情况进行处理。若故障列车能进行牵引运行,列车应首先清客,空车驶回车辆段,动用备用车替换故障列车。若故障列车不能运行时,控制中心 OCC 负责此状况下的行车组织,故障的判断和处理由司机全面负责,行车调度员有责任提出辅助处理意见。若在规定时间内不能解决列车故障,可向控制中心 OCC 请求救援。行车调度员可根据实际情况,安排救援车辆。

④ 轨道电路故障

轨道电路故障主要分为区间轨道电路故障和车站道岔区段轨道电路故障。区间轨道电路故障时,司机可根据行车调度员指示转换为人工驾驶模式行驶。当出清故障区段后,司机应改为列车自动驾驶(ATO)模式。车站道岔区段轨道电路故障时,行车调度员可授权车站进行车站级控制,车站工作人员应将进路转换到规定位置并锁闭。当列车出清故障轨道电路时,司机应改为列车自动驾驶(ATO)模式。

⑤ 列车冒进出站信号机

由于各种原因,导致列车在运行的过程中冒进出站信号机时,行车调度员应根据不同情况处理：

（1）列车部分冒进出站信号机时，行车调度员可口头命令使列车退回站内，进行乘客乘降作业。

（2）列车整列冒进出站信号机时，行车调度员与车站值班员共同确认前方区间状况，若可以运行，则令列车运行至前方车站进行乘降作业；若区间不允许行车，则以口头命令使列车退回站内。

（3）若冒进列车是末班车并且乘客无返乘条件时，行车调度员都须发布口头命令，使列车退回站内，进行乘客乘降作业。

6 区间疏导乘客

列车由于某些原因在区间内长时间停车，需要在区间内疏导乘客时，应首先封锁该区间，并阻止后续列车进入该区段，然后通知电力调度员对该区段断电，并通知环控调度员加强该区段通风。行车调度员得到停电通报后，应向有关人员和车站发布区间疏导乘客的命令，疏导命令中应指出疏导方向，原则上是向就近车站方向疏导，必要时可向两端车站疏导，车站工作人员应及时安置被疏导乘客。

7 大范围停电

若城市轨道交通线路遭遇大范围停电时，全线列车要停止运行，并尽量将列车扣在车站内，行车调度员应通知全线停止售票，并封锁相关车站。同时，应尽快查明各次列车所处线路位置，如果需要区间疏散乘客时，应按规定及时疏散。配合电力调度员应尽快查明断电原因与影响，并汇报总调度，尽快恢复电力正常供应。

8 发生人员伤亡

列车运行的过程中，若出现人员伤亡，应及时封锁事故区段，阻止后续列车进入该区段，并及时确认事故列车与伤亡人员的具体位置。若伤亡事故发生在车站，由车站值班员负责组织，将伤亡人员抬出运行线，尽快恢复列车运行；若伤亡事故发生在区间内，应由列车司机将伤亡者交给相邻车站处理。在处理的过程中，如需要断电时，应及时要求电力调度员对相关线路断电。

9 发生火灾

城市轨道交通中发生火灾往往会造成比较大的损失，因此城市轨道交通运营企业都非常重视火灾演练。按照火灾发生的地点可以分为车站站台火灾、车站站厅火灾、隧道火灾、车辆段火灾、非运行区域火灾、列车因火灾停在隧道内、列车因火灾停在站台内等情况。每个企业针对不同的情况设有不同的应急预案。一般来说，若发生火灾后，应先确定火源、火情和伤亡情况，必要时由现场负责人或目击者报告119、120、当地公安局和调度人员。然后由行车调度员按照具体应急预案组织行车，并安排现场工作人员疏散乘客、组织灭火等工作，尽快恢复运营，以减少损失。

10 发生地震、毒气事件

发生地震、毒气袭击等状况时，行车调度员应封闭全线车站，引导乘客向站外疏散，并通知电力调度员断电、环控调度员加强事故及客流大的车站的通风。对于被迫停在区间内的列车,应进行区间疏散乘客。

1.3 电力调度员

一 电力调度员的基本任务与岗位职责

1 电力调度员的基本任务

电力调度员是负责城市轨道交通供电系统运行、检修和事故处理的指挥工作人员。其基本任务有:

(1)监督指挥供电系统的运行和操作,审批供电设备的检修作业,正确、迅速、果断地指挥供电设备的故障处理。

(2)充分发挥城市轨道交通供电设备能力,满足各类设备的用电需求。

(3)监督整个城市轨道交通供电系统安全运行和连续供电。

(4)根据城市轨道交通供电系统实际情况,按供电模式要求监督整个系统在最经济方式下运行。

2 电力调度员的岗位职责

(1)在值班主任的领导下,负责所辖范围内的供电生产工作;按值班主任的要求协助处理突发事件。

(2)认真贯彻执行有关规章、制度、命令和上级指示。

(3)执行供电协议有关条文。

(4)执行供电系统的运行方式;制订事故情况下的供电运行模式。

(5)对电力调度员管辖范围内的设备进行操作管理。

(6)按照《施工行车通告》的要求审核所辖设备检修计划并批准这些设备的检修计划。

(7)根据《施工行车通告》和日补充计划、临时补修计划的要求,组织设备的检修和施工,并负责审核工作票、填写操作票。

(8)指挥供电系统内的事故处理,参加事故分析,制订系统安全运行的措施。

(9)负责对供电系统的电压调整、继电保护、安全自动装置设备进行运行管理。执行继电保护及自动装置的运行、更改方案。

(10)收集整理本系统的运行资料并进行分析工作,总结交流调度运行工作经验,不断提高系统调度运行和管理水平。

二、电力调度作业规范与值班制度

1 电力调度作业规范

(1)电力调度员在改变系统运行方式或倒闸操作前,应充分考虑该操作对系统运行是否安全,能否保证城市轨道交通牵引供电的可靠性和灵活性及各车站Ⅰ、Ⅱ类负荷的正常供电。

(2)电力调度员值班期间负责调整系统供电电压,使电压符合供电标准:35kV电压不能超过±5%,力求达到安全经济运行。

(3)电力调度员应根据运行情况合理投入或退出自动装置及继电保护。

(4)停用电压互感器时,电力调度员必须考虑对继电保护、自动装置和表计的影响。

(5)为保证调度操作的正确性,操作时均应执行双重称号和复诵制度。在调度联系时必须做好记录,发布命令时必须使用调度电话。

(6)电力调度员在审核工作票和填写倒闸操作票时,要对照控制机PC(Personal Computer,简称PC机)界面逐项检查,不得主观臆测。如发现疑问或对设备运行状态不清楚时,应与现场人员联系,共同核实设备的运行状态,以保证正确操作。

(7)电力调度员在决定系统倒闸操作前,应充分考虑对运行方式、列车牵引供电、车站负荷的影响,在得到现场操作完毕的汇报后,应及时核对模拟屏、PC机界面的显示状态。

(8)有计划地倒闸操作,电力调度员应在10min前通知施工人员做好操作准备。严禁约时停/送电、装拆接地线、开工检修和竣工送电。

(9)电力调度员、值班运行人员进行倒闸工作的过程,应严格遵守发令、复诵、记录、汇报等程序,要执行调度标准用语。

(10)电力调度员在组织维修施工作业前,应将所有的停电作业申请进行综合安排,审查作业内容和安全措施,确定施工计划中"供电安排"的停电范围正确无误。

2 电力调度值班制度

(1)电力调度员在值班期间是城市轨道交通供电系统调度、运行、操作和事故处理的指挥者,要树立安全第一的思想,指挥人员协调工作,使系统安全、经济运行。

(2)电力调度员在值班期间要严肃认真、集中精力,密切监视系统运行情况,做好事故预想,迅速、正确地处理事故,完成调度值班工作。

(3)严格执行各种规章制度,贯彻上级指示,遵守保密和汇报制度。

(4)全面掌握系统运行情况,审核及执行施工计划、工作票,并根据系统现场情况决定运行方式,处理系统设备的异常及事故。

(5)负责向上级汇报系统运行情况及存在问题。

(6)记录系统运行日志,填写运行日报表。

(7)电力调度员必须按时交接班,交接班时严肃、认真,接班者提前10min到控制大厅查阅各项记录,了解系统情况。

(8)交接班内容:

①设备检修、试验、投入运营、操作的进行情况。
②系统运行方式的变更及事故的发生与处理过程。
③继电保护、自动装置变动情况。
④检查各种运行日志、表格、报表、记录运行模拟图正确、清楚、齐全。
⑤上级的指示和文件。
⑥运行中有关的注意事项。

（9）交接班以《交接班记录本》和各种记录为依据。因交班内容错漏而造成的后果，由交班者负责；若已有记录，接班后遗漏处理而发生责任问题，则由接班者负责。

（10）在处理事故或进行复杂的操作时，不得进行交接班，待处理完毕或告一段落后，方可交接班。若在交接班过程中发生事故，应立即停止交接班，由交班电力调度员指挥处理，接班电力调度员主动协助。

三 电力调度事故处理

（1）电力调度员负责供电系统事故处理的调度指挥。事故现场处理由设备维修调度指定的现场事故处理总指挥负责。系统设备发生事故时，电力调度员及运行人员应对调度指挥的正确性负责。事故处理总指挥应对事故现场处理的正确性负责。各级人员应做到：
①防止事故的扩大，消除事故的根源，迅速解除对人身和设备安全的威胁。
②缩短停电时间，用一切可能的办法保持接触网和各车站正常供电和设备持续运行。
③尽快恢复供电系统正常运行方式。

（2）系统发生事故时，电力调度员与运行人员应密切配合。
①电力调度员应根据继电保护、自动装置的动作情况，判断事故的性质和原因，迅速、正确地进行调度指挥。
②在事故处理时，应镇定、沉着并认真执行复诵、监护制度和使用统一调度术语。
③调度命令及汇报内容，应简明扼要，尽快恢复接触网、车站重要负荷供电，避免扩大事故的发展。
④事故处理告一段落后，应迅速向值班主任、设备维修调度员和有关技术部门领导汇报，供电事故紧急情况信息通报流程如图1-4所示。

（3）在处理事故时，相关领导、供电专业工程师如发现电力调度员处理不当，可以向电力调度员提出更正意见或提供合理的信息，但不能直接发出调度命令。

（4）事故处理过程中，一切调度命令和联系电话，均应录音并详细记录事故处理过程。事故处理完毕后要及时做好事故分析报告。

（5）电力调度员在处理事故时，应主动与现场配合，确定处理方法，并对处理事故中调度指挥的正确性、及时性负责。

（6）事故处理完毕后，电力调度员应将事故概况和处理结果及尚需处理项目及时报告值班主任、设备维修调度员和供电中心专业工程师。对须继续处理的项目，电力调度应积极协助。

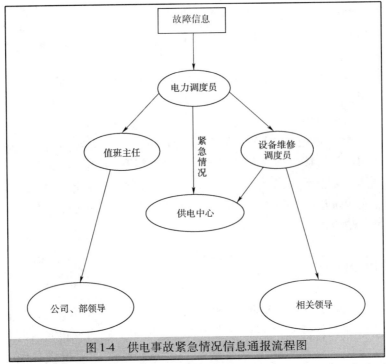

图 1-4　供电事故紧急情况信息通报流程图

（7）接触网发生事故跳闸，影响列车正常运行时，电力调度员应立即与行车调度员联系，查找事故原因，尽快恢复对接触网的供电。

（8）变电所发生故障中断供电，应设法改变供电运行方式，迅速恢复对接触网、车站Ⅰ、Ⅱ类负荷的供电。供电方式更改后，应及时通知供电中心专业工程师，并要求其尽快对故障设备进行维修处理。

（9）没有装重合闸或装有重合闸未动作的断路器，跳闸后可以强送一次，强送不成功的，应视当时情况决定再强送与否。

（10）有重合闸装置的断路器跳闸后，若重合不成功时，除正线接触网允许强送一次外，其他线路不能再进行强送电。

（11）当列车故障或发生其他事故需接触网停电处理时，电力调度员应积极与行车调度员配合。确定停电区段和采取的安全措施。

（12）当供电系统特别是牵引供电系统发生事故时，有关值班人员应迅速正确地向电力调度员报告发生的时间、现象、设备名称、跳闸断路器、继电保护的动作情况及电压、电流的变化等。

（13）事故处理倒闸可以不用操作卡片，电力调度员可用口头命令，但事后应补发。处理事故可不开工作票，但必须有电力调度员的命令并做好安全措施后方可工作。当危及人身安全时，无需电力调度命令就能进行紧急操作，但事后必须及时向电力调度员汇报。电力调度员发令时，应充分考虑到系统运行的可靠性及人身、设备的安全。

（14）变电所发生事故时，运行值班人员应及时与电力调度员联系，听从电力调度员的指挥。在没有接到调度指令前，任何人不得靠近、触摸或检修故障设备。

（15）当设备在运行中发现特急缺陷时，能否坚持运行或需进行带电、停电处理，以现场鉴定决定。现场运行人员应密切注意监视。如现场决定可坚持运行一段时间后停电处理的,设备管理部门应书面或口头向电力调度员提出申请,经电力调度员批准后备案。若缺陷危及人身或设备安全时,电力调度员应按事故处理办理。

1.4 环控调度员

一 环控调度员的基本任务与岗位职责

1 环控调度员基本任务

(1)环控调度员负责轨道交通环控系统的调度和管理工作,监督环境监控系统 BAS (Building Automation System)、火灾报警系统 FAS(Fire Alarm System)及气体灭火系统的运行;负责指挥轨道交通环控系统,实现安全、高效、经济的运行,为乘客提供安全、舒适的乘车环境。在轨道交通区域内发生火灾时,通过指挥环控设备执行相应的通风模式,协助、配合火灾扑救工作,确保国家财产、乘客和工作人员的生命安全。

(2)环控系统调度管理实行集中领导、分级管理制度,建立中央级(OCC 环控调度)和车站级(车站值班员)两级管理架构。中央和车站是一个不可分割的完整系统,应密切配合,服从统一指挥,树立整体观念。加强管理、严格执行行车调度制度,以确保整个系统正常运行。

2 环控调度员的岗位职责

(1)环控调度员通过 BAS 系统、FAS 系统中央级工作站监控车站机电设备。车站机电设备主要有各车站通风、空调、隧道通风设备和装置、气体灭火系统等系统设备以及扶梯、照明、给排水等设施。

(2)负责监控全线车站环控系统按设定时间运行,确保车站环境温度及空气质量达标。

(3)负责监视全线车站的火灾报警情况,确保火灾报警及时被确认。

(4)负责监视全线车站环控设备、防灾报警设备、BAS 系统、FAS 系统、气体灭火系统以及电扶梯、照明、给排水设施的运行状态,发现故障及时通报设备维修调度,由设备维修调度员通知相关维修部门进行维修。

(5)负责指挥 BAS 系统、FAS 系统、气体灭火系统及机电设施的故障处理及维修施工。

(6)负责在火灾、大客流、列车阻塞等紧急情况下的环控系统的指挥及监控工作,确保相关设备在紧急情况下能够正常运行,协助抢修救灾工作。

（7）负责在中央级失控时指挥车站设备值班员进行车站级控制。

（8）负责在轨道交通发生火灾时向市公安局110指挥中心报告火灾情况请求消防队支援。

（9）负责随时了解和掌握所管辖设备的运行情况,负责定期、定时收集设备运行数据及信息,记录及跟踪设备故障。

（10）及时了解关键设备和一般设备的运行情况。关键设备,是指影响车站舒适度的设备(冷水机组、冷却塔、水泵、组合空调机等)以及影响消防安全的设备(隧道风机、站台站厅排烟风机),设备保障部门应及时将设备故障及修复情况报环控调度员;一般设备,应由设备保障部门定期上报设备完好情况;同时在收集数据方面,针对一些尚未传输到中央级的但作为调度员必须要了解的重要数据进行收集,如站台站厅公共区的温湿度、冷水机组进出水温度等,其余一些数据如运行电流、电压等参数由设备保障部门进行收集。

二 环控调度指挥设备

环控调度指挥设备包括:BAS系统及FAS系统中央级工作站、模拟显示屏(背投)和通信设备等。

1 模拟显示屏(背投)

模拟显示屏由BAS系统管理,正常情况时,能够显示全线车站环控及扶梯等设备的运行情况,紧急事件发生时能够显示事件发生的车站和设备运行情况,同时也能够显示列车在区间阻塞的位置等信息。

2 通信设备

（1）调度电话

控制中心OCC运用调度电话实现对列车运行、电力供应、环境控制、防灾救护及设备维修施工等的调度指挥工作。

环控调度员使用调度电话:与车站保持联络,指挥环控及相关设备的运行;按照现场实际情况,正确发布调度命令,并掌握设备的运行情况。

（2）无线调度电话

环控调度员使用无线调度电话实现与车站值班员及设备维修人员进行直接联络和指挥协调设备维修、抢修工作,可使用无线调度电话发布口头命令。

（3）中央广播

中央广播具有中央级功能,可以实现对某条线路所有车站进行语音广播。正常情况下,由各站自行实施对本站的语音广播,火灾情况下环控调度员可通过中央广播向相关车站或全线车站进行预设语音广播或人工广播。

（4）内部程控电话、市内电话

在调度电话能够覆盖的范围以外,环控调度员使用程控电话与相关部门进行设备运行、故障、检修作业等信息的沟通。使用市内电话实现与110、119、120等报警中心的联络。环控调度员应熟悉119台的报告程序,并在定期的消防演练中增加此部分内容的演练,亦可由运营公司出面与消防指挥中心沟通,建立轨道交通环控调度与119台专线电话,确保紧急情况下通信畅通无阻。

（5）监视器 CCTV（Closed Circuit Television）

①在环控调度台设有一台彩色监视器、一个控制盘。

②中央监视器可以显示各站摄像枪的摄像范围，环控调度员可根据需要选择显示的画面。

③在车站站厅或站台发生火灾等紧急情况时，环控调度员应立即将显示器切换到相应的画面，以便监视事件的发展及处理情况。

三　环控调度管理制度

1　日常管理制度

（1）文件传阅制度

①当值调度员必须按时传阅最新文件,学习、贯彻文件的相关精神。

②当值调度员在传阅文件后,应按要求签名并注明日期。

（2）交接班制度

①交接班班组遵照交接班制度认真执行交接班工作。交班班组必须认真将上班重要事情转达给接班班组,保证接班班组清楚上班发生的事情,必要时可记录在交接班记录本上。

②交接班内容:监控设备及操作设备的运行状态;设备故障情况;检查调度日志、表格、报表、记录填写正确、清楚、齐全;施工检修情况;可预知的恶劣及灾害天气情况;上级的指示和文件。

③在现场出现重大事故和当班重要事项(如演练)未处理完成时,不得进行交接班。

（3）定期培训、学习制度

①必须按照计划参加培训和学习。

②重视内部培训、学习,结合工作实际情况,达到学以致用的目的。

③每月不应少于2个工作日、每年不应少于26个工作日的现场学习,了解现场的各相关工作岗位的运作,环控调度员应严格执行控制中心规定的现场学习的相关制度。

④每两个月必须编写一篇故障(事件)处理案例,提高同类故障处理水平。

（4）每月安全例会制度

每月月初召开一次安全例会,会议内容包括:

①按照分公司规定的安全措施的要求,指导管辖设备的安全运作。

②讨论安全工作,确保OCC内部安全运作。

③落实安全检查问题的整改措施。

④对事件故障处理进行学习、分析、讨论和提高。

2　设备检查制度

（1）调度设备功能检查

①每日运营开始前1小时检测BAS系统、FAS系统运行情况,检查操作功能是否正常。

②每日运营开始前1小时,检查机电设备施工作业情况,测试有施工作业的设备是否

恢复。

③其他设备设施发现故障后,均应做好相应纪录,并及时通知设备维修调度处理。

④每周进行一次调度电话/无线电试验。

⑤调度设备功能检查情况应在工作日志上记录,发现故障应立即组织相关人员及时处理。

(2)设备运行状态检查工作

①每天环控大系统启动后,逐台检查设备运行状态;

②每天定期检查大系统运行状态;

③每天定期检查扶梯运行状态;

④每天定期检查区间水泵运行状态。

3 记录、报告填写制度

(1)工作日志、事故(事件)处理经过编写制度

①当值调度员应该将值班期间所发生的主要事情记录在调度工作日志中,以便发现工作中存在的问题,并作为日后修改、完善规章、手册的资料。

②在处理影响行车、大面积影响客运服务或处理影响较大的火灾报警后,当值调度员应在事故(事件)处理当天编写事故处理经过并交值班主任。

(2)环控调度故障记录表

①环控调度员必须详细记录管辖范围内的设备故障处理情况。

②故障记录主要包括:发生故障的时间、地点、故障内容、故障应急措施、故障处理情况以及修复时间(见表1-2)。

环控调度故障记录表 表1-2

编号:

故障号	报告时间	故障地点	报告人	故障内容	处理部门	接报人	通知时间	修复时间	故障处理情况	环控调度员

③环控调度员对环控设备范围内的故障维修,原则上通过设备维修调度员安排,检修人员应按照设备维修调度指令及时开展维修和抢修工作。

④设备维修调度员对登记的故障给出故障号码,检修人员处理完故障或不能及时处理都应向设备维修调度员回复,由设备维修调度员将具体情况及时告知环控调度员,在故障彻底消除后,由检修人员向设备维修调度员申请消除该故障号码,同时设备维修调度员报环控调度员消除故障。

⑤设备维修调度员关于环控调度部分的故障记录可以共享。

(3)火灾报警信号确认记录

①火灾报警信号确认记录是为了确保火灾报警得到及时确认以及便于事后分析火灾报警原因而设置的。

②记录内容主要包括:发生报警的时间、车站、地点、设备编号、现场确认情况、原因分析、复位时间、确认人(见表1-3)。

火灾报警信号确认记录　　　　　　　　　　　　　　　表1-3

编号：

日期	报警时间	报警车站	报警地点	报警设备编号	现场确认情况	原因分析	复位时间	现场确认人	环控调度员

（4）环控设备施工作业登记

①凡有计划对环控调度员管辖设备进行拆卸、更换、移位、维修、测试等工作,都必须中断设备使用,检修人员必须在现场与环控调度员清点登记。环控调度员应根据中断设备的影响程度和范围进行审批作业,给出作业编号。作业结束后,检修人员应向环控调度员消点,由环控调度员做好施工登记。

②不松动电气连接螺钉、不拆断电气连线、不更换配件和不分离机械设备的一般检查、巡视可不登记,环控调度员应清楚检修人员的大概巡视范围,便于人员的调用。

③登记内容主要包括:作业编号、日期、车站、施工作业内容和区域、令号、施工单位、施工负责人、开始时间、结束时间、作业进度等(见表1-4)。

环控设备施工作业登记表　　　　　　　　　　　　　　表1-4

编号：

项目序号	作业编号	日期	车站	施工作业内容	施工性质	作业令号	施工单位	施工负责人	开始时间	结束时间	作业进度	备注

（5）通过BAS系统记录

环控调度员可根据工作需要通过BAS系统打印全线运行日报表,并在系统发生故障或意外事件时,通过BAS系统查看设备历史启动状态及时间等。车站级运营单位及设备保障单位应定期对BAS系统的数据及信息进行收集、整理、分析、归档。

❹ 数据分析

（1）汇总设备运行情况,编制设备运行月报。

（2）每月根据温度(站外、站内、天气预报)等数据、绘制温度趋势图。

（3）每周定期从设备维修调度员处统计、跟踪一周未处理故障情况。

❺ FAS火灾报警确认制度

（1）FAS系统发出火灾报警信息后,环控调度员必须在1min内与车站值班员或车站控制室取得联系。

（2）从FAS系统发出报警信息后,环控调度员必须在4min内确认火灾报警原因。

（3）在火灾报警信号没有被确认前,环控调度员必须保持高度的警觉。

（4）在火灾报警信号没有被确认前,任何人都不能对报警信号进行复位。

（5）任何火灾报警信息,环控调度员必须进行记录。

6 环控调度演练制度

（1）为提高调度指挥水平，制订事故预案，至少每月进行一次内部演练。

（2）为巩固环控调度员及车站值班员的设备操作能力，提高应急处理能力，至少每月进行一次联合火灾模式操作演练。

（3）为提高火灾事故应急处理水平，OCC 应联合车站每年进行一次桌面或模拟火灾事故演练。

四 环控调度命令发布

1 环控调度命令发布原则

（1）指挥环控、消防设备运行的调度命令，只能由当值环控调度员发布。环控调度员发布命令前，必须详细了解现场情况，听取有关人员的意见。接令人应按环控调度员指挥，按时执行调度命令，所有调度命令必须使用调度电话发布。

（2）环控调度员更改车站环控模式应向车站发布书面命令，紧急情况下可以先发布口头命令，后补发书面命令。

（3）在火灾情况下，为不影响救灾工作，环控调度员可发布口头命令，发令和接令双方必须做好记录。

（4）影响行车或正常运行的设备操作或施工作业可发布口头命令。

（5）环控调度员与设备维修人员及车站值班员电话联络时，均应使用文件调度用语和文件设备名称、代号。

2 发布调度命令

（1）调度命令应使用文件调度命令格式，调度命令内容应简短、准确、清晰，调度命令格式见表 1-5、表 1-6。

发 令 表　　　　　　　　　　　　　表 1-5

步骤	环控调度员	设备值班员
1	×××站注意（询问受令人姓名）	设备操作
2	环控调度员发布调度命令，请记录	×××明白
3	请×××站复诵 命令号码：××× 受令处所：×××、××× 命令内容：×××	×××站明白 命令号码：××× （逐条复诵）
4	命令完毕请复诵	（×××站全篇复诵）
5	发令人：×××	受令人：×××
6	发令时间：×时×分 记录发令时间	记录受令时间

设备值班员报告表　　　　　　　　　　　　　　　　　表1-6

步　骤	环控调度员	设备值班员
1	环控调度员×××有,请讲	×××设备值班员×××报告
2		报告内容:×××
3	(逐条复诵并记录)	报告完毕请复诵
4	(复诵全篇内容)	报告时间:×时×分
5	记录报告时间	记录报告完毕时间

（2）掌握好发布调度命令的时机,为缩短抄写命令时间,可先发内容、号码,当发令条件具备时再发发令时间、环控调度员姓名。

（3）同时向两个或两个以上车站发布调度命令时,由环控调度员指定一人复诵,其他人核对,确保无误,书面命令时应填写《调度命令登记簿》(见表1-7)。

调度命令登记簿　　　　　　　　　　　　　　　　　表1-7

编号：

日期	命令				复诵人	受令人	环控调度员	执行人	完成时间
	发令时间	号码	受令处所	内容					

❸ 调度命令号码

调度命令号码根据不同的调度种类有不同的划分,具体见各城市轨道交通运营企业相关文件规定。

❹ 发布紧急调度命令

（1）常见的紧急情况有:列车区间阻塞,设备区火灾,气体灭火自动喷气/误喷气,公共区火灾,公共区发生毒气泄露,列车火灾等。

（2）紧急调度命令的发布,必须直接向受令人发布,不能代接或转交。

（3）发布紧急调度命令前,环控调度员必须核实受令人是该命令的执行者。

❺ 火灾发生时的调度

（1）火灾事故调度的一般原则

①环控调度员在接到报警后应沉着冷静,根据火灾现场报告信息尽快作出分析判断。对于含糊不清的信息,应询问清楚。

②环控调度员应将情况立即向值班主任报告,由值班主任制订应急方案,并向各调度员下达命令。各调度员应在值班主任的指挥下,协同进行相应的调度作业。

③环控调度员应根据应急方案,向有关车站设备值班员下达人员疏散、送排风、事故风机运行、灭火作业等相关命令。

④环控调度员应随时与在火灾现场的人员保持联系,及时掌握现场动态和救灾活动并及时通报值班主任。

(2) 火灾区域的分类

根据所装报警装置和消防设施的不同,可作如下分类:

①站厅、站台。站厅、站台为人员主要聚集的场所,均装有烟感探测器、手动报警按钮。主要消防设备为消火栓。

②上、下行车站轨道。车站内的上下行正线线路(轨道)为列车停靠点,轨道上部和下部均装有排烟系统。

③重要设备房。重要设备房一般都有自动灭火系统保护,一般为地下车站的通信设备机房(含通信电源室及通信电缆间)、信号设备机房(含信号电源室)、牵引降压混合、降压及跟随变电所、整流变压器室、交流开关柜室、直流开关柜室、整流器柜室、动力变压器室。

④一般设备房。不受自动灭火系统保护的设备房,一般装有烟感探测器。如环控电控室、冷水机房、环控机房、车站控制室、会议室、站务员休息室等。

⑤区间隧道。一般未装火灾探测器,由司机向行车调度员或车站报告火灾,隧道内设有消火栓、手动报警器、插孔电话。

⑥列车。列车内的部分座位下面设置有手提式灭火器。

(3) 事故现场的火灾报警

①现场工作人员发现火情后,应立即用电话或对讲机向车站控制室报警,也可以击碎手动报警按钮进行报警。

②FAS 系统报警,FAS 系统对车站进行连续不断的监控,当某一探测器探测到火灾信号后,FAS 系统控制盘及工作站会发生报警声响,环控调度员、行车值班员发现报警后,即可从控制盘上的中文显示器或工作站上看到火灾报警的区域、部位。

③列车发生火灾,司机可以通过无线电话向车站值班站长或控制中心 OCC 报警,当列车在区间被迫停车、无法行驶或无线电话通话困难时,司机也可利用隧道电话向控制中心 OCC 或车站报告火灾事故情况。

(4) 火警事故确认

为防止误报、虚报而引起不必要的混乱,环控调度员在接到报警后,一般应先证实后方可向值班主任报告。

下面几种情况,环控调度员必须立即执行火灾处理程序:

①由设备值班员直接报告环控调度员的火灾报警信息,环控调度员应按火灾程序处理。

②环控调度员在 FAS 系统上发现相邻的两个以上的火灾探测器报警时,环控调度员应按火灾程序处理,并命令车站设备操作员了解现场情况。

③FAS 系统报警并且 BAS 系统启动火灾运行模式时,环控调度员应按火灾处理,并命令车站设备操作员了解现场情况。

④FAS 系统报警气体灭火系统火灾并已经喷气时,环控调度员应按火灾处理,并命令车站值班员了解现场情况。

⑤值班主任或行车调度员通报环控调度员发生火灾事故时,环控调度员应按火灾处理,

并命令车站值班员了解现场情况。

当车站站厅、站台发生火灾报警时,环控调度员可通过 CCTV 观察站厅、站台实情,确认火灾事故的发生。

当施工作业区域发生火灾报警时,环控调度员也可以直接联系现场人员确认火情。

火灾事故一旦被证实后,车站值班员应迅速通过无线对讲机或就近的电话,向控制中心 OCC 报告灾情。

列车火灾时,环控调度员应了解清楚列车所在区间、位置、火灾车厢号以及人员疏散方向。

(5)车站站台、站厅火灾的处理

①站厅或站台发生火灾时,环控大系统应立即执行站厅火灾模式或站台火灾模式。

②站厅或站台发生火灾时,车站所有小系统设备应执行全停模式,防止串烟。

③当 FAS 系统、BAS 系统能够自动执行火灾模式时,应采用联动执行方式执行火灾模式。

④当确认火灾发生后 2min 内 BAS 系统未能自动执行火灾模式时,环控调度员应在工作站上或通知车站手动执行火灾模式。

⑤环控调度员设备区火灾处理程序参考各城市轨道交通运营企业的《控制中心 OCC 应急处理手册》中对应环控调度的处理程序。

(6)车站设备用房发生火灾的处理

①设备区,分不同的防火排烟分区,当发生火灾时,小系统要执行对应的防火排烟分区的火灾模式。

②设备区发生火灾,如果不影响环控大系统运行时,大系统正常运行。

③当设备区发生火灾的区域或部位影响到环控大系统运行时,应根据受影响情况关闭部分大系统。

④当设备区火灾严重影响车站供电或设备运行时,应立即停止所有大、小系统的运行但必须尽量执行对应的小系统火灾模式。

⑤重要机电设备房或车站牵引、降压变电所等电力房间或设备发生火灾时,自动灭火系统启动灭火程序进行灭火。自动灭火系统喷气前必须关闭该区域的所有防火阀。

⑥环控调度设备区火灾处理程序参考各城市轨道交通运营企业的《控制中心 OCC 应急处理手册》中对应环控调度员的处理程序。

(7)列车火灾的处理

①列车在车站轨道内发生火灾,环控运行模式应按站台火灾进行处理。

环控调度员应立即在工作站上手动执行大系统站台火灾模式,小系统执行全停模式。

环控调度员应立即在工作站上手动执行隧道通风系统车站隧道火灾模式。

环控调度设备区火灾处理程序参考城市各轨道交通运营企业的《控制中心 OCC 应急处理手册》中对应环控调度员的处理程序。

②列车在区间隧道发生火灾。

一旦列车发生火灾并停在区间时,环控调度员的操作必须配合行车组织进行,不能单独完成。列车发生火灾时的五种情况如图 1-5 所示。

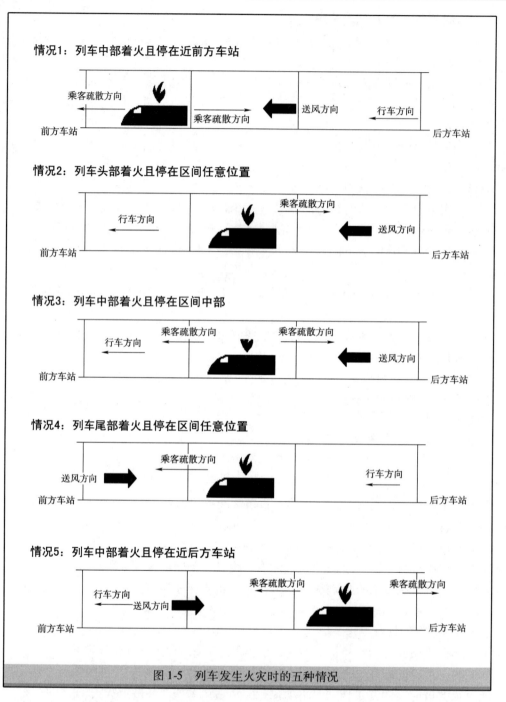

图1-5 列车发生火灾时的五种情况

③列车在区间内发生火灾时隧道风机运行的原则：

a. 列车在行驶中发生火灾，司机在向控制中心 OCC 或车站报告的同时，应尽量将列车开往前方车站停靠，列车到站后按列车在车站站台内发生火灾的程序处理；

b. 列车在区间无法行驶，并且乘客疏散路径为单向时，环控调度员应立即启动该站预设的隧道风机运行模式向隧道送风；同时该站成为火灾主要现场，一切救灾措施以该站为主，

另外一端车站事故风机启动预设的排烟模式;

c. 当乘客疏散路径为双向时,环控调度员应立即按预设的隧道风机运行模式启动隧道风机;

d. 当环控调度员无法判断列车火灾位置时,应立即按与行车方向一致的方向送风;

e. 一旦列车在区间内发生火灾,环控调度员必须紧密联系现场,尽量了解现场情况,确保指令发布的正确性;

f. 车站大、小系统维持正常运行模式不变;

g. 区间火灾产生的烟雾向站台蔓延时,应停止车站大系统的排风,保持车站处于正压状态;

h. 设备区发生串烟时,小系统执行全停模式。

五 机电设备故障的应急处理

1 环控调度员在机电设备故障处理中的基本职责

(1)环控调度员,应协助分公司有关部门组织故障原因或事故调查分析、现场勘察、取证等活动。

(2)向有关部门提供与事故有关的材料,如调度值班记录、调度命令记录、调度电话记录、设备检修申请等。

(3)协助上级部门和消防机关完成火灾事故分析报告,总结经验教训,修改和完善有关规章制度。

2 环控调度员管辖设备故障的应急处理原则

(1)设备出现故障的第一时间必须先执行应急模式。

(2)必须严格遵守先通后复的处理原则。

(3)故障处理过程,不得影响正常行车。

(4)影响行车的设备故障,必须按抢险程序进行。

(5)严重影响客运服务的设备故障,必须及时组织抢修。

(6)存在火灾及安全隐患的设备故障,必须及时组织抢修,不能立即修复时必须建立跟踪档案。

3 列车机电设备故障的应急处理

(1)列车在区间阻塞

①BAS 系统发出列车区间停车的报警后应立即与行车调度员确认。

②监视 BAS 系统自动执行阻塞通风模式,当发现 3min 内模式不能自动启动时,应采用手动的模式立即执行。

③列车离开区间后复位报警信号,恢复正常运行模式。

(2)区间水泵故障

①需要立即到区间抢险的几种情况:区间高水位报警;司机发现区间有积水并将淹到道床;区间水泵电源故障;区间主、备水泵全部故障。

②区间水泵抢险注意事项:必须在抢险程序规定时间内组织抢修人员到达预定车站;必须确认清楚需要进入区间的抢险人员人数;必须确认抢险人员带齐防护用品;出发前需要测试抢险人员的对讲设备;抢险人员进、出区间过程由行车调度员指挥,设备维修调度员每隔15min与维修人员联系一次并报行车调度员。

③区间发生一台水泵故障或故障暂时不影响区间排水能力时,维修工作应安排在当天夜间停止运营后组织人员抢修。

(3)区间消防水管爆裂漏水

①区间发生消防水管爆裂时,环控调度员应立即命令设备维修调度员安排给排水专业维修人员现场关闭车站站台两端相关区间消防水管手动碟阀,对于需要进行轨行区作业时,由设备维修调度员向行车调度员提出配合,并协调组织现场的抢修作业。当环控调度员发现BAS系统车站信号与控制中心OCC反馈信号不符时,应要求车站相关人员到车站设备房确认设备状态再回复。

②加强对区间水泵的监控,确保区间水泵排水正常,漏出的水能迅速排清。

③立即通知相关部门组织抢修准备,必要时应立即组织抢修。

④立即制订该区间发生火灾时的后备应急方案,确保该区间的消防能力。

⑤如果爆管事故不影响区间行车安全,视情况可以安排给排水维修人员运营结束后再进行抢修作业。

1.5 设备维修调度员

一 设备维修调度员的基本任务与岗位职责

1 设备维修调度员的基本任务

设备维修调度是物资设施系统的生产调度。设备维修调度员基本任务如下:
(1)负责物资设施系统设施设备故障(事故)信息接收、传递与反馈。
(2)一般性故障(事故)处理的组织、协调。
(3)重大故障(事故)的上报。
(4)故障(事故)的统计分析。
(5)检修作业计划汇总、协调,检修作业的监控。
(6)负责AFC故障的信息接报、传递。

(7)配合控制中心主任OCC（值班主任）、行车调度员、环控调度员、电力调度员启动应急预案等工作。

2　设备维修调度员的岗位职责

(1)接收物资设施系统设施设备和AFC系统故障（事故）报告，并记录有关情况。

(2)对接收的物资设施系统设施设备的故障（事故）报告信息进行初步分析判断，报相关部门并向各中心发布设备维修调度命令，同时跟踪设备维修调度命令的执行情况，对故障（事故）处理过程中发生的各类事项进行必要的协调。

(3)在故障（事故）处理完成后，向各有关部门通报处理情况并记录。

(4)对物资设施系统设施设备的故障（事故）进行分类、分析、统计，按时填写物资设施部故障（事故）分析日（月）报，并报物资设施部。

(5)校核物资设施部管理范围内的维修计划，并协调、配合计划实施，监督、跟踪作业令执行与完成情况，对作业令的执行进行必要的协调；对计划完成情况进行统计，将统计结果报物资设施部。

(6)合理调配工程抢险用车和其他用车。

(7)协助控制中心OCC主任（值班主任）校核检修计划和临时计划。

(8)业务范围内的其他工作。

二　设备维修调度员与其他调度员的关系

1　设备维修调度员与控制中心OCC间的关系

(1)设备维修调度员在控制中心OCC大厅工作期间，应接受控制中心主任OCC（值班主任）发出的关于物资设施系统设施设备故障的指令（指令通过书面或录音电话），并积极调配各种力量完成指令。

(2)在物资设施系统设施设备的故障（事故）处理过程中，一般情况由设备维修调度统一指挥、协调处理过程，并向控制中心OCC提出必要的协作要求；在遇到影响行车的故障（事故）时，由控制中心OCC统一指挥、协调处理过程，设备维修调度根据控制中心OCC发布的处理指令统一指挥、协调物资设施部归口中心对故障（事故）进行处理，并根据实际情况向控制中心OCC提出必要的建议及合理要求。在故障（事故）处理过程中，及时向控制中心OCC提供处理进展情况等资讯。

2　设备维修调度员与行车调度员的关系

(1)在发生影响行车的故障（事故）或检修作业时，设备维修调度员与行车调度员有着直接的工作联系。在此期间，设备维修调度员必须严格执行行车调度员所发布的所有正确指令。

(2)在物资设施系统设施设备的故障（事故）处理过程中，当行车调度员发布封锁命令并授权设备维修调度员进行故障（事故）处理指挥后，封锁区间内的一切工作由设备维修调度员统一发令指挥，直至故障恢复行车调度取消授权为止。

(3)设备维修调度员接到行车调度员维修（抢修）的报告后，除及时组织有关人员处理外,还应在故障处理过程中,随时掌握处理进度和故障的初步原因,并通报控制中心主任OCC(值班主任)。

③ 设备维修调度员与电力调度员的关系

(1)电力调度员负责电力系统倒闸操作、供电运行方式改变及本系统紧急故障(事故)处理等的指令发布;接收供电中心值班人员及巡检、检修人员的故障(事故)报告并对故障(事故)按"先通后复"的原则发布运行方式改变和紧急处理的指令,处理过程中如需物资设施部配合协助的,应及时与设备维修调度员联系。设备维修调度员在接到电力调度员紧急处理中的配合要求后,应立即向相关中心发出配合作业命令或向相关部门提出配合要求,并监督处理过程,及时报告进展情况。电力调度员应将供电故障影响范围、停电区段、时间报电力调度备案。故障处理工作完成后,设备维修调度员必须将故障(事故)的详细情况、处理结果、故障(事故)原因等报设备维修调度员备案。若不能及时抢修恢复正常供电时,应将目前故障的处理程度、影响范围和检修所需的时间通知电力调度员。

(2)设备维修调度员负责接收供电中心以外人员的有关供电系统故障(事故)报告,并在接报后应及时通报电力调度员及供电专业工程师,同时协调其他有关部门对故障(事故)进行处理。

(3)设备维修调度员在接到电力调度员的紧急处理报告后,应记录备案;若需要进行进一步维修处理的,应通报供电专业工程师进行安排。设备维修调度员在接到电力调度员紧急处理中的配合要求后,应立即向相关部门提出配合要求,并将配合工作的反馈结果及时通知电力调度员。

④ 设备维修调度员与环控调度员的关系

(1)环控调度员负责环控系统设备操作及环控模式改变等的指令发布;接收机电设备操作人员、值班人员及机电中心巡检、检修人员的故障(事故)报告,并对故障(事故)按"先通后复"的原则发布模式改变和紧急处理的指令。处理过程中如需物资设施部配合协助的,应及时与设备维修调度员联系。设备维修调度员在接到环控调度员紧急处理中的配合要求后,应立即向相关专业发出配合作业命令或向相关部门提出配合要求。紧急处理工作结束后,设备维修调度员应将故障(事故)的详细情况及处理结果、故障(事故)原因等报电力调度员、环控调度员备案。

(2)设备维修调度员负责接收机电和自动化中心以外人员的有关环控、低压配电、给排水、电扶梯等系统设备的故障(事故)报告,并在接报后应及时通报环控调度员及机电专业工程师,同时协调其他有关部门对故障(事故)进行处理。

(3)设备维修调度员在接到环控调度员的紧急处理报告后,应记录备案,若需要进行进一步维修处理的,应通报机电专业工程师进行安排。设备维修调度员在接到环控调度员紧急处理中的配合要求后,应立即向相关部门提出配合要求。

⑤ 设备维修调度员与检修调度员的关系

设备维修调度员接到故障(事故)报告后,需要运用车辆部专业管理的接触网作业车、平板车等工程车配合维修处理时,应立即向检修调度员提出配合要求。检修调度员在接到设备维修调度员的配合要求后,应立即组织工程车等相关人员,并在10min内响应配合要求,同时具备发车条件。

1.6 车辆基地调度员

一 车辆基地调度员的工种与岗位职责

车辆基地调度员包括信号楼调度员、车辆检修调度员和派班统计员。各工种的岗位职责如下:

① 信号楼调度员

(1)信号楼调度员 A:统一指挥基地内的行车组织工作,全面负责组织实施列车、机车车辆转轨、取送作业,组织实施调试作业、列车出入车辆基地等工作,合理科学地调配人员、机车车辆,协调安排车辆基地内行车设备、消防设备及库房等设备设施的检修维护。向行车调度员通报运用列车情况,协调基地内部与外部的工作,组织相关部门及时处理设备故障问题。

(2)信号楼调度员 B:通过信号楼微机联锁设备控制室操作微机设备,负责执行基地信号楼调度员 A 的接发列车、调车作业计划,实现微机联锁设备的用途及功能。

② 车辆检修调度员

全面负责车辆的计划维修、故障抢修、事故处理、调试、改造作业安排及组织实施,监视所有车辆技术状态,提供运行图所规定的列车数上线服务,并确保其状态良好,符合有关规定。负责车辆检修内务管理及协调、调配车辆部各中心的生产任务。

③ 派班统计员

负责安排乘务员的出/退勤作业,制订和组织实施乘务员的派班计划,遇突发事件应及时调整交路、调配好乘务员的派班。负责与车辆检修调度员交接检修及运用列车、与出/退勤司机交接运营列车,向行车调度员通报司机的配备情况。协助乘务中心主任管理乘务员日常事务,检查落实各项管理制度和作业安全规定。

二 信号楼调度员作业标准

为加强对信号楼调度员的日常管理,确保车辆基地行车作业绝对安全,信号楼调度员的作业应按以下标准执行。

1 班前

(1)交接班时间。白班,8:30~17:30;夜班:17:30~次日8:30。

(2)接班人员应提前20min到岗,按规定着装,衣帽整洁,系好领带或丝巾,佩戴标志,按乘务中心交接班制度规定,在岗位上对号交接,及时更换当值人员工作牌。

(3)信号楼调度员A到岗后,做好下列班前准备:

①检查《施工作业登记簿》、《行车设备使用登记簿》、《设备维修登记簿》、《调度命令登记簿》,查看《周施工作业计划》及《日补充作业计划》。

②了解运营计划(列车运营时刻表、出车顺序表)及施工计划情况。

③了解当日运营列车、备用列车及车辆装卸情况。

④了解上级有关命令指示、文件通知、演练方案、重点任务、注意事项等有关情况。

(4)信号楼调度员B到岗后,检查调度室内所有备品、备件数量和状态并及时将检查结果向信号楼调度员A汇报。

(5)接班时要做到六清,即:运营计划清;装卸计划、调车作业计划清;车辆基地内停留车位置、接触网带电状况清;防溜措施清;有关命令、注意事项清;工具、设备、备品清。

(6)信号楼调度员A应传达运营计划和有关事项,开展安全预案活动,布置重点工作及重点任务执行时的注意事项。

2 班中

(1)信号楼调度员A应及时登录调度命令系统,做好命令接收,监控该系统正常运行。运营前30min,信号楼调度员A应组织做好运营前的检查工作,及时将基地内运营前的行车准备工作向行车调度员汇报。

(2)认真执行《行车组织规则》、《车辆基地运作规则》,正常情况下严格按《接发列车作业标准》办理行车作业,监控微机联锁显示屏。发生紧急情况或接到相关人员紧急情况的汇报后,应及时按相关规定做好组织指挥和汇报。

(3)全面负责基地内的行车指挥和施工管理工作。

(4)做好基地内各项施工清、销点登记和行车备品使用登记手续。

(5)检查、管理并做好对讲机、应急灯、信号灯、手电筒等需要充电设备的充电工作。

(6)发生突发事件后应在第一时间内报告控制中心主任OCC(值班主任)、中心领导、调度工长及相关部门人员,并按指示做好临时组织指挥工作。

(7)认真执行"问路式"调车,及时、准确地开展好车场内的调车工作。

(8)按照控制中心OCC信息通报程序,及时做好各类信息上报工作。

(9)白班信号楼调度员A应及时收取《周施工作业计划》、《日补充作业计划》及相关命令指示,为交班做好准备。

(10)注意仪容仪表,严格按规定着装。

3 班后

(1)与接班人员办理交接,检查《信号楼工作日志》、《施工作业登记簿》、《行车设备使用登记簿》、《设备维修登记簿》、《调度命令登记簿》等行车簿册有无漏填。

（2）重要事项应重点交接，确保接班人员清楚无误。

（3）检查行车备品齐全、行车设备完好。

（4）做好设备定置、定标管理及岗位卫生清洁等有关工作。

（5）注销、退出调度命令系统。

（6）在规定地点与接班人员对号交接。

（7）工作交接完毕，应在交接班簿上签名后下班。

（8）遇下列情况，不得交班：

①不在规定交接班地点时；

②接车时，自列车由车辆基地所作站发出至列车进基地停妥前不得交班；发车时，自待发列车出场信号开放或交付行车凭证至列车整列出基地前不得交班；

③接班人员未到岗时；

④调车作业一批未完时；

⑤设备、备品不清时；

⑥控制室及更衣室卫生不洁时；

⑦不具备交班的其他情况。

 ## 复习与思考题

1. 运营调度工作的作用与任务主要有哪些？
2. 简述运营调度主要设备及其功能。
3. 行车调度员岗位要求有哪些？
4. 行车调度工作制度有哪些？
5. 什么是行车调度组织工作？行车调度组织工作包括哪些环节？各个环节要求是什么？
6. 列车发生晚点时，应如何进行行车调度组织工作？
7. 电力调度员岗位要求有哪些？
8. 电力调度员作业制度有哪些？
9. 环控调度员岗位职责有哪些？
10. 环控调度员作业制度有哪些？
11. 环控调度员在机电设备故障时有哪些应急处理办法？
12. 设备维修调度员岗位职责有哪些？
13. 设备维修调度员与行车调度员有什么关系？
14. 信号楼调度员作业标准是什么？

单元 2

城市轨道交通乘务组织管理

 教学目标

1. 了解列车司机的岗位要求与作业标准；
2. 掌握列车司机作业程序；
3. 掌握各种特殊情况下的列车驾驶要求；
4. 熟悉列车故障时的处理方法与基本技巧；
5. 熟悉列车安全驾驶的基本规定；
6. 了解乘务管理制度与乘务作业工作纪律。

 建议学时

16 学时

2.1 电动列车司机的岗位要求与作业标准

一 电动列车司机的岗位要求

(1)列车司机必须牢记"安全第一、便民第一"的宗旨,遵守和学习有关的安全规定和运行规则,严格按照安全制度、行车规则执行乘务驾驶任务。电动列车司机工作场景如图2-1所示。

(2)电动列车司机必须掌握列车的基本构造、性能,具有一般的故障处理能力,熟悉运行线路和停车场等基本设施情况,熟练掌握担任驾驶区段、停车场线路纵断面情况。

(3)电动列车司机还必须掌握其他相关的业务能力和具有一定的应变能力。如懂得救援的过程和方法、懂得消防灭火的要求、学会扑灭初起火灾的方法、知道常用灭火器的使用方法等。

图2-1 电动列车司机工作场景

鉴于电动列车司机在整个运行过程中的重要作用,因此城市轨道交通管理部门规定了电动列车司机上岗值乘的必要条件。

首先,电动列车司机必须经过考试合格,并取得"电动列车驾驶证"后方准独立驾驶电动列车;其次,脱离驾驶岗位6个月以上,如再需驾驶列车必须对业务知识和安全运行知识等进行再培训与考核并且合格;最后,对电动列车司机的纪律性和身体状况、心理状况要有相关管理部门以及有关领导作出鉴定。符合以上几个必需条件时才能够上岗驾驶列车,以保证行车安全和秩序正常。

二 电动列车司机的作业标准

为加强对电动列车司机的日常管理,确保列车安全正点运行,电动列车司机作业应按以下标准执行。

① 班前

（1）交接班时间

白班,8:00～17:00；夜班,16:00～次日9:00。

（2）车场内出勤

①按规定出勤时间提前30min到派班室出勤。

②抄录有关的运行、安全注意事项，了解值乘列车（车辆）的技术状况、故障记录、车号、停车股道、担当车次、运行方向等。

③回答派班员的三交三问。

④领取列车时刻表、车辆故障单、司机报单、手持台、列车钥匙等相关行车备品。

⑤由派班员在司机手册上签字（盖章）后，白班、夜班车场出勤时须与正线司机长联系确认正线注意事项方可上车。

⑥严格按《列车检查作业标准》对列车进行各种性能试验和部件检查（不超过30min），对发现的问题要及时报告信号楼。

⑦检车完毕，确认列车具备动车条件后及时与信号楼联系，按"问路式"调车规定请求列车出场进路。

⑧得到信号楼通知及地面信号开放后，按车场动车"四确认"和《车场呼唤应答》标准动车（车场呼唤应答用语标准见表2-1），根据运营图的规定确认运行至转换轨处停车，及时将车载无线电台转换至"正线组"模式后与行车调度员联系。

车场内呼唤应答用语标准　　　　表2-1

呼唤时机	呼唤用语	手比	备 注
库门前	一度停车	√	列车必须在库门前/一度停车牌前/平交道口前停车
平交道口前			
一度停车牌			
入库库门前	库门好 红灯亮	√	确认库门开启位置正确,接触网有电
列车接近道岔时	道岔好	√	
	停车		道岔位置显示不正确时,立即停车
列车接近调车信号机时	白灯	√	
	红灯停车	√	列车必须在红灯前停车
列车进入尽头线	尽头线注意		自进入该线起,控制好速度,准备停车

说明：

1. 手比方式为：左手握拳，食指中指并拢平伸。指尖需指向确认内容。

2. 列车进出库停车规定：

（1）入库列车进入A端停车时，需在5km/h限速牌、库门前分别停车1次。

（2）入库列车进入B端停车时，需在5km/h限速牌、库门前、A－B端道口处分别停车1次。

（3）A端列车出库，动车前确认库门开启正常，动车至库门外平交道口前一度停车。

（4）B端列车出库，动车前确认A－B端道口安全，动车至库门前、库门外平交道口前各停车1次。

⑨接行车调度命令后,凭车载信号或地面信号机的显示,动车至车辆基地上行(下行)站台,根据列车运营图的规定决定是否进行折返作业和开关门操作。

⑩压道、巡道车严格按照规定程序行车,加强瞭望确认。

(3) 正线出勤

①按照上岗标准,带齐行车备品在所担当运行车次开车时间前 20min 到指定换乘室出勤。

②抄录有关的运行、安全注意事项,了解正线列车(车辆)的技术状况、故障情况等。

③回答司机长三交三问。

④由司机长在司机手册上签字(盖章)。

⑤按担当运行车次到达时间提前 5min 到相应站台端头,等待接班。

⑥列车到达后按照《司机交接班作业标准》与下班司机交接运行注意事项及车辆状态情况。

⑦两名司机在站台认真监护乘客的上下情况,乘客上下车基本完毕,发车计时器 DTI (Departure Time Indicator)为 15s 左右,接班司机关门,确认无夹人夹物后进驾驶室按规定开车。

2 班中

(1) 司机按规定驾驶模式驾驶列车,途中加强瞭望,确认信号,认真执行《正线呼唤应答制度》(正线呼唤应答用语标准见表 2-2)。运营中遇车辆出现故障,按《电列车故障应急处理指南》处理,列车故障消失可以继续运行时必须报行车调度员后方能动车。途中产生紧急制动,做好客室广播,列车停车后按规定程序缓解,动车前必须与行车调度员联系,得到允许动车的命令后,方可采用受限制的人工驾驶 RM(Restricted Manual Mode)模式动车。遇列车在正线折返线、存车线下线由检修人员处理故障,在故障处理完毕必须得到行车调度员通知后方能动车,不得听从检修人员的口头通知随意动车。遇车载 ATC 故障需采取不受限制的人工驾驶 URM(Unrestricted Manual Mode)模式驾驶时,应严格按照《行车组织规则》行车,运行中加强地面信号的确认,严格按照线路限速运行。遇非正常情况下,应按照各类《非正常行车办法》执行,加强确认各行车凭证和注意事项。

正线呼唤应答用语标准 表 2-2

呼唤时机	呼唤用语	手比	备 注
道岔防护信号	绿灯	√	按正常速度通过
	黄灯,注意限速	√	控制速度(低于 25km/h)
	红灯停车	√	
列车接近道岔时	道岔好 (正常情况下不必呼唤)		非正常情况下道岔必须呼唤
	停车		道岔位显示不正确时,停车
距离开车 15s 时	关门		按压关门按钮
车门关好时	车门关好 无夹人、夹物		

续上表

呼唤时机	呼唤用语	手比	备注
进入驾驶室	门关好灯亮 有速度码	√	原则上必须在站台确认,如因光线等原因在站台无法确认时,可进入驾驶室内确认
列车接近站台时	进站注意		
列车接近站台中部时	对标停车	√	ATO时注意MMI上目标速度为"0",目标距离变红,控制速度,准备停车
列车停稳开门时	开左(右)门		
列车接近进(出)场信号机时	黄灯(白灯)	√	
	红灯停车	√	列车必须在红灯前停车
列车折返换端两司机交接时	设备正常,安全无事		由交班司机确认设备正常后向接班司机交班

（2）运行中的电动列车由车站开出和接近前方站时,要做好客室的广播工作并进行监听,防止漏报或错报站。

（3）列车进站时,司机必须加强瞭望,密切注意线路及站台乘客动态,防止乘客跌落站台和异物侵入行车限界,发现异常应及时采取减速或停车措施。

（4）列车进站停车时,应按规定停车位置停车。列车停站后司机应立即打开客室车门,确保乘客及时上下车。SM模式驾驶时,列车停站后严格执行先上站台后开门制度。

（5）司机在站台认真监护乘客上下情况,确认乘客上下车基本完毕,发车计时器DTI在15s左右关门。关闭车门后必须确认车门关闭良好、无夹人夹物,方可回驾驶室内准备发车,动车前应通过站台倒车镜再次确认站台有无异常。

（6）列车发车时必须确认行车凭证(ATO或SM模式时为速度码、非正常时为路票、电话记录号码或调度命令)。

（7）列车到达终点站后,打开车门,接班司机及时到另一驾驶室,同时感知客室的空调舒适度,待车站工作人员清客完毕后关门,进入驾驶室按压折返按钮,确认信号、速度码进行折返作业。接班司机到达另一端驾驶室后应及时按下驾驶室对讲按钮与到达司机联系,折返线停车后换端并交接列车运用情况、安全注意事项等,交接完毕,接班司机确认信号,凭速度码动车至站台,到站台对标停妥后,到达司机下车。

（8）列车出折返线在始发站,接班司机对标停车后,必须及时上站台打开客室车门后,再进驾驶室做报单填写等其他工作,在发车计时器DTI倒计时在20s时必须上站台立岗监护乘客上下情况,确认乘客上下车基本完毕,发车计时器DTI倒计时在15s左右关门。不参与运营列车在开车前司机必须确认站台安全,鸣笛动车。

3 班后

（1）列车回场

①列车回场按运行图规定执行,列车在车辆基地上行或下行站台停车后,应及时开门,待车站工作人员清客完毕后关门,视列车运行方向决定列车是否进行换端作业。

②确认回场信号开放后,凭速度码或行车调度命令动车至转换轨处,在进场信号前停

车,及时将车载无线电台转换至"车辆段"模式,与信号楼联系列车停放股道(A端或B端)、是否转线、洗车作业等。

③按照信号楼调度员的命令,在确认进场信号开放后动车,运行中加强对调车信号机的确认,运行至限速牌一度停车,确认平交道口安全情况,库门前再次停车,确认库门开启良好、触网供电状况、无人或异物侵入限界。

④列车库内运行速度为5km/h,在规定的位置停车,按要求降弓、休眠(特殊情况时除外)。携带时刻表、手持台、主控钥匙、方孔钥匙等物品下车,锁闭驾驶室门至派班室退勤。

⑤与派班员交接时刻表、手持台、钥匙等行车备品,交接清楚后回答派班员提问,并在司机手册上签字或盖章,了解入住房间号后在退勤登记簿签名,至相应房间休息。

(2)正线退勤

①站台交接班完毕,交班司机在安全线内目送列车安全离站,至换乘室退勤。

②交司机报单并回答司机长提问,了解下个班担当列车车次、出勤时间等情况,司机长在司机手册上签字后休息,等待召开交班会。

(3)不得退勤的情况

①不在规定退勤地点时。

②设备备品不清时。

③接班司机未到岗时。

④发生车辆故障或行车事件未交接清楚时。

⑤会议室及换乘室卫生不清洁时。

⑥不具备退勤的其他情况。

2.2 电动列车司机作业程序

一 出勤与出场作业

1 出勤

(1)出勤是电动列车司机在投入运营前重要的准备阶段,在这个阶段中应做好出库前的各项工作准备,包括业务准备、生理准备、心理准备。

(2)电动列车司机在出库前,必须充分休息、班前8h内禁止饮酒,生理和心理状况必须符合工作要求。

（3）电动列车司机必须在指定时间前到达指定地点，按规定方式出勤；停车库内出勤时，应按列车出库时间提前30min到运转值班室向运转值班员出勤，听从运转值班员的安排，并向运转值班员领取电动列车钥匙、司机报单、对讲机、应急包等行车物品；正线出勤时，应按接车时间提前20min到线路车站的指定候车室，向班组长出勤（遇特殊线路，需线路两头出勤时，可通过电话方式向班组长出勤）。

（4）备用司机应在首班车出库前30min出勤，出勤后对备用列车进行检查，检查后应在司机候乘室内待命，严禁擅自外出或到司机公寓休息。

（5）司机出勤时，应穿着乘务人员识别服，佩戴好工作牌、星级标志或其他规定的相应标识，并携带好计时工具、工作证、有效驾驶证；严禁无证上岗，不得携带与行车无关的物品，手机必须调至振动。

（6）司机出勤后，应认真听取班前布置会决议，了解当日值乘时间、地点及所接列车的车次，认真阅读并抄录涉及运营有关注意事项和调度命令并交值班员或乘务班组长签字确认。

2 交接班

（1）司机在停车库内交接班时，接班司机应与交班司机进行对口交接，交接内容包括：电动列车钥匙、驾驶专业物品、司机报单以及当日正线运行注意事项，并对电动列车进行检查和试验，了解备用列车的技术状况，一旦发现列车故障或车辆状况不符合出库要求时，应及时向运转值班员报告。

（2）司机在正线交接班时，接班司机应等待交班司机办理完开关门作业后，再执行对口交接工作，交接内容包括：电动列车钥匙、列车行驶交路、所交接列车的技术状况、驾驶专业物品、司机报单、继续有效的行车命令以及其他有必要交接的内容；如遇设备故障或发生事故情况，以及在规定时间内未交接完毕的，应随车继续交接，直至处置或交接完毕。

（3）在存车线备用列车的交接班时，交接班司机应跟车进出存车线路。必须步行进入的，交接班司机应向行车调度员申请，按照面向来车方向通行路径，说明进出路线，得到其同意后，方能下线路与备车司机交接班。进入线路行走时，并加强对线路的瞭望，尽量靠线路限界外侧行走，确保自身安全。

（4）接班司机与交班司机交接完毕后，必须在司机报单上签字确认。

3 列车检查

（1）列车在投入正线运营前，司机应对电动列车两个驾驶室的所有操作设备进行检查，所有设备的状态应满足列车正线运营条件；检查内容包括：客室照明、广播、信息屏、空调通风车门、车窗、设备柜、安全应急设备等情况符合运营条件，操纵台仪表、开关、指示灯，设备柜所有旁路开关、切除开关，驾驶室内挡风玻璃、驾驶室门等功能正常、位置正确、铅封齐全，其状态需满足列车上线运营条件。

（2）列车在投入正线运营前，司机应分别在两头驾驶室对列车进行静态及动态调试，并将检查结果注明在司机报单上。遇列车故障时，应根据各车型列车上线标准，及时决定是否上线运营。

（3）遇下列情况，禁止列车出库：
①受电弓及高压电路故障时；

②牵引电机故障时；
③高速开关故障时；
④空压机不能正常工作时；
⑤牵引、制动电路故障影响行车时；
⑥辅助电路故障影响行车时；
⑦各仪表指示灯不显示或显示不正常时；
⑧蓄电池电压过低，列车不能正常启动时；
⑨鸣笛不响时；
⑩雨雪天气雨刷不能正常工作时；
⑪头尾灯任意一项均不亮时；
⑫总风漏泄严重时；
⑬三扇以上车门不能打开时；
⑭空气簧不能充气时；
⑮联轴节、轴箱、齿轮箱机械损坏或严重漏油时；
⑯转向架有裂纹时；
⑰车钩、电器连接器及缓冲装置有一项不良时；
⑱车体倾斜、变形超限时；
⑲车底吊挂螺栓、插销松脱及机件弯曲变形时；
⑳车轴有裂纹时；
㉑车辆踏面擦伤、剥离超过规定标准时；
㉒列车广播及无线电通信故障时；
㉓ATP车载设备故障时；
㉔车载过度信号设备故障时；
㉕驾驶室门故障不能打开或关闭时。

4 出场作业

（1）司机在检查完列车后，应主动与信号楼调度员联系，复诵列车车号、车次、股道，并对列车状态进行描述。

（2）司机应进行手指呼唤（手指：五指并拢，并伸直手臂，分别指向出库信号、车库门。呼唤：出库信号机，信号正确；车库门，车库门开启良好、安全销插好）并鸣笛后，方可启动列车。

（3）列车在车库门口应一度停车，确认平交道上无人员走动并且具备行车条件并鸣笛后，方可启动列车出库，列车出库时，司机采用"慢速前行"模式驾驶，库内限速5km/h，待列车尾部全部出清出库平交道后，司机以限速20km/h在停车场内运行。

（4）列车在停车场内行驶时，司机应认真确认进路中每个调车信号机的显示及每个道岔的开通位置，并进行相应的手指呼唤（在调车信号机前，动作：五指并拢，并伸直手臂，指向调车信号机。呼唤：调车信号正确。在道岔前，动作：五指并拢，并伸直手臂，指向道岔开通方向。呼唤：道岔位置正确）。

（5）列车在停车场内行驶时，司机应做到不间断瞭望，过平交道或有人员在前方线路上行走时,应鸣笛警示并减速。

(6)列车在出场线(入场线)出场时,司机应将列车运行至一度停车牌前(信号模式转换点处)一度停车,并建立 ATP 或 ATO 模式,对出场信号机开放、进路、速度码进行手指呼唤(手指:五指并拢,并伸直手臂,分别指向出场信号机、前方进路、速度码。呼唤:出场信号机,信号正确;前方进路,进路正确;速度码,速度码有)后,方可以 ATP 模式或 ATO 模式进入正线。

二 停车场内调车与试车作业

1 停车场内调车作业

(1)调车作业前,司机应了解车辆技术状态、运行路径和作业要求;在停车场内调车时,遇三钩以上的调车作业——司机应凭运转值班员发布的调车单,执行行车调度员车任务;遇三钩及以下的调车作业——司机应凭运转值班员发布的口头命令,执行行车调度员车任务;同时,应掌握调动列车的车号、停放股道及调送地点。

(2)司机在确认调车信号开放,并与信号楼调度员进行呼唤应答(司机:信号楼调度员,停车库××道调车信号已开放,信号正确。信号楼调度员:停车库××道司机,××道至××道调车信号已开放,信号正确可以动车),司机复诵(××道至××道调车信号已开放,信号正确可以动车),并进行相应的手指呼唤(动作:五指并拢,并伸直手臂,指向调车信号机。呼唤:信号正确),鸣笛后,启动列车,并在库门平交道前一度停车,确认平交道无行人及异物侵入限界后,方可动车。

(3)在停车场内调车时,列车限速为 20km/h,司机应认真确认进路中每个调车信号机的显示及每个道岔的开通位置,并进行相应的手指呼唤(在调车信号机前:作业——五指并拢,并伸直手臂,指向调车信号机,呼唤——信号正确;在道岔前:动作——五指并拢,并伸直手臂,指向道岔开通方向,呼唤——道岔位置正确)。

(4)利用牵出线、尽头线调车,当列车接近终点时,司机要控制好车速,在停车位置 10m 前一度停车,然后以 3km/h 限速接近停车位置并停车。

(5)当列车需再次进行调度时,司机应确认调车信号开放,并与信号楼调度员进行呼唤应答后,方可动车。

(6)在调车过程中,如遇信号显示或进路错误时,司机应立即采取紧急制动措施将列车停下,并立即通知运转值班员,等待信号重新开放或由信号楼调度员通知后,根据要求动车,但要减速运行,加强对线路及信号的瞭望,在信号系统严重故障、行进线路信号全部不能开放时,应根据信号楼值班人员的调车手信号或口头命令动车。

(7)在停车场内调车时,严禁司机采用后退模式调车,如遇特殊情况必须退行时,司机应与信号楼调度员联系,经同意后方可执行,一般退行距离不得大于 20m。

2 停车场内试车作业

(1)在停车场内到试车线试车时,司机应凭运转值班员发布的工作单或口头命令执行试车任务,并掌握调试列车的车号、停放股道、技术状态及调式要求,试车由两名司机担当调试工作,一般情况下,严禁利用场线及停车库线进行试车作业。

(2)当列车调至试车线后,司机必须按停车场试车线有关作业规定,在指定地点停车,并凭允许试车信号开放及与信号楼调度员呼唤应答(司机:试车线进路正确。信号楼调度员:试车线进路正确。动作:五指并拢,并伸直手臂,指向调车信号机。呼唤:试车线信号正确,方能进行试车)。

(3)列车到达试车线后,司机必须先对试车线进行一次往返压道作业,限速为20km/h,确认线路与车辆制动情况正常;当试车车速大于60km/h时,司机应将列车调至线路端头规定位置,确保满足试车的制动安全距离与线路最高限速;夜间试车、接近线路尽头或轮轨黏着条件差时,应加强瞭望,适当降低速度和提前采取制动措施,确保试车安全。

(4)试车完毕后,司机应将列车行驶至规定位置,并向信号楼调度员申请回库(司机:试车线列车申请回库。信号楼调度员:试车线列车回停车库××道。司机复诵:试车线列车司机明白,回停车库××道。待回库调车信号开放后,司机:信号楼试车线回库信号开放。信号楼调度员:试车线至××线信号开放可以动车。司机复诵:试车线至××线信号开放可以动车。动作:五指并拢,并伸直手臂,指向调车信号机。呼唤:信号正确),再动车。

(5)遇雷阵雨、强风、大雪及浓雾天气,一般不进行试车作业。

3 正线试车作业

(1)正线运营时期内的电动列车试车作业时,车辆技术状态应良好,列车必须按照自动闭塞信号方式运行。司机在试车作业前,必须向施工负责人了解具体施工内容,接到调度命令后,要仔细阅读、严格执行行车调度员的命令,确保列车正点运行,严禁擅自切除车载ATP进行试车。

(2)正线运营结束后的电动列车试车作业,作业前司机必须向调试负责人了解具体调试内容,并按照调度命令内容以电话闭塞法方式运行至调试区段,列车占用区间的行车凭证为路票,发车凭证为车站值班员显示的发车手信号;调试列车到达调试区段后,由调试负责人至车站车站控制室进行施工登记,登记完毕后,电动列车司机根据调度命令及施工登记号进入封锁/封闭区段进行调试;调试结束后,由调试负责人至车站车站控制室办理施工注销手续,电动列车司机根据调度命令指定的运行方式及信号显示驶回停车场。

(3)遇雷阵雨、强风、大雪及浓雾天气,不满足正线试车安全条件时,应立即停止正线试车作业。

4 洗车作业

(1)电动列车司机在接到运转值班员洗车作业的通知后,应了解所洗列车的停放股道及列车车体号。

(2)电动列车司机确认列车车况良好、调车信号开放后,按调车作业相关规定将列车运行至洗车库门口待命。

(3)电动列车司机凭开放的洗车库入库信号,限速3km/h,进入洗车库,根据各线路洗车设备要求进行洗车作业。

(4)电动列车司机确认列车洗车作业完毕后,联系信号楼调度员准备调车回库作业,根据信号楼调度员命令,手指呼唤确认信号、道岔开放状态正确后,启动列车。

(5)在洗车过程中,电动列车司机不得打开车门,擅自进入洗车区域;在清洗列车头部时,不得启动列车刮水器。

(6)在洗车过程中,如发现列车前方进路或设备状态异常,应立即采取紧急停车措施,并与信号楼调度员联系。

三 正线驾驶作业

1 巡道作业

(1)正线巡道列车由上、下行首班出库列车担当;巡道列车运行限速按照列车运行图规定限速45km/h运行(遇特殊情况,按调度命令执行)。

(2)担当巡道任务的司机,应严格按照限速要求运行,加强瞭望,认真确认限界内线路与设备情况;重点为接触网、线路和侧部管线有无损坏、侵限;若发现有运行异常情况及不具备列车安全通行情况时,应立即紧急停车,仔细确认、判明情况,并向行车调度员报告,根据调度指示办理相关作业;司机如能排除障碍应积极排除,尽快恢复列车运行。

(3)司机若发现线路设备有异常情况,但不影响列车正常通过时,可以不停车继续运行越过该区段,但必须立即向行车调度员汇报相关情况。

(4)司机若发现线路情况异常时,汇报行车调度员内容应包括:列车车号、车次、发生时间、司机姓名、事发地点百米标位置、影响程度及具体情况、措施建议。

2 区间运行

(1)列车在区间运行时,司机应坐姿端正,上身轻靠椅背,左右手均放置在操作台上,做好随时紧急停车准备,座位高度调节至满足司机瞭望视线清晰。

(2)列车在区间运行时,司机应认真瞭望前方信号、线路及接触网情况,发现异物侵入限界,应立即采取紧急停车措施。

(3)列车在区间运行时,遇进站信号机、出站信号机、道岔防护信号机时,司机应执行手指呼唤(遇进站信号机:手指——五指并拢,并伸直手臂,指向进站信号机;呼唤——信号正确。遇出站信号机:手指——五指并拢,并伸直手臂,指向出站信号机;呼唤——信号正确。遇道岔防护信号机:手指——五指并拢,并伸直手臂,指向道岔防护信号机;呼唤——信号正确。遇道岔:手指——五指并拢,并伸直手臂,指向道岔开通方向;呼唤——道岔位置正确)。

(4)在地面线路遇阳光斜射刺眼时,司机可调整遮阳帘至合适位置,严禁拉至底部和遮挡视线;在地下线路或地面线路背光处,严禁将遮阳帘对前窗进行遮挡。

(5)列车在区间运行时,司机应时刻注意列车仪表显示,发现故障应及时判断并处置,若故障影响列车准点运行时,应向行车值班员报告。

(6)在ATP或采用车轮防滑保护WSP(Wheel Skidproof Protect)手动驾驶时,司机应做到合理牵引和制动,做到平稳驾驶,严格按照指示速度和区间信号的显示驾驶列车,运行途中,不间断核对列车运行时分,防止晚点。

(7)列车在区间运行时,司机应加强瞭望,以防有人或异物侵入限界,无特殊情况,严禁鸣笛;遇大雨、大风、大雪、浓雾等恶劣天气或在曲线半径较小、瞭望条件不理想的线路上运行时,司机应根据调度命令或规定的限速要求运行;在经过长大坡度区段时,应合理使用牵引和制动,避免列车冲动或超速。

3 进站作业

(1)列车进站时,司机应注意观察站内及站台情况,以防有人或异物侵入限界,发现异常情况要鸣笛示警,必要时,应及时采取紧急制动措施。

(2)司机在ATP或轮速传感器WSP(Wheel Speed Sensor)手动驾驶时,进站前应根据指示速度适当减速。

(3)列车应带制动进站,严禁采取接近停车位置一把闸制动的方式停车,以保证制动的平稳。

(4)遇钢轨涂油或轨面湿滑,应提前减速,防止列车越过停车位置。

4 车站停车及开门作业

(1)列车进站后,司机应将列车在规定停车地点(停车牌)处停车。

(2)列车停稳后,司机跨出驾驶室一步(约50cm),转体面对站台和车体,以立正姿势站立,按压靠站台侧开门按钮,打开所有该侧车门,通过驾驶操作台上DDU面板确认车门是否全部打开,CCTV无异常情况发生后,通过站台与CCTV显示情况监护乘客上下情况及发车表示器显示。

(3)在装有屏蔽门或安全门的车站,司机应同时确认屏蔽门或安全门全部开启,如屏蔽门或安全门未自动开启时,应立即手动打开屏蔽门或安全门。

(4)当发车表示器闪亮或停站计时器到达15s后,司机应根据乘客上下情况,掌握好关门时机,按压靠站台侧关门按钮,关闭所有该侧车门,尽量做到一次关门成功。

(5)列车关门后,司机应确认车门全部关闭,无夹人夹物,遇车门未全部关闭或瞭望不清时,不得上车,待确认无异常后,方能进入驾驶室。

(6)在弯道车站,司机关闭车门后,应凭车站站务员显示车门关闭良好的手信号后,方能进入驾驶室。

(7)在安装屏蔽门或安全门的车站,司机应确认屏蔽门或安全门同步关闭,且屏蔽门或安全门和列车车体之间无人员或物品侵入,确认站台尾部光带完整,若在弯道站台应确认屏蔽门安全探测装置未报警。

(8)在安装屏蔽门或安全门的车站,司机在进入驾驶室前,应对车门和屏蔽门或安全门关闭情况进行手指呼唤(以站立的姿势面对列车,五指并拢,并伸直手臂,手臂与身体成90°,指向屏蔽门或安全门,确认屏蔽门或安全门关门状态;前跨一步,指向屏蔽门或安全门与车门之间,确认车门关闭状态及屏蔽门或安全门与车门间光带是否完整;确认无误后,呼唤——双门关闭,无夹人夹物)。

(9)在没有安装屏蔽门或安全门的车站,司机在进入驾驶室前,应对车门关闭情况进行手指呼唤(以站立的姿势面对列车,五指并拢,并伸直手臂,手臂与身体成90°,指向车门,确认车门关闭状态确认无误后,呼唤——车门关闭,无夹人夹物)。

5 车站作业

(1)列车启动前,司机对车门、速度码、信号机、发车表示器进行手指呼唤(手指:五指并拢,并伸直手臂,分别指向车门、速度码、发车表示器。呼唤:车门——全列车门锁闭灯亮;速度码——速度码有;信号机及发车表示器——出站信号正确)后方可发车。

(2)列车出站前,遇有道岔时,司机对道岔防护信号机及道岔位置进行手指呼唤(手指:五指并拢,并伸直手臂,分别指向道岔防护信号机及道岔位置。呼唤:道岔防护信号机——信号正确;道岔位置——道岔位置正确)后方可发车。

(3)司机在 ATP 或 WSP 手动驾驶列车出站时,应控制好牵引,做到平稳启动列车。

(4)在安装 CCTV 监视器的车站,司机应通过监视器观察站台情况时,发现异常情况时,应立即采取紧急停车措施。

6 折返作业

(1)列车到达终点站清客完毕,待站务员走出客室,司机应迅速关闭车门,在确认接车司机上车,并且对前方道岔防护信号及道岔开通位置进行手指呼唤(手指:五指并拢,并伸直手臂,分别指向道岔防护信号及道岔开通位置。呼唤:道岔防护信号机——信号正确;道岔开通位置——道岔位置正确),后方可驶入折返线,前方道岔防护信号未开放,严禁进入驾驶室。

(2)司机在 ATP 或 WSP 手动驾驶列车时,应根据列车限速要求驾驶,严禁超速行驶;在折返线行驶时,司机应集中思想,做到距离过半,速度减半。

(3)列车在规定地点(折返线车牌)处停车,确认列车无压岔和占标,停车后,司机应立即关闭主控制器钥匙,并在驾驶室等候。

(4)在驾驶室控制权转换后,交车司机在锁闭驾驶室门及客室通道门,关上车窗,雨雪天气时应关闭刮水器后,方能离开驾驶室。

(5)接车司机应提前在规定地点等候折返列车,到达驾驶室后应主动和交车司机联系,同时交车司机须将列车技术状况和其他必要的行车信息告知接车司机,接车司机待列车停稳后打开主控制器,接车司机在对前方道岔防护信号机、道岔位置、速度码进行手指呼唤(手指:五指并拢,并伸直手臂,分别指向前方道岔防护信号机、道岔位置、速度码。呼唤:道岔防护信号机——信号正确;道岔位置——道岔位置正确;速度码——速度码有)后,方可驶出折返线。

7 广播报站

(1)列车在始发站发车前,司机应根据运行交路设置好列车报站器,如是手动播报,应在列车启动后,及时按下播报按钮。

(2)用报站器报站时,司机应加强监听,并注意显示屏上站名显示,当发现报站错误时,应及时采用人工广播更正。

(3)当列车报站器发生故障无法使用时,司机应及时通过人工广播进行报站,人工报站应使用普通话,做到声音清晰、语气平和、用语规范。

(4)当遇到列车故障、清客、跳停等特殊情况或其他信息发布时,司机应选取应急广播词及时向乘客事项说明,没有设置应急广播词的列车应采用人工广播,播报内容见表2-3。

(5)高峰回库的列车,司机应进行人工广播,广播内容包括列车目的地、前方到达站及其他注意事项。

播报内容　　　　　　　　　　　　　　　表2-3

状　况	播报内容	播报时机
车站及区间迫停1min以上	乘客请注意,现在临时停车,请乘客们耐心等待	车站1min 1次、区间0.5min 1次
车站及区间迫停5min以上	乘客请注意,由于突发原因,列车在本站有较长时间停留,请有急事的乘客改乘地面交通,敬请谅解	列车停留时间超过5min
高峰回库	乘客请注意,本次列车终点站为××站,要往××站方向的乘客请改乘下一班列车,谢谢您的配合	列车出站后播报(起始站开始,每站都报)
列车车门切除	乘客请注意,由于个别车门故障无法正常打开,请乘客们注意车门上的提示,提前做好准备,改从其他车门下车,谢谢您的配合	司机切门后列车出站及进站前播报(每站都报)
列车接调度命令放站	乘客请注意,由于运营调整需要,列车将不在××站办理上下客作业,需前往××站的乘客请提前下车改乘后续列车,谢谢您的配合	司机在接到调度命令后,应及时向乘客播报(通过各车站前都播报)
终点清客	乘客们请注意,本次列车终点站××站到了,请乘客们带好随身物品抓紧时间下车,谢谢您的配合	列车到达终点站
客流高峰期间	乘客们请注意,由于正值高峰期间,请上下车的乘客尽量往车厢里走,不要紧靠车门,请下车的乘客提前做好准备,谢谢您的配合	司机遇到车厢较拥挤的情况下播报

四 入场与退勤作业

1 入场作业

(1)列车入场前,司机应确认车厢内没有乘客滞留,对出站信号机、前方进路、道岔防护信号机进行手指呼唤(手指:五指并拢,并伸直手臂,分别指向出站信号机、前方进路及道岔防护信号机。呼唤:出站信号机——信号正确;前方进路——进路正确;道岔防护信号机——信号正确)后启动列车。

(2)正常情况下,司机以ATP(WSP)模式或ATO模式进场,直至模式转换点处停车,然后将列车模式转换至"慢速前行"或"RMF"模式,对入场信号机进行手指呼唤(手指:五指并拢,并伸直手臂,指向入场信号机。呼唤:入场信号机——信号正确),并与信号楼调度员联系,确认停车股道,并进行复诵确认。

(3)列车在停车场内行驶时,司机应认真确认进路中每个调车信号机的显示及每个道岔的开通位置,并进行相应的手指呼唤(在调车信号机前,动作:五指并拢,并伸直手臂,指向调车信号机;呼唤:调车信号正确。在道岔前,动作:五指并拢,并伸直手臂,指向道岔开通方向;呼唤:道岔位置正确)。

(4)列车在停车场内行驶时,司机应做到瞭望不间断,过平交道或有人员在前方线路上行走时,应鸣笛警示并适当减速,严守20km/h的限速。

(5)列车在停车库前平交道处应一度停车,列车进库前,司机应对车库门、股道送电、无人及异物侵入限界进行手指呼唤(手指:五指并拢,并伸直手臂,分别指向车库门、股道送电及车库内。呼唤:车库门开启良好、安全销插好、股道送电正确、无人及异物侵入限界)并鸣笛后,驾驶列车进入车库。

(6)列车进库时,限速为5km/h,在接近停车位置时,司机应控制好车速,按规定停车点停车。

(7)列车进入尽头股道停车时,应在离停车位置10m处前一度停车,然后以限速3km/h的速度,运行至规定停车处停车。

(8)列车入库停车后,司机应巡视客室内部,发现乘客及不明物品时,应及时与基地保安联系。

(9)司机离车前,应将有关行车记录填写完毕,并记录两头驾驶室的列车走行公里数,同时携带好驾驶器具,根据运转值班员的命令决定是否收车。离开列车时,应将两端驾驶室门安全锁闭,并对驾驶室杂物进行清理。

2 退勤

(1)司机在停车场内退勤时,应到运转值班室与运作值班员办理退勤手续,与运作值班员做好移交手续,移交内容包括:电动列车钥匙、司机报单、对讲机、应急包等,并将列车的技术状况及当日列车运行情况向其汇报。

(2)司机在正线退勤时,应到规定地点退勤,将当日运营情况向接班班组长汇报。遇值乘列车发生事故、严重晚点或乘务管理部门认为有必要时,值乘司机应到运转值班室办理退勤手续,书面报告事件经过并积极配合调查。

2.3 特殊情况下的列车驾驶

一 乘客伤亡事故现场处理

1 事故报告

凡在城市轨道交通范围内的车站、停车场及区间线路上发生人员伤亡事故时,司机应立即停车,并按顺序报告。

2 报告方法

(1)在正线区间内,由列车司机向行车调度员报告。

(2)在停车场管辖范围的线路内发生事故,由司机向运转值班员报告。

3 报告内容

(1)日期(月、日)、时间(时、分)、地点(上行线、下行线里程或站名)。

(2)列车车次、列车号、报告人姓名、所在部门及职务(工种)。

(3)事故概况:伤亡者姓名、性别、受伤情况,采取的抢救措施,伤者送往的医院、陪同人员姓名等。

4 现场处理

(1)司机须在事故发生时立即停车,确认伤亡人员状况,并保护好现场。伤者所在车站应派人采取抢救措施,重伤人员应由车站派人及时送往就近医院。如事故发生在区间,司机应将伤者随车送往前方车站(由乘客协助),再由车站按前述内容处置。列车若在隧道内已越过被撞人应立即停车报行车调度员,然后限速15km/h运行至前方站。行车调度员应令车站值班站长指定人员与民警随后续列车以 15km/h 前行搜索,至事发地进行勘查,迅速将被撞人带至前方车站并送医院急救,同时应尽快恢复运行。

(2)一时无法断定是否死亡的一律按伤者进行抢救。对死亡者,必须由两人以上(含两人)确认后,由城市轨道交通分局进行勘察,尸体由车站工作人员和轨道交通公安人员协助下移到妥善处。

(3)司机在配合处理过程中应与现场民警保持联系,需要动车搬移尸体时须得到民警确认。

(4)现场处理完毕恢复运营时,需现场第一指挥人签字认可,并汇报行车调度员,经同意后恢复运行。

二 列车运行中发生火情时的处理

列车发生火情时,应及时停车,尽快找到起火设备,切断其电源,及时向行车调度员或行车值班员报告,并立即使用灭火器灭火。

当运行至车站的列车发生火情时,应立即打开车门疏散乘客,同时利用广播通知予以清客。

如列车不能运行至车站时,应立即停车,尽可能停在平直线路上,将列车制动好,采取好防溜措施。利用广播稳定乘客情绪,将着火车厢的乘客疏导至安全的车厢。同时,司机应采取一切通信手段与行车调度员取得联系,得到停电的通知并确认后,对接触轨做好搭铁保护。遇有紧急情况、危及行车安全时,可采取强行停电措施。

司机应将人员及车辆的具体情况报告行车调度员,按其指示办理。如需救援时,按救援的有关规定办理;如需疏散乘客时,按相应的预案进行疏散处理。

列车在运行中发生异味或冒烟时,应尽快查明原因,果断处理。

三 特殊天气下瞭望距离不足时的操作

列车运行时遇到雾、暴风、雨、雪、沙尘天气造成瞭望困难时,司机应及时将情况报告行车调度员或行车值班员,必要时开启前照明灯与标志灯,适时鸣笛,适当降低速度。当看不清信号、道岔时,要停车确认,严禁臆测行车。列车进站时要控制速度,确保对标停车。运行中严禁盲目抢点、臆测行车。

运行中应按规定适时鸣示音响信号,加强瞭望,确认信号。遇有显示停车信号时,要果断停车,及时与行车调度员或行车值班员取得联系,按其指示行车。

因天气原因,当能见度低于5m时,原则上应停止运行。

四 遇雨、雪、冰、霜天气时的列车操作

列车运行中遇恶劣天气、自然灾害等特殊情况,司机应及时向行车调度员报告,并采取相应措施。列车启动时,牵引力要逐渐增大,发生轮对空转时,应及时将司机控制器降回,待启动电流稳定后方可继续操作运行。

运行中要严格控制列车速度,制动时要适当延长制动距离,制动力要尽量小,防止滑行,视其速度,根据具体情况追加或缓解,确保对标停车。

五 遇大风时的操作

列车在运行中遇有大风恶劣天气危及行车安全时,司机在接到行车调度员或行车值班员的通知后,应按其指示行车;当突遇大风,司机未接到通知时,应应立即采取减速措施,必要时应立即停车,并及时将情况报告行车调度员或前方车站行车值班员。

六 列车遇水害时的操作

列车在区间遇水害,司机要根据水害情况立即停车并查明情况,如走行轨露出水面、接触轨供电正常时,司机可减速到随时可以停车的速度通过水害区段,并及时将情况报告行车调度员或行车值班员。如遇暴风雨天气或汛期,列车在运行途中突遇水害危及行车安全时,司机应立即采取减速措施或停车。如需立即退行时,应按有关规定办理,并与行车调度员或行车值班员联系,得到准许后以不超过15km/h的速度将列车退至安全地带后,按行车调度员的指示办理。需要防护时,应根据有关规定进行防护。

因水害造成路基塌陷、滑坡等危及行车安全时,应立即停车,将情况报告行车调度员或行车值班员,按其指示办理。

七 接触网挂有异物时的处理

当发现接触网挂有异物时,司机应立即停车。地面线路或高架线路上如发现接触网挂

有异物需处理时,须报告行车调度员,在得到行车调度员许可后方能下车用绝缘杆拨除异物。

车头越过接触网悬挂异物时或异物较难清除时,司机可汇报行车调度员,经行车调度员同意用切单弓绕过接触网悬挂物的方式继续运行。接触网异物可由后续列车处理。

司机发现邻线线路接触网挂有异物时,应及时报告行车调度员,并说明具体位置。

八 发生触网停电时的处理

列车在站停车发生触网停电时,司机须及时向行车调度员或行车值班员报告,同时,应打开车门向乘客广播;如停电无法短时间恢复时,司机可根据调度命令进行清客并收车。

列车在区间发生触网停电时,司机应尽量将列车惰行至车站。如无法牵引迫停区间时,司机应及时与行车调度员或行车值班员联系,并用客室广播安抚乘客;如触网供电无法及时恢复且客室内乘客较多时,司机可根据调度命令进行疏散;触网恢复供电后,司机应及时启动列车,并确认列车状况,如车况满足运营条件,应立即恢复运营。

2.4 列车故障处理

列车故障是影响列车正常运营秩序的主要原因之一,随着车辆设备的老化以及原有设计的不合理等诸多因素,列车在载客运营中发生因故障掉线、清客、救援的现象时有发生,影响了正常的运营组织。列车故障行车的原因主要有:设备老化、欠修、维修保养不当、司机操作不当、人为损坏等。

一 列车故障处理一般要求与基本技巧

1 列车故障处理一般要求

(1)司机处理列车故障时,应严格按照排除故障手册的操作流程,并在规定处理时间内判断出故障能否排除,根据列车的实际技术状态,向行车调度员明确终点站退出运营、立即清客退出运营和申请救援的行车作业要求。

(2)列车在ATO模式驾驶时,司机须离开驾驶室处置故障或其他事宜,必须将方向/方式手柄(模式开关)转换至手动模式,防止列车自行发车。

(3)开门后,屏蔽门/安全门自动状态未能打开,司机应激活控制盘,根据车长选择6/8节开关,再手动打开屏蔽门/安全门;关闭车门后再关闭屏蔽门/安全门,确认屏蔽门/安全门锁闭灯点亮后恢复开关至自动状态,并恢复6/8节开关。

(4)运营列车发生故障需离开驾驶室处理时,司机必须向行车调度员汇报,说明需处理的地点和大致处理方式,并携带无线手持机等工具离开驾驶室,同时应关闭驾驶室门。处理完毕后,应及时回驾驶室并恢复运行。

(5)列车故障无法动车时,司机应先检查判断,再处理的原则,按检查顺序对驾驶室各指示灯、仪表、开关、故障显示屏、断路器状态等进行检查,综合判断故障后再根据故障处置预案要求处理。

(6)运营中遇单扇车门故障需切除时,司机应报告行车值班员,携带方孔钥匙至故障车门,人工闭合故障车门后切除,再扒动车门确认锁闭良好,并张贴"车门故障标识"。

(7)运营过程中,司机发现或接到通知列车有异声或异常情况时,司机应立即报告行车调度员,并适当减速,根据调度命令或经维修人员确认无碍后,方可恢复正常运营。

(8)列车停在站台遇车门紧急手柄动作时,司机应立即报告行车调度员,由车站人员处理。如列车迫停区间,司机应报告行车调度员后,立即至故障车门确认乘客安全,并恢复车门紧急手柄,回驾驶室恢复运营。

(9)ATO自动驾驶,列车进站停车时,司机应确认列车程序停车情况,遇程序停车未启动或列车制动力明显不足时,应立即采取紧急停车措施使列车停车,再以手动方式对位。

(10)遇列车制动单元故障或切除部分车辆制动系统维持运行时,司机应使用ATP手动驾驶方式,并提前采取适当的制动措施,确保列车在规定停车位置停车。

(11)驾驶室侧门采用开门形式,司机打开驾驶室门时,安全锁没有释放,并使车门吸住门吸,再进行站台作业,防止车门自动锁闭。

(12)列车在始发站发出前,司机应根据运行图确认列车交路情况,并按要求设置报站器,在大小交路折返站,司机应确认信号显示与运营交路一致。

(13)列车停站准确,但未收到开门信息,需切除ATP门控旁路开关开门,司机必须至站台上开门,并报告行车调度员,动车前,必须恢复ATP门控旁路开关。

(14)正线运营发生ATP故障时须切除,司机必须报告行车调度员,并得到同意后,方可切除,维持运营按照切除ATP方式执行,列车退出运营后,由司机负责即刻恢复ATP开关,并报运转值班室备案。

2 列车故障处理基本技巧

为了减少列车故障发生的频率,除了按时做好维修保养以外,司机要规范驾驶列车,合理使用各项功能,最重要的是掌握各类车型的故障排除技能,一旦发生列车故障时能快速处理,恢复运营秩序。通常列车故障发生后,都有其一定的表象,司机可根据表象来判断故障原因和部位,从而快速正确处理,处理故障时可使用下列方法。

(1)故障恢复法

通过驾驶室显示屏或仪表灯显示内容,确定故障发生部位并检查相关设备有无异常。如空气断路器断开、供气阀门关门等,可恢复其功能,以达到排除故障的目的。

(2)故障切除法

有些设备故障发生会直接影响列车的驾驶性能及安全性能,因此列车在电路设计中对重要部件安装了监控系统,该设备一旦发生故障,遵循设备故障导向安全这一设计原则,车辆控制系统会采取限速运行或停止运行等手段来确保列车安全。司机必须通过故障现象准确查找故障原因,通过切除故障设备,阻止其工作的方法来维持列车运行,以减少故障状态下对运行的影响。如车门发生关闭不到位时,司机可以采取切除该车门的方法继续载客运行。

(3)旁路法

在车辆监控系统发生故障时,也会影响列车驾驶功能,导致列车无法牵引,此时司机必须按故障情况严格区分故障发生的成因,也就是区分是否是监控系统本身原因发生的故障,在这种情况下,司机可尝试使用旁路相关监控设备维持列车运行。如监测列车空气制动是否缓解的压力传感器发生故障时,会导致全列车无牵引的现象,司机必须先确定列车制动已真正缓解后再使用旁路制动监控电路的方法排除故障。

(4)重启法

20世纪90年代末引进的列车基本采用计算机控制,在控制信号或通信信号发生误差时会造成信息显示紊乱,严重时会影响列车某些设备的正常使用(或造成死机),在这种情况下最好采用重新启动列车或重新启动相关设备的方法,激活故障设备,恢复列车功能。如上海轨道交通阿尔斯通A型电动列车车门死机后,可通过关闭再开启电子车门控制器EDCU(Electronic Door Control Unit)的方法重新激活车门控制。

二 列车故障救援操作规定

1 列车故障救援的基础要求

(1)列车故障救援的含义

故障救援运行是城市轨道交通运输中较为常见的特殊运行方式,它是为了迅速及时地将在正线运行中出现故障而在规定时间内处理、排除故障的列车及时迅速地移动到指定地点而开通运营线路的运行方式。

(2)列车故障救援的基本方式

故障救援运行一般可使用停车场内的内燃机车或由参加正线运行的电动列车进行牵引或推进作业完成;目前使用较多的是利用正线运行的电动列车完成,在一般情况下,它更加快捷、迅速,有利于线路开通。

(3)列车故障救援的基本原则

①故障救援运行的方式方法由行车调度员根据当时的运行状态决定,各车站、停车场运行的列车司机等有关人员必须根据行车调度员的命令执行,遵循相关行车规则积极、认真、负责地配合故障救援运行的实现。

②正线运行的列车发生故障需要进行救援时,应竭力遵循"正向救援"的原则,以确保其他正线列车运行的秩序。

③正向救援作业原则性要求在实施中不排斥或禁止其他救援方式、方法,实际运用中须由行车调度员依据当时的实际情况应变处置。因为在部分实际状况下采用其他方式会有更

好的效果。在一般情况下采用正向运行能够保持比较正常的与其他正线运行列车影响较小的调整效果,阻塞后续列车运行的几率小于反方向救援运行。

(4)列车请求救援后的基本处置要求

①清客的时机要求。

为防止线路堵塞,遇下列情况之一,应及时清客:

a. 列车故障,无法安全运行,或需要救援时。

b. 由于车辆故障原因(主回路一级故障/一个列车中有1/2车辆失去牵引力/制动一级故障/两辆以上失去制动力),列车最高速度为40km/h及其以下时。

c. 列车内发生火灾、爆炸或不明物危及乘客时。

d. 列车中有一辆及以上车门打不开,或全列中1/2车门打不开。

e. 关门后门灯不灭或外侧墙门灯显示正常,驾驶室关门灯不亮,制动无法缓解,且司机处理后需切除关门旁路及ATP才能恢复行车的。

f. 担当救援列车时。

g. 由于ATP故障,不能保证切除ATP安全运行至终点站时。

h. 临时安排,公安请求时。

②迫停列车司机的处置。

a. 运行列车在区间或者车站因故障被迫停车,在3min内无法判断故障或在判断故障后10min内处理完毕,司机要立即采取有效制动措施,并且用无线电话或其他有效通信工具向行车调度员报告情况,并在规定的时间内排除故障。如果不能迅速排除,应及时向行车调度员汇报并且请示故障救援,已经请求救援的列车不得移动。

b. 故障救援请求报告的内容:列车车次、车号;请求救援的事由;迫停时分、地点(以百米标为准);是否妨碍邻线;其他需要说明的事项。

c. 救援请求后的处置:行车调度员确认列车状况,并下达调度命令,报救援方位;故障车司机根据行车调度员指示的来车救援方向进行救援前的准备工作,包括技术与服务准备,如施加列车停车制动,关闭相关开关、阀门进行客室广播说明情况或者进行"清客"等措施;在救援列车开来方向进行防护。

d. 命令发布基本格式。

行车调度员向被救援列车司机发令:"命令号×××,×××××次×××××号车××站清客等待救援,救援来车为后续(前行反方向)×××××次。"

被救援列车司机复诵:"×××××次明白,××站清客等待救援,救援来车为后续(前行反方向)×××××次。"

行车调度员向被救援列车司机发令:"命令号×××,×××××次×××××号车××站清客后担当救援,ATP手动运行至停车,按连挂信号与故障车×××××次连挂后,切除ATP开救援车×××××次牵引(推送)至××处。"

救援列车司机复诵:"×××××次明白,在××站清客后担当救援,连挂后切除ATP开×××××次牵引(推送)至××处。"

③救援运行准备。

a. "清客"基本规定。

担任救援的列车在接到行车调度员的命令后,要根据行车调度员的命令在就近的车站进行清客作业。在高峰时,原则上救援列车与故障列车不在同一车站清客。

清客时要按规定进行广播,适时关闭车厢照明。

救援列车开行时不办理行车闭塞,但司机要取得进入已经封锁区间的行车凭证(调度命令)。

有关列车的开行、折返地点,沿途运行进出车站方法等应按调度命令执行。

如果故障列车或救援列车在调度命令下达时在区间内,应在救援运行到达的第一个车站清客。

使用内燃机车开行救援列车时,救援机车司机应确认被救援列车的清客状态。

b."清客"程序。

行车调度员做出清客决定后,应通知司机、车站做好清客准备。

车站、司机应做好宣传解释工作,司机应关闭车厢照明,车站应派人协助司机清客。

清客完毕后,由车站通知司机关门,车门关好后,司机与行车调度员联系动车。

清客 2min 以后,若车上仍有少数乘客未下车,车站应通知司机车内乘客情况,司机与行车调度员联系,确定是否再清或关门动车。

若列车上乘客未清完,则在列车退出正线前最后一个车站再次清客,需提前通知车站、公安配合清客。

回库列车若在退出正线前最后一个车站清客仍有乘客未下车,行车调度员在决定列车回库后,应通知公安、运转部门。

发生列车清客后,行车调度员应及时通知有关部门。

在清客过程中,列车故障被排除可恢复运行时:若已清客完毕,可不组织重新上客,放空至前方站后,再决定是否载客;若清客未完成,行车调度员应通知车站、司机停车清客,恢复载客运行。

在没有直接危及行车安全的情况下,行车调度员应根据运营的特殊要求,可决定带客运行。

❷ 司机与行车调度员的联系方法

(1)调度与司机的通信分类

①故障报修。

a.当列车发生故障时,司机应主动与行车调度员联系,若故障无法处理时应及时汇报。

b.汇报内容:车次号、车体号、车站(说明上下行)、故障/事件情况。

②调度命令。

a.调度命令分为书面命令和口头命令。口头命令与书面命令同样具有严肃性,均须做到规范发令、严格执行。

b.所有命令必须有命令号,书面命令号每月由 1 至 100 顺序循环使用,口头命令号每日由 101 至 200 顺序循环使用。

c.口头命令为向单个受令对象(一般为列车司机)直接发布的短期性指令,书面命令一般至少有两个受令对象,有时还需送达司机,较长时间影响行车的命令一般为书面命令。

d.调度命令要求清楚简洁,要素齐全。一般采用任务制发令。司机需要呼唤应答,对调度命令进行复诵。

③调度建议、通知。

列车发生故障时,调度员可对相应的处理措施进行提醒和建议,该类建议不作为调度命令,不具有强制执行性,仅作为参考。

(2)调度与司机的通信渠道

①正常手段。

在正常情况下,调度与司机之间采用无线对讲机进行联系。行车调度员通过控制台操作可对列车车载台或车持机进行选呼、组呼、全呼。

②紧急手段。

在无线对讲机故障或受干扰时,司机可用站台电话、轨旁电话或手机与行车调度员联系,并明确联系方式。

司机需离开驾驶室及其他可能与行车调度员失去联系的情况下,须主动留下手机号码。发生紧急呼叫时,司机须主动与行车调度员联系并说明原因。

3 列车救援方法

(1)执行信号与命令的要求

①救援调车作业必须按照行车调度员的救援命令和有关道岔的防护信号机或手信号显示的要求进行。

②进行手信号调车时,调车指挥人为故障列车司机。

③作业时,调车指挥人(故障列车司机)必须正确及时地显示信号,救援司机应确认信号并鸣笛回示。

④无论是故障列车司机还是救援列车司机在接受调度命令时都要复诵核对,确认无误后执行。

⑤故障列车司机与救援列车司机应记录救援发生时分,包括故障出现、处理、救援、救援开始、结束以及救援列车、故障列车清客等时间,以利于运行程序的处理、分析。

(2)救援连挂作业的要求

①救援列车开往故障地点时,应使用 ATP 人工驾驶模式进行,并且加强瞭望,限制行车速度,当接近故障车地点时列车收到"零码",列车停车后司机应使用"close—in"方式驾驶列车进行。

②以内燃机车为救援列车时必须在运行中高度警惕,不得超过规定速度。彻底瞭望,防止失去制动时机与制动距离而撞车。

③救援列车在离被连挂故障列车三车距离(约75m)时要一度停车,慢行至一车距离(约25m)时再停车,作连挂准备,按显示的信号进行连接。

④故障列车司机在完成等待救援的准备工作后,应在与救援列车连挂端前方防护,发现救援列车到达时,必须按规定显示手信号或用无线电对讲机与救援列车司机联系,待救援列车司机回复后才能允许挂车。

⑤故障列车应按信号显示规定引导连挂作业,连挂作业时的速度不得超过3km/h。

⑥连挂后的列车必须进行试拉,试拉距离不小于2m,确认连挂妥当。

⑦救援列车司机与故障列车司机必须进行无线电对讲设备的测试校对,确认良好后才

能按规定动车。

④ 救援运行进路确认和速度要求

(1)进路确认

①救援列车连挂故障列车牵引运行时,前方进路确认由救援列车司机负责,行车方式为ATP人工驾驶。

②救援列车连挂故障列车推进运行时,前方进路确认由故障列车司机负责,并随时用无线电对讲设备通知救援列车司机,遇有危及行车安全与人员安全的情况,要及时通知救援列车司机采取紧急停车措施;推进运行的行车方式为人工驾驶。

③救援运行时,通过车站的运行方式、车站停车位置等事项应按调度命令和有关规定执行。

(2)速度要求

①故障救援牵引运行时的运行速度正线限速为40km/h,进站及侧线限速为30km/h。

②故障救援推进运行时运行速度限速为30km/h。

③遇天气不良或环境恶劣时应适当掌握降低速度。

三 列车事故应急处理预案示例

以上海轨道交通列车脱轨、冲突、颠覆事故处置预案为例说明。

① 定义

(1)列车脱轨:是指列车在运行途中由于某种因素造成列车轮对掉落钢轨。

(2)列车冲突:是指列车在运行途中由于某种因素造成列车与其他列车发生相撞。

(3)列车颠覆:是指列车在运行途中由于某种因素造成列车脱轨后车体倾翻。

② 处置原则

列车脱轨、冲突、颠覆事故处置原则应遵循"统一指挥、快速处置,各司其职、配合协调,以人为本、减少灾害,确保安全、恢复运营"的原则。

③ 适用范围

本预案适用于上海地铁运营有限公司所管辖线路发生列车脱轨、冲突、颠覆事故。

④ 组织指挥体系及职责

公司抢险救灾指挥小组及初期处置小组组成人员、岗位职责参见《上海地铁运营有限公司突发事故(件)总体预案》。

⑤ 报告流程及报告内容、规定

(1)信息传递

信息传递应遵循"快速准确、有序高效、对口汇报"的原则。

(2)信息报告内容

①列车脱轨、冲突、颠覆事发地点、时间、汇报人姓名、职务。

②列车脱轨、冲突、颠覆事发起因及影响程度(乘客伤亡情况、列车及相关设备受损情况

等)、事件概况等。

③信息报告流程如图 2-2 所示。

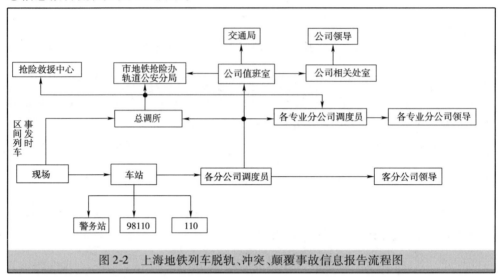

图 2-2　上海地铁列车脱轨、冲突、颠覆事故信息报告流程图

6 现场处置

(1) 当列车在线路上发生脱轨、冲突、颠覆等事故,当事人(列车司机、车站值班员)应立即将现场情况及影响程度报总调度,同时列车司机严禁动车。

(2) 总调度接报后,应立即按信息报告流程进行汇报,根据公司抢险救灾指挥小组指令,向相关分公司、抢险救援中心发布抢险命令,若事故发生在运营正线上,总调度应尽快加强与现场沟通、迅速作出反应,确定运营调整方案,做好恢复运营准备,协调、指挥各单位、各部门进行行车调整和客运组织工作,尽可能控制事故影响范围,若总调度判断将对运营造成 30min 以上晚点的,应申请启动公交配合预案。

(3) 遵循"以人为本、减少灾害"原则,相关车站救援人员携带担架等应急救援物品,会同轨道交通公安,应火速赶往事发处,对车厢内乘客进行疏散、救援,具体方式按事故的严重程度,可参照"火灾、爆炸、毒气事故(件)及大客流爆满现场处置方式"进行初期疏散和救护,确保乘客安全撤离事发现场。在区间内发生时,邻近车站按总调所命令打开区间通风和区间照明,并指派救援人员按总调所救援方案进入区间进行疏散和救援。

(4) 采取措施防止事态扩大,认真保护现场,同时做好续报工作。

(5) 各车站行车值班员严格按行车调度员命令,做好行车调整、行车作业互控工作,将事故影响程度降至最低。

7 列车脱轨、冲突、颠覆后的起复处置

当事故发生时,各相关单位根据公司抢险救灾指挥小组命令各司其职,相互配合,统一行动,确保救援工作顺利有序开展,以最快速度恢复运营。

(1) 现场起复组织指挥

抢险方案确定后,由抢险队队长全面负责组织和指挥,车辆分公司抢险队队员,工务分公司配合车辆分公司处置列车脱轨、冲突、颠覆起复救援人员及其他相关部门作业人员绝对服从队长的安排,听从队长的指挥。

(2) 列车脱轨起复工艺要求

①根据列车脱轨的状态确定是否需要列车进行解钩作业。

②在脱轨车辆掉道转向架轮对两侧车体承重支点下铺垫枕木,必须垫实、平稳。

③在铺设的枕木上放置液压顶装置,必须放置平稳。

④液压顶爬行小车与复轨操作器、高压油管,连接必须良好,不得渗漏。

⑤两侧车体承重支点上的两只液压顶在顶升和下降过程中,必须要保持车体两侧的平衡且高度一致,严防倾斜。

⑥桥板放置在轨道上要平稳,受力后严禁发生一头有翘起的现象。如发生应立即停止作业,将桥板位置重新调整。

⑦爬行小车上的液压顶抬起车架中心点时开始爬行,要密切注意车体是否有倾斜和轮对是否对准钢轨面。如车体无倾斜,轮对对准了钢轨面时停止爬行,慢慢地将爬行小车上的液压顶松脱,使原脱轨的轮对落在钢轨上。

⑧如果脱轨轮对距离钢轨较远时,可分阶段进行复位。

⑨原则上脱轨车辆的移动只能一端横移。

⑩横移幅度应保持均匀,同时应保持车体平衡。

(3) 列车冲突的起复

①列车冲突起复工序如图2-3所示(未脱轨或未颠覆)。

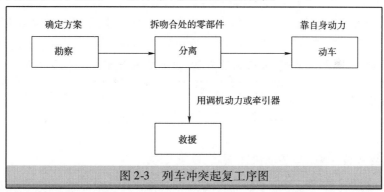

图2-3 列车冲突起复工序图

②列车冲突后造成脱轨、颠覆,应按照脱轨、颠覆列车起复救援办法进行。

(4) 列车颠覆的起复

列车颠覆起复工序如图2-4所示。

(5) 注意事项

①救援现场应划定工作范围,并用警戒线分隔。

②非工作人员严禁在工作区域内。

③为了确保人身和设备的安全,在列车事故现场的触网必须是断电状态,其指令应从指挥中心获得。要有自身的保护意识,密切注意周围情况所发生的变化,思想要集中,头脑要清醒,杜绝蛮干,用科学手段来处理所发生的问题,以确保安全。

④在实施救援起复作业的现场,起复作业人员必须服从命令,听从指挥,接受救援队长发布的操作命令。

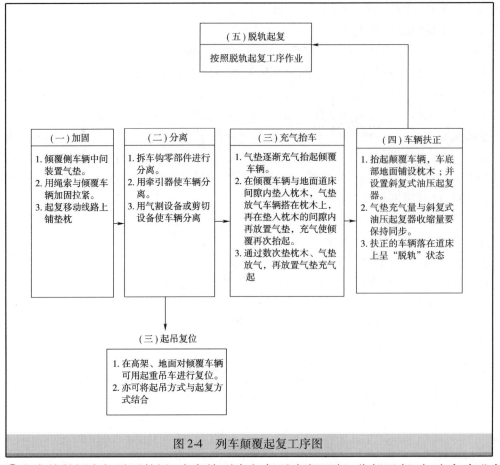

图 2-4 列车颠覆起复工序图

⑤在事故救援中如需要救援,或事故列车起复后自行运行、分部运行时,由各专业技术人员确认车辆、线路及相关设备的技术状态。同时必须加强安全措施,严格控制运行速度,全面监控列车状态。

⑥列车起复救援结束后,必须快速清场,恢复原状。

(6)其他协助救助行动

①在公司抢险救灾指挥小组的统一指挥下,组织有关人员救助被困人员脱险行动。

②当列车在地面或高架区段发生颠覆,造成列车车体倾翻,无法用气垫顶升起复时,联系配有150t汽吊单位来协助起复。

8 其他

(1)各客运、车辆、供电、通号、工务等相关分公司应根据《上海地铁运营有限公司列车脱轨、冲突、颠覆事故处置预案》,结合各自实际情况,制定发生列车脱轨、冲突、颠覆事故后,人员救护、疏散、设施设备抢修恢复等相关处置实施细则,并报公司运营安全处备案。

(2)各相关单位应根据《上海地铁运营有限公司列车脱轨、冲突、颠覆事故处置预案》和各自相关处置实施细则开展有针对性的预案培训和演练。

2.5 乘务工作纪律与列车安全驾驶的基本规定

一 乘务工作纪律

（1）司机在执行手指呼唤时，必须做到"眼到、手到、口到、心到"，呼唤时应使用普通话，做到声音清晰、洪亮；手指时，手心应垂直于地面。

（2）司机工作禁令：

①严禁在接受口头命令时，未按规定进行复诵。

②严禁擅自改变列车运行方式。

③严禁人车冲突后未确认人员状况时，再次动车。

④严禁在挤岔后未经专业人员确认时，再次动车。

⑤严禁在列车压警冲标、冒进信号时未及时报告行车调度员。

⑥严禁夹人夹物动车或车门未关闭且未采取有效措施时动车。

⑦严禁擅自通过按规定应停车的车站或在规定应通过的车站停车。

⑧严禁在非涉及行车事宜时，使用手机。

⑨严禁在运营线路抛弃杂物。

（3）除遇特殊情况外，司机需要请假者，应提前3天向班组长请假并办理请假手续；因病需要请假者，应提前1天向班组长请假并办理请假手续；未经批准不得擅自休假，遇急病或特殊情况，应提前1h向班组长请假。

（4）司机在值乘过程中，如遇列车5min以上晚点、列车救援、信号设备故障、人车冲突、异物侵入线路、行车事故、重大服务投诉事件、班组或上级部门认为有必要书面澄清的事件时，退勤司机应填写书面报告，并积极配合相关部门的调查。

（5）在停车库内，司机上车前，应对列车车底及两侧进行检查，以防止人员及设备侵入限界，如驾驶室挂有"禁动牌"时，严禁启动列车，并向运转值班员报告。

二 列车安全驾驶的基本规定

1 司机出勤时的安全规定

出勤是电动列车司机在正式开始驾驶电动列车的准备阶段，在这个阶段除了按照司机

出勤作业程序做好出勤外,还必须遵守以下安全规定:

(1)电动列车司机在出勤前,必须充分休息、班前8h内禁止饮酒,也就是说司机出乘时必须有清醒的头脑和良好身体状态才能够胜任乘务驾驶的要求。

(2)司机出勤或接班时,必须对车辆状况、列车运行状况、线路状况进行充分了解,特别是列车的故障情况要做到心中有数,对可能出现的故障有心理准备,以确保列车正常的运行。

(3)司机出勤后,应认真听取班前布置会,了解当日值乘时间、地点及所接列车的车次,认真阅读并抄录涉及运营有关注意事项和调度命令。认真做好运营时的安全预想,对可能出现的影响安全运营的恶劣天气做好充分的思想准备,做好必要的措施预想。

❷ 列车整备作业时的安全规定

整备作业对电动列车司机来说是指在出勤后按技术规定和操作规范对即将投入运营的列车部件、性能进行各种检测、试验以满足列车良好的运用状态。电动列车整备作业有目测检查、升弓试验、制动机试验、列车动态试验以及其他的操作性能测试等项目,具体要求按"电动列车司机一次出乘作业标准"的有关要求执行。

对于整备作业中的安全规定主要有:

(1)司机对列车进行的各种性能试验和部件检查后,对发现的问题要及时报告运转值班员。运转值班员接受司机的报告后应立即通知相关的检修部门处理,司机要在规定的范围内进行配合,并且对维修后的状况进行验收和试验,确定故障或问题已经排除或解决,根据有关技术规定的要求,列车发生严重故障可能影响正常行车的情况下严禁出库投入运营,如ATP故障、通信故障、制动故障、列车重要照明故障、走行部无法确定原因的异常等待。

(2)司机对电动列车进行升弓试验、制动机试验、列车动态试验以及其他可能危害周围作业人员安全试验时,应该确认列车周围包括左右前后上下的状况,确定安全无碍后才能够进行,防止在试验时造成其他人员以及相关设备的伤害与损坏,造成不良后果的发生。

(3)司机要加强自我保护和自我防范措施,防止发生工伤事故,在车库内进行作业时与其他各类作业人员一样,必须禁止以下行为:

①跳越地沟;

②紧靠移动中的车辆行走或在移动的车辆前抢越;

③横跨线路时从停留的车辆下部钻越或从列车顶部翻越;

④未经登记许可,操作各类电器开关、闸刀;

⑤飞乘、飞降以及未抓稳扶牢即上车;

⑥车辆未停稳就开始进行各种抢修、检修工作;

⑦横越线路和行走时脚踏道岔尖轨与道岔转动部分;

⑧在检修工作场地吊装物件下部停留或行走;

⑨在工作时嬉闹及抛扔工具、杂物。

作为一名电动列车司机必须要不断提高安全行车意识,通过不断的学习和实践使自己成为遵守规章制度的模范,牢固树立安全第一思想,养成守纪律、循规章的良好习惯,克服"自然人"的一般惰性,成为对社会、对集体、对自己负责的"自觉人"。

❸ 列车出库及出场运行的安全规定

司机按规定出勤后,进行相关的作业,在确认列车情况良好,已经具备运营条件后,应该立即做好出库与出场准备,等待出库、出场投入运营。

(1)列车出库

①司机必须掌握该列车的出库时间,保证按照规定正点出库。

列车的正点出库是列车运行正点的基础保证,如果不能保证列车的正点出库,则会使列车正线运行的列车运行图被打乱,从而使正线的运行秩序产生混乱。这后果虽然可以经过调整使运行秩序恢复正常,但是造成的社会影响等却无法消除。

②电动列车出库时,司机必须在出库命令到达后、动车前认真确认列车周围安全情况与状态。

确认内容包括:车库大门定位开放、信号或命令正确;有列车相关的其他作业已经停止并且撤离动态限界;在列车驾驶室内无闲杂人员和与运行无关的人员停留,由于运行工作而需在驾驶室内随车的人员必须持登乘证,司机对无理强行登乘的人员要立即报告运转值班员,在运行时可报告行车调度员,采取必要的制止措施。

③电动列车出库时,司机应使列车头部越出车库大门时一度停车。

列车出库时应再次确认列车四周以及停车库门前平交道口的安全情况,然后按规定速度行驶出库,禁止超速运行。

(2)列车出场

列车出场行驶是列车出库后车场内运行至车站进站的运行过程。

①列车在站场内动车时必须严格按信号显示要求进行。

列车运行中如信号不明、熄灯、红灯时,司机应立即采取措施将列车停下,并且及时通知信号楼值班室,等待信号重新开放或由信号楼通知后根据要求启动列车,但要减速运行,加强线路与信号瞭望;在信号系统严重故障、行进线路信号全部不能开放时,司机应根据信号楼值班人员的发车信号动车。

②列车出场运行经路按相关的行车管理办法执行。

③列车出场运行时,应在规定的位置一度停车,进行相关的准备后进站,在车站规定站台停车牌处停车。

④列车出场运行时严禁冒进信号进入车站或正线。

在信号灯设备故障情况下,司机必须等待设备修复或在接到调度命令准许或收到引导信号后才能动车进入。

4 列车正线运行安全规定

列车运行是指列车在地铁运行正线为了"运营"这个目的而形成的列车按运行图运转的过程。

(1)电动列车司机的一般要求

①列车在运行过程中不允许担任操纵的司机离开驾驶位置。当班值乘的司机必须负责所驾驶列车的安全。当新司机或实习司机跟车学习、练习操纵时,列车安全也由值乘司机负责。

②列车在运行时,值乘司机包括实习人员均不得做与行车无关的事情,如闲谈、看书报杂志、听无线电广播、抽烟等,随时准备应付突发事件的发生,要切实做到"车动集中看,瞭望不间断",密切关注与确认区间和车站站台的情况、动态。

③司机在运行时必须规范操作、认真瞭望、按图运行,对发现危害行车安全和人身安全

的情况要反应准确、措施及时,正确记录列车故障和线路异常情况。

④列车司机在驾驶过程中还必须遵守和执行行车相关的各种限速规定、线路标志规定、信号规定,严格执行行车调度员的指令,确保列车正常的运行秩序。

⑤除了运行图规定以外,任何情况下改变运行方式都必须得到行车调度员的准许,禁止司机擅自改变运行方式。

⑥列车在运行中遇到紧急情况时,司机要立刻采取紧急停车措施,并报告行车调度员。

⑦列车在区间内运行时,在遇到道岔防护信号时,必须按信号显示的要求进行,不得擅自越过显示停车信号的信号机,同时还必须确认该道岔防护信号机与该列车的运行进路是否符合,防止由于信号系统失误或其他因素造成的不良后果。

⑧在列车运行时,可能遇到由于"ATP"设备故障和多种因素形成的较大的自动控制失常现象,作为列车司机,首先要保持冷静的态度,不急躁、不盲目,立刻与行车调度员取得有效的联系;其次要严格遵循行车调度员指示的行车模式运行。当行车调度员命令切除"ATP"以人工驾驶模式维持运行时,列车司机要加倍集中精力,谨慎驾驶,防止错开客室车门、冒进信号、用错误凭证驾车进入区间,此时列车运行速度区间为不大于60km/h,进站时不大于20km/h,列车司机必须严格遵守速度规定,避免和防止行车事故发生。

(2)运行中对电动列车司机的特殊规定

①司机在运行过程中遇到瞭望视线不佳、确认有困难(如大雾、大雨、大雪、烟雾等恶劣天气)时,为了防止行车线路中有行人或者线路两侧有异物侵入运行限界,司机应该加强瞭望;使用"ATP"人工驾驶模式时,要适当减速、鸣笛,使用"ATO"方式运行时,司机要在进站时鸣笛示警,发现险情应立即采取停车措施。

②列车在行驶过程中越过显示红色灯光的信号机或越过显示红色灯光的道岔防护信号而发生挤岔事故后要就地停车,严禁擅自移动列车,并立即报告行车调度员。车场内作业时要立即报告运转值班员或信号楼调度员,等待有关人员到达后处理;在有关人员到达现场后,司机应根据允许动车的手信号驾车越过或退回该架信号机,并减速运行至规定位置。

③列车在正线运行时发生故障,司机应立刻采取措施并报告行车调度员。司机要根据车辆故障情况快速判断,如果确定或者经处理短时间内无法恢复车辆正常运行状态,司机应及时请求救援并做好故障救援的技术准备、清客服务准备(已请求救援的列车不得擅自移动)。

④列车在正线区间运行,发生人员伤亡事故或者发现运行线路限界内以及瞭望视线所及范围内有伤亡人员时,司机必须立即停车并向行车调度员报告情况,要准确记录下时间、地点,要在停车后及时抢救伤员,配合有关部门进行救助。在处理过程中,司机只能根据有关规定移动列车,列车重新投入运营必须有行车调度员的命令。

⑤列车在运行中发生其他恶性事故(事件),司机必须立即报告行车调度员,并组织乘客自救与疏散,最大限度地防止事故(事件)的扩大和升级,等待有关部门的救援。

⑥以上情况包括时必须讲清事由、地点、时间、状况,在得到行车调度员的回答后才能停止通话、关闭通话器。

⑦列车救援推进运行时,救援列车司机负责操纵列车,被救援列车(故障列车)司机负责瞭望线路,前后部司机保持不间断联系,及时、准确通报信息,发现异常应立即采取措施。

(3)列车发车时的安全规定

①列车发车:正线运营列车的发车,在车站内停车后具备了开行的条件后,由车站出发开往前方运行区间、进入下一个车站。

a. 列车司机在列车停站后应认真监护乘客的上下乘降情况,见到乘客上下车基本完毕,站台发车表示器开始闪光,即可关闭车门。

b. 司机在关闭车门后还必须确认列车客室车门关闭情况良好,包括确认车门无夹人夹物,才能回驾驶室内准备发车。

c. 列车发车时必须确认进入区间的凭证正确,符合要求。

自动闭塞:速度码。

双区间闭塞:出站信号机显示的进行信号。

电话闭塞:路票。

封锁区间或特殊情况:调度命令。

②列车到达。

a. 电动列车在接近车站时,要做好客室的广播工作并且进行监听与确认防止漏播和错播,及时更正客室广播的失误。

b. 列车进站时,司机必须加强瞭望,密切注意车站站台乘客以及线路状况,防止乘客跌入站台下,禁止异物进入行车限界,如果发现异常情况,司机必须迅速采取制动措施,确保人身安全与行车安全。

c. 列车进站停车时,应按规定位置停车,列车停站后司机应立即开启客室车门,确保乘客及时上下车。

5 列车入场及回库运行安全规定

列车入场及回库运行,一般是指该列车完成运营任务后按运行图规定退出正线运行,或者该列车因有故障经行车调度员准许退出运行进行维修以及因其他因素而退出运行、行驶回场的过程。

(1) 列车入场

①列车入场时必须按车站调车信号机的显示要求和有关规定执行,严格控制列车运行速度,认真确认信号,特殊情况按命令执行。

②列车驶离车站进入车场,司机必须认真确认车场的入场信号机的显示、确认车场内的进路以及调车信号机的显示状态。

③列车入场运行中,司机禁止驾车越过显示红色灯光的入场信号机与车场内调车信号机。在发现信号机显示红色灯光时,司机要及时采取措施停车,并立即与车场管理部门和信号控制人员联系,等待信号开放或按相关指示执行,必要时由信号楼值班人员手信号接车。

(2) 列车入库

列车入库运行是当日行车操作的最后阶段,在列车入库作业时,司机应注意以下两点要求,并认真执行。

①列车入库运行至停车库前平交道处10m应一度停车,确认停车库周围安全情况;看清停车库大门开启良好、安全销定位,库内无异物侵入限界。

②列车入库速度为5km/h,在规定的位置停车、司机在驾驶列车接近停车位置时应严格控制速度,防止意外发生。

(3)列车检修工作

①列车检修工作一般规定：

a. 列车回库停稳并按规定收车后，如无调动、机洗及其他任务，运转值班员应及时与车辆维修部门办理车辆交接手续。

b. 未办理交接手续的电动列车车辆，未经运转值班员同意，检修部门不得擅自进行检修作业。

c. 正在进行检修作业的电动列车车辆，未经检修负责人同意，运转值班员不得擅自调动使用。

d. 正在进行检修作业的电动列车车辆，应在司机控制器上挂上"禁动牌"防止无关人员擅自动车。

e. 电动列车车辆检修完毕后，检修负责人应及时与运转值班员办理车辆交接手续，将电动列车车辆移交给车辆运转部门使用。

②司机应按以下规定配合检修部门调试车辆：

a. 司机在配合检修部门调试车辆时，行车安全防护工作应由检修部门负责，检修负责人在指示车辆动车前，应先确认无关工作人员已撤离、止轮器已撤除、股道上无障碍物、股道接触网已送电。

b. 司机在配合检修部门调试车辆时，行车安全由司机负责并严格按信号动车，遇有危险时要及时停车。

c. 司机在配合检修部门调试车辆时，检修负责人应指派检修联系人进入驾驶室内与司机保持联系。司机应严格按照检修联系人的指示操作列车，但检修联系人的指示违反安全规定及危及行车安全时，司机应拒绝执行。

6 退勤的安全规定

列车司机退勤是指司机在完成正线运行任务后，将列车驶回停车库或者将列车交给接班司机继续运行后，离开驾驶岗位到规定的地点办理规定手续的程序。司机退勤有以下要求：

(1) 回库列车在进库停妥后，司机应全面巡检列车，并且按规定"收车"。

(2) 列车回库退勤时，司机应将列车运行中发生的异常情况向运转值班员汇报，并将司机报单、列车钥匙交运转值班员存放。

(3) 司机应将在运行中发生列车晚点 10min 以上和运行中发生事故，形成书面材料或说明并交运转值班室值班员。

(4) 司机在正线运行的途中退勤时，必须向接班司机明确该列车的技术状态、运行状态及其他有必要交接的项目和内容。

(5) 司机在运行过程中发生的有关运行事件、行车事故等，有关安全职能部门、行车运转管理部门认为有必要令其退勤时，司机应按规定立即退勤到规定处所报到，并配合有关部门做好事件(事故)的分析、调查与处理工作。

(6) 司机退勤工作结束后，应认真总结当日工作情况并听取次日行车工作计划与安全注意事项。

2.6 乘务管理

乘务员是城市轨道交通的关键岗位。列车在区间运行时,乘务员负责列车安全与乘务安全。因此,必须加强乘务管理,合理选择乘务方式,优化配备乘务员,努力提高乘务管理水平。

一、乘务制度

① 乘务制度概念

乘务制度是列车乘务员(司机)值勤的一种工作制度,它表示列车乘务员对运行列车值乘的方式。

② 乘务制度类型

城市轨道交通运营管理中通常使用两种乘务制度,即包乘制和轮乘制。

③ 乘务制度比较

(1) 轮乘制是列车司机在运行的整个工作中轮流使用参加运行列车的制度。其特点为:
① 节省参与运行的司机人数,其配量可减少到最低程度,有较高的工作和管理效率。
② 能够比较合理地利用列车台数,降低车辆使用成本。
③ 对列车司机的技术素质要求较高,对列车(车辆)性能的适应性要求较强。
④ 不利于列车保养、维护。

(2) 包乘制是一列车由一个乘务组固定使用的制度。其特点为:
① 列车司机能够比较全面地掌握值乘列车(车辆)的性能熟悉列车(车辆)情况,有利于处理列车运行时的故障。
② 有利于管理、监督。
③ 有利于列车维护、保养。
④ 由于定人包车,对提高列车(车辆)的技术状况有一定的好处。
⑤ 投用列车台数较多,列车(车辆)使用相对不均匀、不平衡。
⑥ 需配备的司机人数较多。

二、乘务员配备

① 配备数计算

乘务员配备数的计算如下:

$$P_{配备} = (P_{值乘} + P_{替乘})D_{循环}(1 + \alpha_{备})$$

式中:$P_{配备}$——乘务员配备数(人);

$P_{值乘}$——列车上值乘乘务员总数(人);

$P_{替乘}$——折返站替换休息乘务员总数(人);

$D_{循环}$——轮班循环天数(d);

$\alpha_{备}$——乘务员备用系数,一般取10%。

乘务员平均驾驶时间(正线上)为:

$$t_{驾驶} = \frac{S_{列}}{V_{旅}(P_{值乘} + P_{替换})D_{出勤}}$$

式中:$t_{驾驶}$——乘务员平均驾驶时间(h/d);

$S_{列}$——正线上使用的列车数;

$V_{旅}$——列车旅行速度(km/d);

$D_{出勤}$——乘务员在轮班循环中出勤天数(d)。

② 配备数比较

假如轨道交通线路运营时间为5:30~23:00,使用车组数为10列,图定列车公里数为5120km/d,列车旅行速度为32km/h,实行担任值乘,在列车折返站配备3名替换休息的司机。

采用轮乘制时,实行四班二运转,即日班(7:30~16:30)、夜班(16:30~7:30)、休息、休息的轮班制。

采用包乘制时,实行五班三运转,即早班(5:30~11:00)、中班(11:00~17:00)、夜班(17:00~回库)、休息、休息的轮班制。

经计算,在采用轮乘制时,需要配备乘务员58名,乘务员平均驾驶时间6.15h;在采用包乘制时,需要配备乘务员72人,平均驾驶时间4.10h,包乘制比轮乘制增加定员24.1%。

复习与思考题

1. 列车司机的岗位要求有哪些?
2. 列车司机作业程序如何?
3. 列车运行中发生火情时应如何正确处理?
4. 发生触网停电时司机应如何处理?
5. 简述列车发生故障时的处理方法与基本技巧。
6. 列车故障救援的基本原则有哪些?
7. 司机工作禁令有哪些?
8. 司机出勤时的安全规定有哪些?
9. 列车正线运行安全规定有哪些?
10. 什么是乘务制度?乘务制度有哪几种?各有什么特点?

单元 3

城市轨道交通站务组织管理

 教学目标

1. 了解车站行车作业基本要求与作业制度；
2. 了解城市轨道交通客运服务原则与规范；
3. 掌握站务人员岗位职责与作业标准；
4. 掌握车站突发事件的应急处理办法；
5. 熟悉城市轨道交通主要客运规章制度。

 建议学时

16 学时

3.1 车站行车作业基本要求与制度

一、车站行车作业基本要求

1 车站管理模式及组织架构

车站是城市轨道交通系统的重要组成部分,是企业与服务对象联系的主要环节。车站管理的核心任务是安全、迅速、方便地组织客流集散,并做好行车组织工作。随着城市轨道交通车站设备设施的不断发展变化,我国各大城市轨道交通车站的设备设施及岗位设置也不尽相同,各客运岗位的工作职责及作业程序也存在很大差异。一般来说,车站常驻人员有:站务运营人员、保安人员、保洁人员、设备维修人员、地铁公安人员等。

城市轨道交通车站以安全、高效、快捷地运送乘客为宗旨,车站应该根据行车计划、施工计划以及客运组织计划等生产任务的要求建章立制,合理设置岗位及组织排班,并有序安排各岗位员工履行职责,协调运作。城市轨道交通车站通常设置中心站站长、值班站长、值班员(行车、客运)和站务员等岗位。车站管理模式采用值班站长负责制,负责当班期间车站的行车安全、客运服务、票务、环境清洁、事件处理、人员管理等工作。在值班站长的指挥下,各岗位工作人员按照岗位职责和工作流程开展工作。

除车站的站务工作人员外,城市轨道交通车站通常还有维修、商铺、公安等外单位(部门)驻站人员。车站日常运作以车站运输组织为核心,维修人员、商铺人员、公安人员等以服务于车站运输组织为前提开展工作。车站一般成立站内综合治理小组,由各个驻站单位(或与车站运作相关单位)参加,综合治理小组的组织由站长负责。综合治理小组的主要任务是协调、解决车站的综合治理工作。综合治理小组成员相互通报相关信息,尤其在重大节假日或大型活动前,车站应将有关运营服务信息及站内客运应急方案通报各单位。发生特殊情况时,由值班站长负责指挥处理,可以调动站内的维修人员、商铺人员、公安人员协助处理。

(1)上海地铁1号线车站管理模式介绍

上海地铁1号线车站采取值班站长、中心站长二级负责制(如图3-1所示),除了由中心站长对所属车站(一般负责2~3个车站)各项工作全面负责外,每站还设三名值班站长跟班管理,负责当班期间

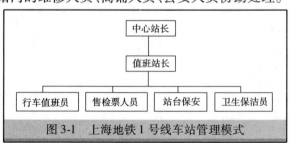

图3-1 上海地铁1号线车站管理模式

车站的行车、客运、票务、卫生等所有车站工作。

(2) 香港地铁车站管理模式介绍

香港地铁车站设置站厅、站台两层,采用了先进的自动售检票系统及各种人性化服务设施,每日承担香港公共交通工具市场40%以上的客流,周日平均客流达430万人次。车站除设置行车控制、运行监护人员外,还在站厅层设置了客务中心,提供对乘客的服务咨询。香港地铁车站管理模式,如图3-2所示。

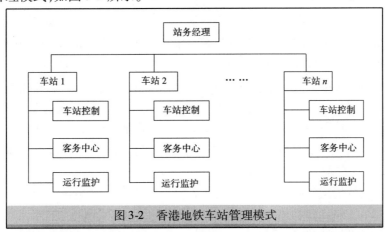

图3-2 香港地铁车站管理模式

❷ 车站行车作业基本要求

车站行车作业包括列车接发作业、列车折返作业等。车站行车作业应按照列车运行图要求,不间断地接发列车与折返列车,确保行车安全与乘客安全。对车站行车作业,有如下几个基本要求:

(1) 执行命令,听从指挥

严格执行单一指挥制,车站行车作业由车站值班员统一指挥。列车在车站时,列车司机应在车站值班员指挥下工作。车站值班员应认真执行行车调度员的命令和上级领导的指示。

(2) 遵章守纪,按图行车

认真执行行车规章制度,遵守各项劳动纪律。办理作业正确及时,严防错办和漏办,严禁违章作业。当班必须精力集中,服装整洁,佩戴规范,保证车站安全、不间断地按列车运行图接发列车。

(3) 作业联系及时准确

联系各种行车事宜时,必须程序正确、用语规范、内容完整、条理清楚,严防误听、误解和臆测行事。

(4) 接发列车,目迎目送

接发列车严肃认真,姿势端正。认真做好看、听、闻,确保列车安全运行。

(5) 行车报表填写齐全

行车报表包括各种行车凭证、行车日志和各种登记簿。行车凭证有路票、绿色许可证和调度命令等;登记簿有《调度命令登记簿》、《检修施工登记簿》和《交接班登记簿》等。填写时,应按规定内容、格式认真填写,保持报表完整、整洁。

二 车站行车作业制度

为加强车站行车作业组织,必须建立和健全各项行车作业制度,做到行车作业制度化、程序化、标准化。车站行车作业的制度主要有车站值班员岗位责任制、交接班制度、检修施工登记制度、道岔擦拭制度、巡视检查制度和行车事故处理制度等。

① 车站值班员岗位责任制

车站行车作业实行单一指挥制,车站值班员是车站行车作业的组织者和指挥者。根据行车作业的需要,车站还可设置车站助理值班员,但在采用ATC系统时一般不设。

车站值班员的岗位职责是:执行行车调度员的命令和指示,统一指挥车站的行车作业;监视行车控制台的进路开通方向、道岔位置及信号显示,监视列车运行状态和乘客乘降情况;在实行车站控制时,按列车运行图及行车调度员下达的列车运行计划办理闭塞、排列进路、开闭信号、接发列车;填写行车凭证和其他各种行车报表;办理设备检修施工登记;组织交接班工作等。

车站助理值班员的岗位职责是:接送列车、监护列车运行,交递调度命令及行车凭证,手信号发车,调车作业现场组织,进行站线巡视和协助乘客乘降组织,在不设助理车站值班员岗位时,上述职责由站台服务员等员工承担。

② 交接班制度

车站值班员交班时,应将列车运行和设备状态,上级指示和命令及完成情况等填记在《交接班登记簿》上,并口头向接班车站值班员交代清楚。

车站值班员接班时,要了解列车运行情况,对行车设备、备品、表报进行检查后,签认接班。内、外勤车站值班员实行对口交接。

③ 检修施工登记制度

车站值班员对各项检修施工作业,应根据检修施工计划,向检修施工负责人交代有关注意事项后,方可登记。凡影响行车作业的临时设备抢修,要在与行车调度员联系作业时间并获同意后,方可登记。检修施工作业结束后,行车设备经试验、确认技术状态良好,方可签认注销。

④ 道岔擦拭制度

道岔必须由专人负责定期擦拭。擦拭道岔,必须与行车调度员联系,办理控制权下放手续。道岔擦拭时,车站控制室要有人监护,不准随意扳动道岔;擦拭道岔人员一律穿绝缘鞋,携带防护用具擦拭前施放木楔,无关人员不得擅自进入道岔区;如需换道岔,室内监护人员与现场擦拭人员应进行联系,说明道岔号码及定、反位,现场擦拭人员要离开岔道。道岔擦拭完毕,要认真清理现场,清点工具,撤除木楔,并检查有无妨碍列车运行及道岔转换的物品;实验道岔及确认良好后,与行车调度员办理控制权上交手续,有关按钮由信号人员加封并做记录;填写《道岔擦拭登记簿》。

⑤ 巡视检查制度

送电前,车站值班员应进行站线巡视,检查线路上有无影响列车运行的异物。对站内检修施工后的现场进行巡视检查,应符合检修施工登记注销情况。同时,应检查行车控制台是否有异常情况。

❻ 行车事故处理制度

发生行车事故,应立即采取有效措施进行处理,同时向行车调度员及有关部门报告。认真记录事故发生的时间、地点、列车车次、车号、关系人员姓名及人员伤亡和设备损坏情况。赶赴现场,查找人证与物证,并做好记录。清理现场,尽快开通线路。对责任行车事故,应认真找出原因,提出处理意见,制定防范措施。

3.2 车站客运服务原则与规范

客运服务是城市轨道交通客运组织工作的一项重要内容,是完成城市轨道交通运营任务的重要组成部分,也是反映城市轨道交通服务质量的一个主要因素。在日常工作中,客运服务人员要以端庄大方的仪容举止,给乘客提供美好的形象服务;以热情、和蔼、谦虚的态度,给乘客提供礼貌的语言服务,以文明、和谐的乘车氛围,给乘客提供赏心悦目的文化服务。为了体现城市轨道交通一流的服务质量,客运服务人员必须恪守职业道德,讲究服务艺术,提高服务质量。

客运服务工作必须以确保乘客安全及列车正点为目的,为及时、快速地疏导乘客而提供优美舒适的乘车环境和便利周到的各种服务。为了提高服务质量,客运人员必须认真学习客运服务有关规章制度与标准,掌握服务技能,严格按照各工种的岗位作业标准进行操作,本着全心全意为乘客服务的原则,让乘客享受到城市轨道交通一流的服务。

一、服务工作的原则

客运服务人员在日常工作中,必须贯彻"全面服务、重点照顾、主动热情、诚恳周到"的服务工作原则。城市轨道交通正是一个反映社会文明的"窗口"。城市轨道交通职工的精神风貌,是社会文明的一个缩影,是从一个侧面反映出国家的巨大变化。客运服务人员一定要从思想上重视本岗位工作的重要性。

二、车站客运服务工作

城市轨道交通作为城市公共交通系统中一种速度快、运量大、行车间隔小的电动有轨客运系统,作为城市公共交通系统的一个重要组织部分,对缓解城市地面交通压力,减轻城市地面交通拥挤起着十分重要的作用。"快速、准确、安全、舒适、便利"是城市轨道交通运营的宗旨,所以要求城市轨道交通车站能安全、快速、方便地组织乘客乘降,为乘客乘坐城市轨道交通提供良好的服务。

城市轨道交通客运服务是指为乘客乘坐城市轨道交通提供的服务。城市轨道交通客运服务人员是直接从事城市轨道交通客运服务的工作人员。在城市轨道交通客运服务中,城市轨道交通客运人员必须按以下基本服务程序来工作:进站服务→售票→检(验)票→疏导→组织乘降→监护列车→出站服务。

每个岗位都按照以下基本程序作业:准备作业→基本作业→整理作业。

车站的对外客运服务主要按以下几个功能划分:

① 售票服务

在城市轨道交通车站中,售票服务是帮助乘客用有效货币换取价值等同的车票,以便于乘客进入车站的计费区。随着城市轨道交通运营的进一步完善,自动售检票系统(简称 AFC)将逐步取代原有的人工售检票。虽然自动售检票的自动化程度很高,但是人工售检票方式在特殊情况下仍适用。因此掌握各种状态下的售票作业内容,是每个服务人员应有的技能。

(1)人工售票服务

售票员在售票前要备足零钱,售票时应严格执行"一收、二唱、三撕、四找"的作业程序,准确迅速地发售车票,严禁以售代检。

(2)半自动售票服务

收款、付款、操作键盘由售票员完成,在出售面值较大车票和智能卡时必须由售票员提醒乘客确认,报销凭证由乘客自取。售票时严格执行"一验、二售、三找、四清"的作业程序。

(3)自动售票服务

对自动售票设施应进行巡视检查,保证设备正常运转,必要时应及时采取人工售票进行补偿服务。

② 检验票服务

检验票服务是为了维护正常的站、车秩序,保证乘客的安全,对乘客所持的车票进行确认,使乘客按规定乘车。

(1)人工检验票服务

在进站检票或出站验票时,检验票员要正确佩戴工号牌。检验票员应进行对岗交接,认真检验票,严格执行"一撕、二看、三放行"的作业程序。并负责检查乘客是否携带超限物品或易燃、易爆、有毒等危险品乘车,精神病患者、1.2m 以下儿童等特殊乘客单独乘车时,要劝阻其进站乘车。

(2)自动检验票服务

自动检验票应设人监督,保持设备的正常运转,指导乘客按要求正确使用票卡,阻止携带易燃、易爆、有毒等危险品的乘客进站乘车,对不能正常进出闸机的票卡进行分析,办理补票等业务。必要时,应及时采取人工检验票进行补偿服务。

3 站台服务

站台服务为候车乘客提供各种乘降信息，确保列车在站候车安全，使车站有一个良好的乘车环境。

（1）对候车人员要做到热情服务，重点照顾。注意乘客候车动态，及时发现乘客异常，防止跳下站台，进入隧道内，积极疏导宣传，维护车站正常的候车秩序。

（2）列车进站前，应做好乘客的疏导工作，宣传有关安全事项，引导乘客站在安全线内候车。

（3）列车进站后，应组织先下后上，照顾特殊乘客。人多拥挤时，应积极进行人工广播宣传。

（4）列车关门时，应密切注意列车车门状态。如有车门关闭不上或者夹人夹物，应及时通知司机并迅速查明原因，在最短时间内排除故障。

（5）列车启动后，应注意乘客候车动态及列车的异声、异味、异态。如有异常要及时通知行车值班员，并及时向有关部门汇报。

（6）遇有清空列车或其他站通过列车到达本站时，对需要继续乘车的乘客，要做好解释劝说工作，动员乘客乘坐下次列车。

（7）遇有车站发生伤亡事故，应及时向有关部门汇报，疏导乘客，不扩散事态，并协助公安人员清理现场。

4 广播服务

广播服务是车站客运服务的一个重要组成部分，也是客运服务的一个重要宣传工具。由于其影响面较广，要确保广播内容准确、健康。

（1）车站应进行向导广播，如列车到、发情况、换乘介绍、疏导乘客等。

（2）车站应广播乘车规定、乘客须知、通告、公告等。

（3）车站的电视应按规定播放有关内容，宣传车站设施的使用方法及有关内容。

3.3 站务人员岗位职责与作业标准

随着我国"公交优先"政策的推广和对绿色交通的大力倡导，轨道交通作为城市公共交通的一种重要组成部分，发展也越来越快。作为城市轨道交通运营企业，为乘客提供方便、快捷、舒适的服务是企业的工作中心。客运部门是运营企业的核心部分，因为它是最直接接触乘客,为乘客提供服务的部门,其服务的好坏直接影响到乘客对整个轨道交通运营企业服务水平的评价。为此,客运部门应该更加重视自己的工作,认识到服务工作的重要性。客运服务各岗位的作业标准、岗位责任制作为每个客运服务人员必须严格执行。

一、站务人员通用标准

客运部门要时刻牢记自己的承诺,才能为乘客提供更好的服务。服务通用标准主要体现在以下几个方面:

① 仪表着装标准

统一着装(工作制服)、整洁整齐、佩戴领带(结)与标志、不带首饰、不能有过分怪异的装扮、女子淡妆。

② 行为举止标准

精神状态(要饱满)、站有站态、坐有坐态、认真工作(履行好自己的岗位职责,严禁在工作岗位上处理私人事情,包括打手机、聊天等)、面对乘客要微笑、有耐心(不能爱理不理、不耐烦)。

特别说明:穿着工装,就表示在工作岗位上,就要用标准的服务规范来要求自己的言行、举止等,因为此时你代表的是公司,而不是个人(下班后着工装,与乘客发生纠纷,都是要按照工作考核来处理的)。

③ 服务语言标准

使用普通话;注意十字文明服务用语,即:"您好、请、谢谢、对不起、再见";与乘客对话、使用人工广播时,应该语调沉稳、圆润、语速适中、音量适宜;遇到乘客纠纷时,态度要友善、要耐心解释、说明,不能训斥乘客。

④ 服务态度标准

想乘客所想、急乘客所急,主动关心乘客,帮助有困难的乘客解决问题,树立"乘客至上、服务为本"思想。工作时要加强责任感,以确保乘客和行车安全。

二、车站各岗位工作职责与作业标准

了解了站务人员服务工作的通用标准以后,下面我们来具体地讲述一下各个岗位工作职责和作业标准。

① 站区长(中心站站长)

(1)站区长(中心站站长)的岗位职责

①指导所管辖范围内的车站工作,负责全站区范围内的行车、客运和票务管理,乘客服务、事故处理、员工管理、班组管理、安全管理、员工培训等工作。

②协助部门领导管理站区日常工作,认真贯彻执行各项规章制度和上级指示。

③进行车站巡视和查岗,了解情况,解决问题,遇到重大事情应及时汇报、检查、督促值

班站长开展各项日常工作。

④制订各项工作计划,并按照计划实施(例如培训、演练),同时做好总结工作,定期召开全站区大会,分析总结工作情况。

⑤处理乘客投诉、来信、来访;汇总服务案例、服务技巧,提高员工服务质量,确保各车站人员提供高品质的乘客服务。

⑥监督各级人员的管理情况(准确掌握当日员工岗位安排情况),掌握员工思想状况,定期与员工谈心,听取员工意见和建议,及时反映情况并反馈解决办法给员工。

⑦严格执行考评制度,确保所管辖内车站工作的安排、指导、检查、监督、评价和考核工作,能适当及公平公正地执行,减少内部冲突,保持车站团队的伙伴合作精神,营造积极向上的良好工作氛围。

⑧负责指导并加强车站系统的安全作业,检查排除安全隐患,与公安及政府应急抢救部门及其他公交机构保持沟通合作,以便在发生重大交通故障或事故时能及时处理。

⑨有重要任务、事故、事故苗头、设备不正常时必须到现场,在处理故障或事故时,指导各车站人员根据相关的规则及程序协助处理故障或事故,并做好恢复、善后及预防的工作,保证及时、安全、高效地处理突发事故和恢复客运服务。

(2)站区长(中心站站长)的作业标准

①管。

a. 组织车站行车、客运和票务工作,编制、执行车站行车、票务和客运组织方案。

b. 根据上级的要求和本站培训需求制订车站培训计划。

c. 所属辖区各项制度落实到位,服务工作秩序井然。

d. 定期计划、检查、总结车站行车、客运和票务工作。

e. 监督各层级人员的工作情况,统筹安排班表并协调各岗位的工作。

②查。

a. 严格检查各项服务设备运转情况,发现问题应及时报修或采取有效防护措施。

b. 根据规定认真执行票、卡、款、账管理制度。

c. 及时查寻乘客的来信、来访,妥善处理服务纠纷。

d. 所管辖区周边环境良好,站内卫生环境达标。

③讲。

a. 对本管辖区人员操作错误或操作不当及业务不精,应及时督导指出,以便消除安全隐患。

b. 对本站存在的问题敢讲敢管,有明确的是非观。

2 值班站长

(1)值班站长的岗位职责

①管理并监督车站内的所有活动,负责本站日常的行车客运和票务管理、乘客服务、事故处理、设备日常管理、安全管理、员工培训等工作。

②监督行车值班员日常工作,负责管理本车站的有效列车运作及客运服务工作,确保站务人员能按要求提供安全、可靠及高效率的车站服务。

③按客运方案组织乘客服务,主动与行车调度员、司机、邻站及有关岗位员工密切配合,

随时保持与控制中心行车调度员、电力系统调度员和站务人员的联络畅通,掌握有关行车和相关设备的情况。

④做好车站票务工作(票款的管理、收缴、填写日常台账),统计、汇总当日的客运量和营收情况报行车调度员。

⑤处理本站乘客投诉、来访事件,汇总当班的服务案例及问题,及时处理车站发生的行车事故,减少对乘客的影响,并每月向站长汇报。

⑥当车站的设施、设备发生故障或出现突发情况时,担任"事故处理主任"的工作,按应急方案操作,应组织车站员工处理事故,采取有效措施保证车站的正常使用,并将故障情况通知有关单位。

⑦协助制订站务人员的排班表,加强对本班组员工管理,组织召开接班会和交班会;合理安排和调配本班组人员工作;对当班人员进行监督、检查、考核;对当班员工进行培训、教育,掌握员工思想状况,营造及维持站务室内的团队伙伴合作精神。

⑧负责车站日常安全检查,每月向站长汇报安全情况。

⑨监督车站保安、保洁等的工作,并提出考核意见。

⑩完成上级领导交办的其他工作。

具体要求是:接班时,提前到站了解有关客运及行车情况,查看行车值班员记录本,清点票款、钥匙,检查行车用品等,认真做好与上一班的交接工作;组织召开交班会,布置本班工作重点、注意事项,检查落实上岗前的各项准备工作;正常情况下,对车站各岗位的作业及设备、客运、卫生、保安、站风站貌等情况巡视检查(每班至少两次),指导员工各项工作,及时制止员工违规行为。

(2)值班站长作业标准

①坚持阶梯形交接班制度,加强交接班工作,贯彻值班站长"三字"工作法。

②加强票务管理,确保票务结算单、票务台账的记录准确。

③落实安全工作措施,确保安全指标全面完成。

④热情接待乘客来电来访,按规定妥善处理各类服务纠纷。在发生异常情况及突发事件时,要结合实际,认真按上级规定进行汇报及处理。

⑤坚持组织每月不少于两次的班组活动,并认真做好记录。

⑥加强掌握车站设施、设备的管理,发生故障应及时报修。

⑦搞好车站综合治理,协调各单位关系,争创安全文明车站。

⑧执行上岗统一着装的规定,如发生气候的变化需要作相应调整的,须向上级报告并备案。

⑨认真对待上级部门检查,对存在的问题,应采取有效措施,积极整改。

⑩完成上级领导交办的其他工作。

知识链接

某市值班站长工作标准

值班站长作为最基础的管理人员,必须从列车安全、客运服务、票务管理、卫生管理、设备财产管理五大部分管理车站的日常运营。他们在地铁的运营生产中发挥着十分重要的作用。

(1) 主题内容和适用范围

本标准规定了对值班站长作业的具体要求。

本标准适用于客运段值班站长。

(2) 性质和基本任务

值班站长岗位是车站运营组织工作的重要组成部分,在中心站长的领导下开展工作,是唯一一个覆盖所有对外运营时间的管理岗位。其基本任务是带领本班人员认真执行各项规章制度和上级指示、命令,完成运营指标,并负责本班的行车、客运、后勤等日常管理工作。

(3) 工作内容及要求

① 提前到站了解有关行车及客运情况,掌握上级下达文件和命令的精神,做好安全预想。

② 组织召开接班员名会,布置本班工作,检查上岗前的各项准备工作,合理布岗。

③ 认真组织各岗人员的对口交接,发现问题应及时解决,重大问题应向有关部门汇报。

④ 组织全班人员落实好班组的考勤、交接班、岗位责任制及卫生清扫制度。

⑤ 负责统计本班各项数据,填写《值班站长工作日志》,认真做好本班的各项运营组织工作,末班车后向客运段行车调度员汇报当日运营情况。

⑥ 积极参加客运组织工作,维持车站运营秩序,深入各岗位检查,及时纠正违章。

⑦ 对本班发生的各项事故和事故隐患,不良反映和投诉信,要及时调查分析,查明原因,及时整改,并向有关人员反馈处理意见。

⑧ 负责组织本班的各种班组学习和各项活动,每月召开一次班务会,总结本班月度工作。

⑨ 掌握本班人员业务素质情况,合理安排和调配各岗位人员,组织学习有关业务知识,不断提高班组管理水平。

⑩ 掌握车站各岗位的工作内容,必要时能顶岗工作。

⑪ 掌握车站设备情况,发生故障应及时报修。

⑫ 搞好车站综合治理,协调各单位关系,争创安全文明车站。

(4) 责任与权限

① 责任。

a. 对本岗位承担的各项运营指标负责。

b. 对本岗位及上下级下达任务的完成质量负责。

② 权限。

a. 对其工作范围内的工作有指挥和决定权。

b. 对本班的违章违纪人员及危及人身和行车、设备安全的行为有临时处置权。

c. 有向中心站长提出本班职工奖罚、调动的建议权。

(5) 检查与考核

按段颁布的经济责任制及上级有关规定进行检查与考核。

3 客运值班员

(1) 岗位技能

①能够处理简单的自动售检票系统 AFC(Auto Fare Collection)设备故障。
②掌握相关的票务报表、账册的填写。
③掌握车站 SC 的有关知识,能够熟练操作车站 SC。
④按照公司规定掌控车票、钱款的操作,确保车票、现金安全。
⑤处理与乘客相关的票务事宜。
⑥掌握车站的客流动态,协助值班站长合理安排售检票员岗位。
⑦其他需要掌握的相关技能。
⑧掌握车站周边的地理环境及交通状况。

(2) 岗位职责

①执行运营公司、部、中心、车站的有关规章制度,做到有令必行,有禁必止。
②在值班站长的领导下,主管车站客运管理,组织站务员从事客运工作。
③负责车票的收发、回收和保管工作。
④本班组售票组织及车站营收统计工作,各种票务收益单据填写及保管。
⑤车站收益送达银行的实施和安全。
⑥协助值班站长组织管理安全员、售票员,处理乘客纠纷,提供优质服务。
⑦监督售票员、安全员在岗行为。
⑧在非运营时间值守车站,统计汇总当日的客运量和营收情况报行车调度员。
⑨每班巡视车站两次,维护车站安全,防止意外事件发生。
⑩完成上级领导临时交办或外部门需协办的其他工作。

(3) 作业流程及一次作业标准

客运值班员班分为早、晚两班:一般早班时间为 8:00~20:00 时;晚班时间为 20:00~次日 8:00 时。

①早班。

客运值班员早班作业标准(见表 3-1)。

客运值班员早班作业标准　　　　　　表 3-1

作业时段	作业标准
班前	(1) 早上 7:30(提前 30min 到岗)在车站控制室的《车站工作人员签到簿》上签到,并认真学习重要文件及上级指示精神。 (2) 在点钞室与交班客运值班员进行交接。 ①检查车票、现金、钥匙、票务设备备品情况; ②检查《客运值班员交接班本》是否按要求填写; ③检查票务、乘客服务的文件通知是否有要注意的重点工作; ④检查上一班的票务报表; ⑤与交班客运值班员交接清楚后签名

续上表

作业时段	作业标准
班中	填写各类台账、报表;在车站站厅、售票亭巡视、检查售票员工作;通过车站SC监控AFC设备运行情况;及时更换票箱及清点自动售票机TVM(Ticket Vending Machine)钱箱;发现故障及时报设备维修调度员;维修人员到场后,全程监控其工作;负责安全和协助值班站长处理车站内务。 (1) 在站台交前天各类报表。 (2) 准备银行解款和在票亭、站厅巡视,及时安排TVM钱箱、票箱的更换、补币、补票工作及车票回收盒的清理工作,在此期间要保管车站的车票、现金、票务备品、部分票务钥匙,并负责其安全。 (3) 在特殊情况时,顶替售票、补票员的工作。 (4) 为售票员进行配票;给售票员发放票务备品备件。 (5) 统计好本班的车票、现金、发票及票务设备备品情况,并在《值班员交接班本》上作相应的记录,准备交班
班后	在车站控制室的《车站工作人员签到簿》上签名后即可下班

②晚班。

客运值班员晚班作业标准(见表3-2)。

客运值班员晚班作业标准   表3-2

作业时段	作业标准
班前	(1) 晚上19:30(提前30min到岗)在车站控制室的《车站工作人员签到簿》签到,并认真学习重要文件及上级指示精神; (2) 在票务室(点钞室)与上班客运值班员进行交接: ①检查车票、现金、钥匙、票务设备备品情况; ②检查《客运值班员交接班本》是否按要求填写; ③检查票务、乘客服务的文件通知是否有要注意的重点工作; ④检查上一班的票务报表; ⑤与交班客运值班员交接清楚后签名
班中	(1) 填写各类台账、报表。 (2) 每两小时巡视车站一遍,检查售票员工作及AFC设备运行状态。 (3) 通过车站SC监控AFC设备运行情况;及时更换票箱及清点TVM钱箱;发现故障及时报设备维修调度员;维修人员到场后,全程监控其工作。 (4) 运营结束前5min关闭所有TVM和进站闸机,到站厅协助值班站长做好对乘客的宣传解释工作。 (5) 运营结束后,与售检票员结账,钱款封包,封包后与值班站长一起收取TVM钱款,核对钱款封包,填写相关台账,核对后签字确认。 (6) 完成部分报表台账。 (7) 开站前20min协助值班站长巡视各个出入口。 (8) 开站前15min做好配票工作,并检查售票员到岗情况和开启TVM和闸机。 (9) 完成本班全部报表、台账,整理票务室(点钞室),准备交班。 (10) 与接班客运值班员交接完后签名
班后	在车站控制室的《车站工作人员签到簿》上签名后即可下班

4 行车值班员

行车值班员在值班站长的领导下,主管行车组织工作,协助值班站长开展客运、票务以及监督站务员等相关工作;按列车运行图及行车调度命令监护列车运行,负责监控操作控制区域的列车运行;非运营时间应做好巡道、设备维修的登记和注销手续;监控站厅、站台情况,观察车站客流及列车到发情况,按要求播放广播等;完成上级领导交办的其他工作。

具体要求:接班时,提前到站与上一班行车值班员进行交接工作(STC 工作站操作情况、车站施工情况、上一班接收的文件、通知等)。

(1)岗位技能

①了解车站突发及紧急情况下处理方法。

②熟悉列车时刻表,并严格按照列车时刻表办理行车。

③掌握现场操作 LOW 工作站的操作使用,闭路电视 CCTV、环境自动控制 BAS、火灾自动报警 FAS 等系统的监控。

④熟练使用车站广播系统,能够做到及时广播。

⑤做好对现场施工及施工过程的监控。

⑥其他需要掌握的技能。

(2)岗位职责

①执行运营公司、部、中心、车站的有关规章制度,做到有令必行,有禁必止。

②在值班站长的领导下,负责车站行车工作。

③服从行车调度员指挥,执行行车调度员命令,严格按列车运行图组织行车。

④严格执行一次作业程序,熟悉行车设备的性能,掌握其操作方法。

⑤控制车站广播,密切关注监视屏,掌握站台乘客动态,并视情况及时广播。

⑥LOW 停用时负责现场人工排列进路。

⑦非运营时间做好巡道、设备维修的登记和注销手续。

⑧保管使用行车设备备品,正确填写各种行车日志,要求字迹清楚。

⑨值班站长不在车站控制室时,应代理其职责。

⑩完成上级领导临时交办或外部门需协办的其他工作。

(3)作业流程及一次作业标准

行车值班员班分为早、晚两班:一般早班时间为 8:00 ~ 20:00 时;晚班时间为 20:00 ~ 次日 8:00 时。

①早班。

行车值班员早班作业标准(见表 3-3)。

行车值班员早班作业标准　　　　　　表 3-3

作业时段	作业标准
接班	(1)7:30 前在车站控制室的《车站工作人员签到簿》上签到。 (2)与上一班行车值班员进行交接,详细了解当前运作情况;查看《行车值班员日志》、《技术工作联系单》、《车站防火巡查登记簿》、《设备故障登记簿》、《施工登记簿》、《调度命令登记簿》及相关文件通知。 (3)检查、清点钥匙、行车备品柜内物品是否齐全,状态是否良好

续上表

作业时段	作业标准
班中	填写相关台账、处理日常事务及交班需完成的工作： (1)监控CCTV,播放广播,处理相关事务,负责车站各岗位人员调配,传达相关重要信息。 (2)列车进出车站时,监控列车运行状态、站台乘客上下车情况。 (3)监控站台岗,发现险情或危及乘客人身及行车安全时,应及时采取应急措施。 (4)做好施工登记,加强对现场施工及施工过程的监控。 (5)协助当班值班站长处理一些简易事务。 (6)在特殊情况时的替班工作。 (7)做好交接前准备工作,把当班未完成须下一班完成的工作交接清楚,补充交班记录,填写各类台账,准备交接班
交班	19:30与下一班行车值班员交接,强调注意事项,交接清楚、完整并签名后即可下班

②晚班

行车值班员晚班作业标准(见表3-4)。

行车值班员晚班作业标准　　　　　　　　表3-4

作业时段	作业标准
接班	(1)19:30前在车站控制室的《车站工作人员签到簿》上签到。 (2)与上一班行车值班员进行交接,详细了解当前运作情况;查看《行车值班员日志》、《技术工作联系单》、《车站防火巡查登记簿》、《设备故障登记簿》、《施工登记簿》、《调度命令登记簿》及相关文件通知。 (3)检查、清点钥匙、行车备品柜内物品是否齐全,状态是否良好
班中	填写相关台账、处理日常事务及交班需完成的工作： (1)监控CCTV,播放广播,处理相关事务,负责车站各岗位人员调配,传达相关重要信息。 (2)列车进出车站时,监控列车运行状态、站台乘客上下车情况。 (3)监控站台岗,发现险情或危及乘客人身及行车安全时及时采取应急措施。 (4)做好施工登记,加强对现场施工及施工过程的监控。 (5)协助当班值班站长处理一些简易事务
运营结束前	(1)上/下行尾班车开出前10min开始广播; (2)上/下行尾班车开出前5min,通知停止售票和进站检票工作,并广播
运营结束后	(1)尾班车开出后按时广播,关闭一般照明、广告照明,协助值班站长清客关站; (2)做好各项施工消点登记手续,做好施工和工程车开行的安全防护措施; (3)检查、管理对讲机、应急照明等设备的充电情况; (4)按要求关闭部分环控设备并检查运行情况
次日运营开始前	(1)运营前30min,应组织检查线路出清情况并及时报告行车调度员(如红闪灯有无撤除等); (2)按要求模式打开环控设备并检查运行情况; (3)首班载客列车到站前15min,应打开车站照明; (4)首班载客列车到达前10min应确认出入口、闸机、TVM等开启; (5)全面负责车站行车组织、车站广播播放、文件收发; (6)做好交接前准备工作,把当班未完成而需下一班完成的工作交接清楚,补充交班记录,填写各类台账,准备交接班
交班	7:30与下一班行车值班员交接,强调注意事项,交接清楚、完整并签名后即可下班

5 售检票员(见图3-3)

(1) 岗位技能

①熟练掌握POST机、TVM的操作方法。

②熟练掌握对票卡的分析,熟知票务政策。

③掌握售票员结算单及乘客事务处理单等相关报表的填写。

④按照公司规定掌控车票、钱款的操作,确保车票、现金安全。

⑤处理与乘客相关的票务事宜。

⑥其他需要掌握的相关技能。

图3-3 售票员工作场景

⑦掌握车站周边的地理环境及交通状况。

(2) 岗位职责

①执行运营公司、部、中心、车站的有关规章制度,做到有令必行、有禁必止,为乘客提供优质服务。

②在客运值班员领导下,负责车站售票工作,妥善处理坏票、补票工作。

③按规定时间开关售票窗口。

④严格执行"一收、二验、三找、四清"的作业程序,准确发售票、卡,按规定提示乘客确认票卡面值,不得拒收分币。

⑤热情接待乘客,对乘客提出的问题,要按规定妥善解决。

⑥对无法过闸票卡进行分析,并按规定处理。

⑦准确填写结算单,交清当班票款。

⑧正确使用设备,确保售票亭内整洁。

⑨加强防范,确保票款安全。

⑩完成上级领导临时交办的其他工作。

(3) 作业流程

售检票员作业流程(见表3-5)。

售检票员作业流程 表3-5

作业时段	作业流程
班前	(1) 早上首班载客列车到站前30min,在车站控制室的《车站工作人员签到簿》签到,并领取对讲机。 (2) 首班载客列车到站前20min,按规定着装,参加点名交接班,学习重要文件及上级指示精神,了解当班注意事项,听从当班值班站长的岗位安排。 (3) 首班载客列车到站前12min,到车站票务室客运值班员处领取本班所需票务备品(票箱、硬币托盘、验钞机、售票员结算单、乘客事务单、发票)及备用金等。 (4) 首班载客列车到站前12min到岗,在售票员结算单上填好POST机上左右票箱的车票数量,检查AFC设备、备品备件及对讲设备情况,做好开窗的一切准备

续上表

作业时段	作业流程
班中	(1) 严格按照售票作业程序售票,如果乘客使用大面值的纸币购票时,应提醒乘客当面点清票款。 (2) 在帮助乘客充值时,应提醒乘客看显示器金额,请乘客确认。 (3) 当班过程中须保持客服中心的整洁,票证报表、钱袋摆放整齐。 (4) 当硬币、车票、发票数量不够时,应向车站控制室报告。 (5) 售票结束后,应进行设备设施的交接,将本班的报表、车票、所有现金收拾好后放回票务室。 (6) 整理钱、票,带回票务室结算。 (7) 班中如果需要替换岗位时,做好票务钥匙、票务设备、对讲设备的交接工作。 注意:不能让非当班人员随意进出(非当班人员需有上级人员的授权方可进入)
班后	(1) 正确填好《售票员结算单》上的关窗张数,注销POST机,清点好自己的钱款及备品,放好暂停服务牌,关好售票亭的门。 (2) 到票务室与各运值班员结账,填好《售票员结算单》及《封包明细表》,将票款打包。 (3) 归还在票务室所领取的票务备品。 (4) 在车站控制室的《车站工作人员签到簿》签名,归还早班领用的对讲机

(4) 作业标准

①服从站长的安排,按规定时间开关售票窗口,上岗前应备足票卡,票卡用完要及时清理。

②严格按照作业程序正确、迅速发售票、卡,做到"一收、二验、三找、四清"。

③主动兑换硬币,不得拒收分币、旧钞,按规定处理假币。

④准确填写结算单,交清当日票款。

⑤正确使用设备,确保工作区域整洁。

⑥准确分析票卡,按规定处理。

⑦加强防范,确保票、卡、款的安全。

⑧对无法过闸的票、卡,准确分析,按规定处理。

⑨文明礼貌地处理与乘客的事务,对乘客提出的问题应认真回答,做到耐心细致。

6 站台安全员

站台安全员(见图3-4)主要负责站台乘客安全,维持站台秩序,及时处理站台乘客问题。上岗时,应携带口哨、对讲机,上岗前确认对讲机状态良好;运营开始前应提前15min全面巡视站台,确认线路空闲、无异物侵限后,报告车站控制室;在岗巡视时,要以规范姿态来回走动,全面巡视站台的行车安全、乘客人身安全及设施、设备运行情况和卫生情况。发现问题,应及时处理并向车站

图3-4 站台安全员工作场景

控制室汇报；岗位轮换时，应在两班车间隙进行交接，交接内容为对讲机、设施设备状态等需说明的问题；运营结束后，确保没有乘客逗留在站台上，关闭自动扶梯，全面巡视设备情况，确认其状况良好。

（1）岗位技能

①应掌握站台层发生意外情况时各种处理方法。

②掌握信号灯使用及其显示规定。

③必须使用工具的操作和维护知识。

（2）岗位职责

①实行属地管理，必须服从值班站长和值班员指挥，协助值班站长进行事故处理。

②执行运营公司、部、中心、车站的有关规章制度，做到有令必行、有禁必止。

③随时关注站台乘客动态，防止跳下站台、进入隧道，组织乘客有序乘降，如发现乘客有违规行为时，应及时制止，维护车站正常的候车秩序。

④负责站台、自动扶梯的客流组织（客流高峰时限流）工作，必要时采取一定措施，引导乘客站在安全线内候车。

⑤当车辆进站时，应于靠近紧急停车按钮处站岗，提醒乘客不要拥挤，不要手扶车门，列车关门时注意列车和屏蔽门之间的空隙，密切注意列车车门状态，防止乘客在关门时被夹伤。

⑥列车启动时，注意乘客和列车动态。

⑦解答乘客问询，关注行动不便乘客，必要时给予帮助，遇有清车或列车不停本站时，应做好解释劝说工作。

⑧巡查站台时，发现问题应及时采取相应的处理措施；车站发生伤亡事故时，做好取证工作，并协助公安人员清理现场。

⑨清客完毕，需要向司机显示"一切妥当"的信号。

⑩完成上级领导临时交办的其他工作。

（3）作业流程及作业标准

站台安全员作业流程与作业标准（见表3-6）。

站台安全员作业流程与作业标准　　　　表3-6

作业时段	作业流程与作业标准
班前	（1）首班列车到达前30min到站，在车站控制室的《车站工作人员签到簿》签到并领取对讲机。 （2）提前20min到交班会议室进行班前点名、接受工作安排。 （3）提前12min领齐必需的工具（电喇叭、口哨、切门控钥匙、贴纸、对讲机、信号灯或信号旗）到岗
班中	（1）工作内容：负责站台的接发列车工作，乘客乘车安全的监控工作，解答乘客问题。 （2）工作时间：早班为首班列车到前30min到站至14:00；中班为13:30到运营结束。 （3）立岗地点：立岗时，必须站立在站台两端"紧急停车按钮"附近，站台有三名安全员，四班倒安全员在站台中部

续上表

作业时段	作业流程与作业标准
班中	(4)站立姿势:接、送列车时,必须成立正姿势,遵循"一迎、二接、三送"原则。其他时间可成稍息姿势,但不得坐在站台坐椅或灭火器箱上,不得双手背于身后或插在裤兜内。 (5)巡视:除接发列车立正时间外,在下一次列车到站前应对站台区域进行不少于一次的巡视。 (6)休息:工作满3h或吃饭时间可休息20min,由值班站长安排人员替班。 (7)交接:交接内容包括上岗必须的工具,本班上级交代的注意事项,若必需工具损坏时,应报值班站长进行责任界定,否则所损坏的工具及由此产生的不良后果由接班人员承担。中班交接班时,接班人员未能及时到岗时,在无法安排替班人员时,由值班站长指定早班当班人员中一人继续工作,继续工作时间不超过2h。 (8)夜班安全员在运营结束后应负责定时巡视全站及出入口,配合行车值班员做好对施工单位的监控工作;第二日开站前一小时负责检查站内轨行区,确认线路空闲后向行车值班员汇报;开站前40min,开启员工通道;开站前15min开启所有出入口
班后	(1)上下行末班列车开出后,清理站台,确认站台区域无滞留乘客、无异常情况后向值班站长汇报。汇报用语:"站台清理完毕,无滞留乘客、无异常"。 (2)配合值班站长做好清客关站工作。 (3)按照就近的原则,协助关闭站台至站厅的自动扶梯。 (4)到车站控制室归还对讲机,签名后即可下班

知识链接

站台安全员遇特殊情况的处理技巧

(1)大客流时,应注意乘客动态,及时疏导乘客,并向车站控制室报告站台客流情况。

(2)乘客越过黄线时,应立即上前阻止,情况紧急或距乘客较远时可先吹哨警示。

(3)乘客物品掉下站台时,应第一时间明确告诉乘客:"请勿擅自跳下轨道,我会尽快帮您把失物捡回来。"在不影响行车的情况下,汇报行车值班员,征得同意后用拾物钳夹取。或请乘客留下姓名、联系方式,运营结束后为其拾取。

(4)列车关门夹人夹物时,应立即用对讲机通知司机,若司机无法重开车门,应视情况按压站台紧急停车按钮并报告车站控制室。

(5)乘客跳下站台时,应立即按压站台紧急停车按钮,向车站控制室汇报,值班员按压上下行站台紧急停车按钮,实施救援。救援后应对乘客进行教育。

(6)列车清客时,应进入列车车厢,请全体乘客下车(终点站用语:"终点站已到,请全体乘客下车。"列车中途清客用语:"本次列车因故不能继续运营,请全体乘客下车,换乘下趟列车")。当所有乘客离开列车时,向司机和车站控制室报告清客完毕。

⑦ 站厅(厅巡)岗站务员

站厅(厅巡)岗站务员主要在站厅巡视,及时处理乘客进出站时遇到的问题,不能处理的问题应向值班站长请示。巡视的重点位置是进出站闸机、电(扶)梯口等。

具体要求:站厅巡视时,在站厅范围(包括进出站闸机、自动扶梯处)巡视或引导乘客购票、进闸、出闸,发现问题应及时处理;乘客进出闸时,注意观察闸机指示灯和声音提示,遇使用工作证、乘车证、老人储值票、免费票时,可抽查相应证件。岗位交接时,早中班站厅岗人员应在两班车间隙进行交接。

闸机引导应严格执行"一迎、二导、三处理"的一次作业程序(一迎:乘客进出站时,应以规范站姿面向闸机提供站立服务,目光关注乘客进出站的动向。二导:引导乘客进出闸机,发现车票无法使用时,应向乘客说明:"请让我帮您分析一下票卡。"三处理:对不能正常进出闸机的票卡应交 BOM 操作员进行分析;拾获车票要及时交 BOM 操作员回收;使用专用通道做到随开随关。对需凭证件出入的乘客,应说明"请出示证件",认真验证后说"谢谢"并放行。遇公司接待和团体票进出专用通道时,应提供站立服务)。

购票引导严格执行"一察、二导、三处理"的一次作业程序(一察:注意观察乘客动态,及时发现不会使用 TVM 购票的乘客并给予帮助。二导:引导乘客购票。购票完毕后提醒乘客"请拿好您的钱和票",五指并拢,为乘客指明进站闸机方向"请从这边进站"。三处理:出现卡币或卡票等情况时及时到 TVM 前处理,必要时通知值班站长和 BOM 操作员一起办理行政处理)。

(1)站厅岗站务员的岗位职责

①发现乘客携带超长、超大、超重物品时,应劝阻:"对不起,您携带的物品不符合轨道交通有关规定,不能带进站。"并做好相应的解释工作。

②发现精神不正常乘客应该禁止其进站乘车,并及时汇报车站控制室,必要时请求警务人员或同事的协助,保护自身安全。

③负责保证重点旅客(年老体弱者、小孩、残疾人、携大件物品乘客等)的安全,发现儿童在自动扶梯上嬉戏时,应劝阻儿童"请不要在自动扶梯上嬉戏、打闹",并对其进行教育,必要时通知监护人。

④负责巡查站厅、出入口,保证设备设施的正常运行,并做好相关巡查记录,发现安全隐患时应及时报修,发现有故意损坏地铁设备的应及时制止,并上报车站控制室。

⑤留意地面卫生,发现积水、垃圾、杂物等应及时通知保洁人员处理,同时设置警示牌,防止乘客摔倒。

⑥站厅、出入口发生治安安全事件时,应及时赶到并保护现场,寻找两名及以上目击证人。

⑦负责站厅、出入口的客流组织工作,乘客较多时,加强宣传和引导,防止乘客过分拥挤,必要时采取相应的限流措施。

⑧负责更换钱箱、票箱,引导不能正常进出闸机的乘客到客服中心办理。

⑨乘客反映站内 AFC 设备无法使用时,先确认设备状况,若设备故障,可安抚乘客:"对不起,我们会帮您处理。"并报告值班站长。

⑩关注乘客动态,发现进出闸机不规范行为,如发现违反地铁规定《乘客守则》的应及时制止,并对其进行教育,引导乘客办理购票或补票手续。

(2)站厅岗站务员作业流程与作业标准

站厅岗站务员作业流程与作业标准(见表3-7)。

站厅岗站务员作业流程与作业标准　　　　　　　表3-7

作业时段	作业流程与作业标准
班前	(1)签到,阅读文件,接受上级交代工作及注意事项。 (2)领取对讲机设备和钥匙等。 (3)巡视车站及设备。 (4)带齐工作备品,准时到岗,配合值班站长做好车站开启工作
班中	(1)引导乘客使用自动售检票设备。 (2)运营时间内巡查车站设备,并做好相关记录。 (3)回收闸机票卡,补充TVM的票卡及找零钱箱。 (4)发生紧急情况时,第一时间内报告车站控制室。 (5)在上下行末班车到站前××min,在TVM上,每组闸机前应摆放告示牌停车售票
班后	(1)末班车开出后,清理站台,确认车站没有滞留乘客,无异常情况后向值班站长汇报。 (2)协助关闭车站的相关设备。 (3)配合值班站长做好车站关闭工作,将对讲机设备和钥匙交还给车站控制室

3.4 城市轨道交通主要客运规章制度

中华人民共和国建设部制定了《城市轨道交通运营管理办法》,由各城市轨道交通主管部门或运营公司根据城市的具体情况制定相应的运行安全规章制度,使系统各部门、各单位人人有章可循。

如上海地铁公司的相关规章制度就有:《地铁运营技术管理规程》、《地铁行车组织规则》、《各车站与车辆段的行车组织细则》、《地铁客运组织规则》、《地铁行车事故处理规则》、《各种专业的操作规程、安全规则》、《行车事故示例救援办法》。此外,由上海市人民政府颁布了相关的地方法规——《上海市地铁管理办法》,以及相关管理局(市政工程局)颁布的《上海市地铁管理办法实施细则》,作为上述系统规章制度的法律支持。

下面以《行车组织规则》、《车站行车工作细则》与《乘客服务标准》为例说明。

一 行车组织规则

各城市轨道交通运营企业,一般根据设备功能、设备技术状况、列车运行、行车组织原则、设备检修等编写适合本城市轨道交通的《行车组织规则》,其主要内容有以下几个部分:

① 第一部分——总则

该部分内容主要说明运营服务的宗旨,各单位、各部门必须坚持安全生产的方针,贯彻高度集中、统一指挥、逐级负责的原则,紧密配合、协调动作,确保行车和乘客安全,完成各项工作任务。

② 第二部分——技术设备

该部分内容主要规定了机车车辆与建筑物的限界;线路的类型、地铁车站与区间的分界、线路的坡度与上下行方向规定等;通信与信号的设置与使用要求;车站的设置;供电模式与供电电压;电动列车的组成与运行速度等。

③ 第三部分——行车组织基本原则

该部分内容主要有在正常情况下采用什么样的模式驾驶列车;行车的时间标准规定;地铁行车指挥组织与机构;列车次的规定;信号设备管理;行车闭塞方法与联锁;工作站的操作规定等内容。

④ 第四部分——列车运行

该部分内容主要有列车运行模式;列车运行的准备和条件;列车出入车辆基地的组织方式;列车接发作业规定;列车运行中的操作;工程车开行规定;车辆与信号设备调试的规定等。

⑤ 第五部分——设备检修施工

该部分内容主要是设备检修施工组织;运营时间的设备抢修及非运营时间的施工组织原则等。

⑥ 第六部分——非正常情况下的行车组织

该部分内容主要有扣车规定;信号系统故障的处理与开放引导信号的规定;列车故障处理;救援列车的开行规定;特殊情况下的列车运行要求等。

⑦ 第七部分——调车作业

该部分内容主要有调车作业领导与指挥;调车计划的编制、传达和变更;调车作业方法与调车速度的规定等。

⑧ 第八部分——信号显示

该部分内容主要是有关信号的显示与要求。

⑨ 第九部分——相关附录

该部分内容主要是对规则中有关名词术语及相关内容进行补充说明。

二 车站行车工作细则

《车站行车工作细则》的主要内容有以下几个部分：
(1)第一部分——车站概况。
这部分内容主要是车站的位置、性质、等级和任务。
(2)第二部分——技术设备。
这部分内容主要有股道与道岔；信号、联锁与闭塞设备；客运设备；自动售检票系统设备；通信、照明与供电等设备。
(3)第三部分——车站行车组织工作。
这部分内容主要有正常运营期间以及非正常情况下车站行车办法；电气集中控制台操作规定；列车转线作业有关要求。
(4)第四部分——检修、施工管理。
这部分内容主要有施工计划；车站施工登记的作业程序；检修施工管理办法；车站线路的清扫与道岔的保养等有关规定。
(5)第五部分——车站运输组织工作。
这部分内容主要规定了车站客运组织机构形式与行车值班员交接班制度。
(6)第六部分——有关附录。

三 乘客服务标准

《乘客服务标准》的主要内容有以下几个部分：
(1)第一部分——范围。
这部分内容主要说明本标准适用的岗位范围。
(2)第二部分——引用标准。
这部分内容主要说明本标准所包含的其他条文内容，通过在本标准中引用而构成为本标准的条文。
(3)第三部分——服务工作通用标准。
这部分内容主要说明服务承诺、服务规范等有关要求。
(4)第四部分——岗位服务标准及服务技能。
这部分内容主要说明各个岗位服务要求、岗位服务用语等内容。
(5)第五部分——乘客投诉管理。
这部分内容规定了涉及乘客投诉的有关处理办法与原则。
(6)第六部分——乘客遗失物品管理。
这部分内容规定了乘客遗失物品的管理办法。
(7)第七部分——有关制度。
这部分内容主要有执法工作制度、卫生管理制度、车站管理制度等。
(8)第八部分——服务知识。

这部分内容主要规定了乘客乘车守则、乘客安全守则、乘客票务守则等内容。
(9)第九部分——附录。

3.5 车站突发事件应急处理办法

一、车站突发事件处理原则与报告程序

1 车站突发事件处理原则

城市轨道交通车站及列车是人群集中的公共设施,一旦发生火灾、爆炸、恐吓等突发事件,不仅会引起轨道交通沿线的交通瘫痪,若应急处理不当,势必会造成群死群伤的严重后果。当轨道交通车站发生突发事件时,各岗位员工应遵循突发事件的处理原则,团结协作、迅速高效地妥善处置,防止事故的扩大、升级,最大限度减少事故造成的危害损失。

车站突发事件处理原则如下:

(1)突发事件发生时,应急处置的指导思想是先控制、后处置,救人第一。

(2)突发事件现场应急处置的重点是控制事故源头、危险区域,组织人员撤离和抢救受伤人员。

(3)各岗位员工应按规定程序及时间,及时向有关方面报告,迅速开展工作,尽一切可能控制事故的扩大,以减少伤害损失。

(4)各岗位员工应沉着冷静,严格执行规定的标准和程序,优先组织人员疏散、伤员抢救,做好乘客疏导和安抚工作,维持秩序,减少乘客恐慌。

(5)各岗位员工应坚守岗位,立即进入突发事件抢险救灾状态,兼顾重点设备和环境的防护,采取一切可能措施减少损失。

(6)兼顾现场的保护工作,以利于公安、消防和事件调查部门的现场取证。

(7)员工在应急事件处理时,坚持对外宣传归口管理的原则,不得擅自发布相关信息。

(8)坚持就近处理的原则,在上一级事故处理负责人到达现场前,由值班站长担任现场指挥,担负临时事故处理负责人职责。

2 突发事件报告程序

(1)突发事件报告原则

①迅速、准确、完整的原则。

②逐级上报的原则。事故发生在区间,列车驾驶员应立即上报行车调度员;事故发生在车站或车厂内,车站值班站长或车厂调度员应立即上报行车调度员。

③任何员工发现或接到突发事件信息,均应立即执行规定的通报流程,不得延误、中断或缺漏。

(2)事故报告前应采取的措施

在报告事故前,站务人员应根据事故的严重性,果断采取下列措施:

①若发现任何可能影响列车安全运行的情况,例如信号设备损坏、异物落入轨道等异常情况,必须利用下列方法,截停可能受影响的列车。

a. 操作车站控制室内的紧急停车按钮。

b. 按动站台紧急停车按钮。

c. 猛烈摇动"危险"手信号,或猛烈摇动任何物品。

②若发现设备或装置有故障,则必须立即停用或隔离有关故障设备或装置。

(3)突发事件的报告内容

报告突发事故时,应尽可能全面,主要包括下列内容:

①报告人姓名、职务、单位。

②事件发生的时间、地点。

③事件发生的概况、原因(初步判断)及对运营的影响程度。

④人员伤亡情况、设备设施损毁情况。

⑤已经采取的措施。

⑥请求救援的内容(例如公安、消防、救护等)。

⑦其他必须说明的内容。

(4)突发事件报告程序

突发事件发生后,现场人员应严格遵守报告程序迅速报告,调度控制中心根据当时各部门、各车站上报的情况及时汇总,确认突发事件性质、原因,作出准确判断,高效调动、协调企业内外资源,确保事态得到有效控制,力争将损失降到最低限度。因此,城市轨道交通运营企业内部必须建立起一套严格、高效的信息传递程序。具体通报流程,如图3-5所示。

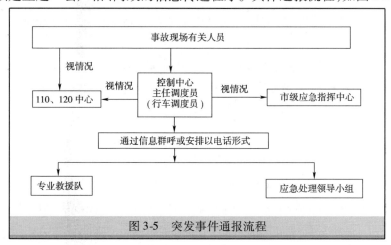

图3-5 突发事件通报流程

二 车站突发事件客运组织措施

在某些特定情况下,地铁设施遭到损坏,正常的营运秩序被打乱,乘客的出行时间被扰乱或人身安全遭到威胁,此时要求客运服务人员保持清醒的头脑,在站长的领导下,按照应急处理办法有步骤地解决问题,在最短时间内恢复车站正常的乘降秩序。

在关键时刻要保持良好的心理状态,将乘客安全放在首位,除了有全心全意为乘客服务的思想,还要有扎实的业务基础,本部分内容介绍在几种特殊情况下的客运组织措施,但遇到实际情况,仍需随机应变,寻找最佳处理方案。

① 客流突然大量激增时

在列车运行正常情况下,遇有大量集中乘客购票时,要立即委派专人维持售票窗口旁的秩序。售票窗口处要设专人宣传,在尾处设专人理顺队伍,增加售票员,加开售票口。

在人工售检票情况下,检票处要放宽检票通道,检票员要站立检票,必要时可撤除检票亭。若售票口秩序混乱有发生危险的可能性,站务员及公安人员来不及补充与调动时,经站长批准,对不报销车票的采用收取现金(零钱)进站的办法暂时缓解客流,待售票处稍有缓和,立即恢复凭车票进站正常售、检办法。

在自动售检票情况下,每台闸机都调整为可进可出状态。若检验票口秩序混乱有发生危险的可能性时,可改为人工售票,或者不计里程票价进站,出站口人工收取磁卡。

② 列车因运行秩序不正常而造成长时间无车时

列车运行图紊乱,高峰时段 10min 以上无车时,应立即进行"因地铁运力不足,列车间隔较大,有急事者请乘坐地面交通车辆"的宣传,减少售票员并降低售票速度。

站务人员要进行宣传解释和安全巡视,并做好解释工作,若大厅乘客拥挤不堪、难以出入时,马上采取派人把口节流和分批进站的方法,或临时关闭大门,只进不出。

③ 列车密集到达,站台拥挤、出站困难时

当站台拥挤、出站困难时,应立即在车站咽喉处疏导迅速出站,对进出口分开的车站,如进口客流不大或进出比例在 3∶7 以下的岛式车站,可临时用进站口疏散乘客,利用车站广播进行宣传并监视站台边缘乘客动态。当站台出站乘客不得不处在安全线以外时,不能再由车上下人,行车值班员与行车调度员联系并经同意后,应立即采取后续列车在站外一度停车,在本站通过或通知到达列车司机,暂缓开启车门的办法。

④ 遇有已知的重点运输情况时

遇有已知的重点运输情况时,应提前作出客运组织方案,确定地上售票地点,张贴各种标志。售票地点要与进站口拉开距离 5m 之外,进站口要分开,售票点设不少于三位维持秩序人员(队头、队中、队尾),进站口处要用护绳、围栏隔开,等候买票的乘客要劝阻其在护栏之外。站台、大厅、出口要有接力传递信息人员或专职人员,随时对售票速度进行灵活掌握和控制。如遇有晚间重点运输时,站外要装有足够的照明设施。

⑤ 在车站进行临时清车时

进行临时清车时,站台站务员、值班站长、行车值班室无作业时的行车人员要全部出动,对乘客既要做好宣传解释,使之有紧迫感,又要主动劝慰,确保清车工作顺利进行。

⑥ 因特殊原因造成群众不满而在车站集结闹事时

乘客在车站闹事时,除请公安人员协助外,应将个别领头人带到僻静地点进行教育,如确因地铁原因造成的,可主动与其单位联系,讲明情况或开具证明,或给其退款。对大多数乘客应做好耐心说明工作;对与司机纠缠的乘客应主动做好劝解工作,确保司机及时开车。

⑦ 车站照明全部熄灭时

车站照明全部熄灯时,应立即通知行车调度员及有关部门,同时利用广播进行宣传,其内容是"现在临时停电,请乘客不要乱跑,照看好老人、小孩和自己携带的物品,向站台中部移动……",以此用以安定乘客的心理。并立即停止售票,派人把守,停止进站。站务人员应携带喇叭和电筒,缓慢引导乘客出站;行车值班员应及时通知行车调度员,使上下行列车在本站通过不停车,如有少量事故影响照明时,售票处要控制售票,必要时采取派人把口分批进站的措施。

⑧ 遇有大风、大雪、大雨使出入口和通道堵塞时

遇有大风、大雪、大雨时,在出入口处增派人员以防止大量乘客涌入,对下车乘客应引导出站,其余站务人员应引导乘客在两侧墙处待避,疏通中间通道,并暂停电梯使用。大厅混乱时,要着重维持售、检两处的秩序;出现危急情况时,在得到行车调度员同意后,使列车在本站通过不停车。

⑨ 车门在车站发生故障时

列车车门在车站,发生故障时,司机应负责处理故障,站务人员一方面应注意乘客安全,另一方面应做好跟车护送的准备,并及时与行车值班员和司机联系,在行车值班员请示行车调度员后,应果断跟车护送到终点站或直至有人替换。岗上抽调人员跟车后应及时补充,无多余人员时,应由客运值班员代岗。如两个门有故障,确已无人护送时,应向行车调度说明后,取消列车或其他措施。

⑩ 发生意外伤害时

列车在站内或区间发生乘客伤害事故时,除按公司规定的处理办法外,站务人员要及时疏散乘客,注意他们的动态,防止再发生事故。同时,站务人员不得声张事态情况,更不得离岗躲避或离岗观看,事故处理后,应及时对出事地点清迹复原。

⑪ 列车在区间、隧道内停车时

列车在区间、隧道内由于线路、设备故障无法运行时,值班站长接到通知后,应立即组织站务人员做好应急措施的准备工作,听候行车调度命令。如一时无牵引动力,列车需在区间、隧道内停留较长时间时,在接到行车调度命令后,值班站长应赶赴现场,加强安全宣传,稳定乘客情绪,采取有效措施使车内空气流通,每节车厢应派人防护,必要时可疏散乘客。

三 车站突发事件应急处理办法

1 车站火警应急处理办法

根据火灾发生时间、地点不同,车站火灾可分为:车站在运营期间、非运营期间失火,站台失火,站厅失火,设备用房失火,车站外失火,邻站失火,列车在车站失火,列车在区间失火等多种情况。

(1)车站失火应急处理办法

①火警的处理原则。

火警处理的首要原则是保障乘客及工作人员的生命安全。一旦生命安全受到威胁,所有人员必须立即撤离至安全的范围。任何员工若发现地铁范围内发生火灾,必须立即通知有关车站的值班站长,并通知行车调度员要求消防部门协助,在确保个人安全的情况下,可尝试将烟火扑灭。

②车站(运营期间)失火应急处理办法。

车站(在运营期间)失火的一般应急处理程序,见表3-8。

车站(在运营期间)失火的一般应急处理程序　　　　表3-8

		处理程序	负责人
事故发生	1	确认火警的真实性	火警警报响起时,迅速从FAS、BAS系统确认报警位置,派1名携带无线电对讲机的站务人员前往现场确认,同时通知值班站长	行车值班员
			立即到达现场查看,找出响起警报的原因,确属火警,向值班站长汇报以下内容:火警的详细位置,火势如何(冒烟、明火),尽可能查出原因,初步估计车站设备、人员受影响的程度及范围	站务人员
		火警属实	启动FAS系统,监控FAS系统设备的联动情况	行车值班员
			立即赶到事发现场,视情况指示行车值班员向行车调度员汇报以及是否召唤紧急服务	值班站长
	2	立即向行车调度员汇报	报告人的姓名、职务及联系电话;火警发生的时间、地点;火势大小、烟的浓度;可能起火的原因,火势是否可以控制;估计受影响的人数;是否影响乘降;是否有人受伤;是否有设备损毁	行车值班员
	3	召唤紧急服务	通过行车调度员召唤紧急服务(110、120等)	行车值班员

续上表

		处理程序	负责人
事故处理	火势可以控制	1 现场人工灭火	火势较小,在确保安全的情况下,立即人工启动灭火系统或使用灭火器灭火	值班站长 现场员工
		2 操纵环控系统	启动车站排烟模式,设定紧急通风安排,监控环控系统的运转,如果模式不能正常运转,应立即通知行车调度员	行车值班员
		3 疏散现场乘客,维持车站秩序	立即到达现场,在确保人员安全情况下进行灭火,准备组织疏散乘客	站务人员
			开启相应PA、乘客信息系统PIS,使乘客远离起火地点,宣传并稳定乘客情绪	行车值班员
			根据情况,实施车站大客流管理措施	站务人员
			必要时关闭车站控制室内部空调,避免烟雾弥漫	行车值班员
		4 恢复正常运营	火势扑灭后,与事故负责人确认具备运营条件后,恢复正常运营	值班站长
	火势无法控制	1 车站紧急疏散	立即通过手持电台向车站所有人员下达车站紧急疏散指示	值班站长
			在车站控制室IBP盘上按压紧急停车按钮	行车值班员
			通过PA、PIS通知乘客并进行疏散	行车值班员
			通知所有工作人员撤离,并报告集合地点	行车值班员
			向其他邻近车站的值班站长请求人力支援	行车值班员
			在车站控制室IBP盘上启动紧急模式,按压AFC紧急按钮,打开所有闸机扇门	值班站长
			立即引导乘客安全离开站台,从各出入口出站,并阻止乘客进站	行车值班员
		2 关闭车站	确保所有乘客安全离开后,关闭车站出入口并张贴"车站关闭"通知	站务人员
		3 等待救援人员抵达现场	担任临时事故处理负责人	值班站长
			在指定出入口等待救援人员,并带他们到达事发地点	站务人员
			撤离后,检查站台、站厅是否还有乘客,并将结果上报给事故负责人	站务人员 值班站长
		4 火灾扑灭后,恢复运营	在火灾扑灭后,应根据上级命令和列车、车站的毁损情况,经消防部门同意后全部或局部重新开启	值班站长

注:如警报为误报,值班站长要及时通知行车调度员及站内所有员工。

③站外失火应急处理办法。

当车站外发生火灾时,因为空气的自然流动、车站通风设备的运作、列车移动的活塞效应都会使站外产生的烟气通过通风井、车站出入口而扩散至站内,对车站内的乘客带来巨大的威胁,因此,车站员工应正确操作车站环控系统,确保车站内乘客的生命安全。

a.一旦发现烟气由通风井进入站内,必须执行相关程序,阻截烟气继续进入。值班站长应做好以下工作:在行车调度员处取得该车站环控设备的控制权;通知行车调度员将有关的通风设备关掉,关闭相应的风闸。

行车调度员应指示环控调度员操作有关环境控制系统设备。

b. 一旦发现有烟经由车站入口扩散到公众范围,应执行下列程序:

值班站长应做好以下工作:通知行车调度员,说明烟的浓度;关闭有关的入口;取得该车站环控设备的控制权,操作环控设备。

行车调度员应指示各邻站的值班站长做好以下工作:取得所管辖车站的环控设备的控制权;将车站公共范围的通风设备关掉;操作环境控制系统设备,降低车站烟的浓度。

行车调度员应指示环控调度员操作有关环境控制系统设备。

(2)列车失火应急处理办法

列车在车站发生火灾或列车在区间发生火灾时,列车司机或站务人员必须迅速将下列详情通知值班站长或行车调度员。详情包括列车的位置及列车编号、列车起火或冒烟的车卡编号、火势大小、是否有人受伤、是否有设备损毁等情况。

①列车在站台失火应急处理办法。

列车在车站发生火灾时,司机应迅速打开站台侧所有车门,使用车内灭火器进行扑救,对乘客进行广播疏散,并配合车站工作人员的引导将乘客疏散到安全区域。列车在站台失火的应急处理程序,如表3-9所示。

列车在站台失火的应急处理程序 表3-9

			处 理 程 序	负 责 人
事故发生		1 确认火灾的真实性	向值班站长汇报:在站台停靠列车有起火冒烟现象	司机或站台监控人员
			立即通过CCTV进行查看,确认现场情况	值班站长
		2 向行车调度员汇报	列车的位置、编号(车次);列车起火位置或冒烟的车卡编号;是否有伤亡情况(大概人数);火情的大小(冒烟、明火等);初步判断火灾性质;设备损毁情况	行车值班员
		3 召唤紧急服务	通过行车调度员召唤紧急服务(119、120等)	行车值班员
事故处理	火势可以控制	1 确认火警属实,按下紧急停车按钮	在车站控制室按下起火列车所在站线的紧急停车按钮,设法阻止另一侧的列车进站或使其尽快开车	行车值班员
		2 监控、操纵环控设备	监控环控系统的运行;如设备不能正常运行,应及时通知行车调度员;确认站台安全门是打开的	行车值班员 值班站长 站台岗员工
		3 进行清客作业	通知站务人员对起火列车进行清客	值班站长
			对起火列车进行清客,对受伤乘客进行救助,并维护现场秩序,阻止乘客接近火源	站务人员

续上表

处理程序				负责人
事故处理	火势可以控制	4	扑救现场火势	就近取用灭火器并对列车火源进行扑灭;站台员工扑灭火势后,应向司机显示一切妥当的信号	站务人员 司机
		5	向行车调度员汇报火警处理结果	列车火势扑灭后,应向行车调度员汇报列车损害程度、是否需要救援;等待行车调度员的下一步指示	值班站长
		6	做好乘客疏导工作	做好站内人流的控制工作,避免乘客受伤	全体人员
	火势无法控制	1	对起火列车应立即清客	协助司机打开车门,并立即对起火列车进行清客作业	值班站长 站务员
		2	车站紧急疏散	立即通过手持电台向所有人员下达车站紧急疏散命令	值班站长
				通过PA、PIS通知乘客进行疏散	行车值班员
				向控制中心请求人力支援	值班站长
				在车站控制室IBP盘上启动紧急模式,按压AFC紧急按钮,打开所有闸机扇门	行车值班员
				引导乘客离开站台	站务人员
				接到紧急疏散的通知后,收好钱款与票卡,关闭客服中心电源,将应急疏散门打开,疏导乘客出站	票务岗员工
		3	阻止乘客进站	立即引导乘客从各出入口出站,并阻止乘客进站	站务人员
		4	关闭车站	确保所有乘客安全离开后,关闭车站出入口并张贴"车站关闭"通知	站务人员
		5	等待救援人员抵达现场	担任临时事故处理负责人	值班站长
				在指定出入口等待救援人员,并带他们到达事发地点	站务人员
				撤离后,检查站台、站厅是否还有乘客,并将结果上报事故负责人	站务人员 值班站长
		6	火灾扑灭后,恢复运营	在火灾扑灭后,应根据上级命令,同时根据列车、车站的毁损情况,经消防部门同意后全部或局部重新开站	值班站长

②列车在区间失火应急处理办法。

列车在区间发生火灾时,地下线路运行的列车应尽一切可能运行到前方车站,司机应及时向行车调度员报告,请求前方车站协助;若无法运行到前方车站,司机应及时向行车调度员报告并进行初期灭火扑救,同时将起火车厢的乘客疏散到其他车厢,确认灭火器不能抑制火灾时,请求行车调度员接触网(轨)停电,就地疏散乘客。列车在区间失火的应急处理程序,如表3-10所示。

列车在区间失火的应急处理程序   表 3-10

		处 理 程 序		负责人
事故发生	1	行车调度员通知列车在区间起火,向行车调度员报告确认	列车的位置、编号(车次);列车起火位置或冒烟的位置;是否有伤亡情况;疏散的大概人数;初步判断火灾性质,估计起火的原因,火情的大小(冒烟、明火等);设备损毁情况	行车值班员
	2	召唤紧急服务	通过行车调度员召唤紧急服务(119、120等);当无法与行车调度员取得联系时,则通过外线电话直接拨打119、120等急救电话	行车值班员
事故处理	火势可以控制	1	监控、操纵环控设备	监控环控系统的运行;如设备不能正常运行,应及时通知行车调度员,执行隧道起火模式	行车值班员
		2	准备进行清客作业	与行车调度员确认列车是否可以继续运行至车站,若可以,则立即做好到站列车的清客准备工作	值班站长
		3	现场扑救火势并清客	立即到达站台,对到站起火列车进行扑救;进行列车清客工作,对受伤乘客进行救助;等待行车调度员的下一步指示	值班站长 站务人员
		4	做好乘客疏导工作	宣传远离起火列车,维持站台秩序;做好站内人流控制工作	站务人员
	火势无法控制	1	接到行车调度员通知:在区间协助司机急救疏散	如果列车在区间无法继续运行,接到行车调度员指示后,在区间协助司机急救疏散	值班站长
		2	与行车调度员确认下车安排	确认列车准确的停车地点;确认接触网(轨)已停电;进行疏散准备	值班站长
		3	监控环控系统的运行	提醒行车调度员相关运行模式是否运行	行车值班员
		4	做好车站紧急疏散准备	立即通过手持电台向所有人员下达车站紧急疏散命令;在车站控制室IBP盘上启动紧急模式,按压AFC紧急按钮,打开所有闸机扇门	值班站长
		5	进行区间疏散作业	通过PA、PIS通知乘客进行疏散;向相邻车站值班站长请求人力支援;若区间失火列车无法到站台,应根据行车调度员命令组织区间疏散;所有进入区间人员应佩戴好呼吸器,穿好反光背心、绝缘鞋等防护用品;站台人员应打开疏散端安全门的端门;在确认接触网(轨)已断电、区间照明开启后,立即前往现场;与司机联系,组织列车乘客向车站疏散;随时与值班站长和行车调度员保持密切联系,及时将事件最新进展情况向行车调度员汇报;到达现场后,与司机协商并对列车上乘客进行疏散;到达现场后,在岔口、洞口处指引乘客疏散,防止乘客走错方向;在保证自身安全的情况下,确认乘客从列车上疏散完毕;跟随最后一名乘客疏散到站台,并确认无乘客遗留在区间;引导乘客离开站台	站务人员
		6	关闭车站	接到执行疏散的通知后,客服中心停止售票并进行票务处理	票务岗员工
				确保所有乘客安全离开后,关闭车站出入口并张贴"车站关闭"通知	站务人员
		7	等待救援、善后处理	担任临时事故处理负责人	值班站长
				在指定出入口等候救援人员,并带领他们到达事发地点;撤离后,检查站台、站厅是否还有乘客,并将结果上报给事故负责人	站务人员
				在火灾扑灭后,根据上级命令,同时根据列车、车站的毁损情况,经消防部门同意后全部或局部重新开站	值班站长

❷ 乘客受伤事故处理办法

在地铁运营过程中，乘客在地铁运营范围内感到不适、发病、昏迷或因意外事故受伤等事件，车站工作人员应按照下列原则和程序进行处理。

（1）乘客受伤事故处理原则

① 车站在处理乘客受伤事件时，要以维护公司形象、保护公司最大利益为原则，以人为本，给予乘客必要的帮助。

② 车站在处理乘客受伤事件时，要在第一时间内进行取证工作，尽可能得到旁证及当事人签字确认，以事实为依据，客观记录，充分留下原始资料。

③ 及时将事件的处理结果报告给相关部门，以备后续处理。

（2）乘客受伤事故处理办法

乘客受伤事故处理程序如下：

① 车站现场工作人员发现或接到受伤乘客求救时，应立即报告值班站长并赶赴现场，了解伤（病）者情况及初步原因。

a. 视伤（病）者情况，若其意识清醒，应询问其是否需要车站协助致电120急救中心，征得同意后帮助其拨打120急救电话。询问伤（病）者家人联系电话，设法联系其家人尽快来站救护。伤（病）者家人到站后，由其家人将其接走，如车站致电120急救中心，救护人员到达后，车站协助将伤（病）者送至救护车上。如乘客认为是车站原因导致其受伤，要求车站派人同往医院时，车站员工应请示站长及运营单位客伤主管部门，获准后方可派人陪同前往医院。

b. 若伤（病）者情况危急，意识不清，不及时救护可能会有生命危险，车站应及时致电120急救中心，同时车站需及时上报行车调度员、车站站长及运营单位客伤主管部门。

② 如因地铁设备造成事故，应立即停止该设备运作（影响列车运行的设备除外），并报告车站控制室。

③ 疏散围观群众，寻找目击证人，收集、记录有关证人资料。

④ 需要时，对乘客外伤进行简单的包扎处理。

⑤ 如调查需要，应保护好现场，必要时对有关区域进行隔离，并用相机记录有关现场情况。

⑥ 必要时，根据值班站长安排，站务人员到紧急出入口引导急救人员进站。

⑦ 必要时协助警方进行事故调查。

为保证乘客出现伤亡时的及时抢救和快速处理，城市轨道交通运营公司一般设置乘客伤亡紧急处理经费。若初步判断乘客受伤属于地铁责任时，车站应立即向有关部门、单位报告，车站可安排员工陪同伤者前往医院检查治疗；伤者在医院所花费用，经请示同意后，可由车站在有关处理经费中垫付。伤者提出索赔时，车站应配合相关部门人员与当事人协商处理。

❸ 列车撞人、撞物事故处理办法

（1）意外伤亡事故处理办法

在城市轨道交通运营线路上，发现列车撞压外部人员或与其他车辆、物体碰撞，造成人员伤亡,即列为地外伤亡事故。伤亡事故的现场处置应按以下办法进行。

①车站发生伤亡事故,由值班站长担当现场指挥工作;区间发生伤亡事故,由列车司机担当现场指挥工作。

②车站发生伤亡事故,列车司机必须立即停车,将情况向车站行车值班员汇报,行车值班员应根据情况要求接触网(轨)停电,本着尽快开通线路的原则进行处置,并设法挽留 1 ~ 2 名证人。

③区间发生伤亡事故,列车司机必须立即停车,将情况向行车调度员或邻近车站行车值班员报告;根据情况要求接触网(轨)停电,在事发地点做好标记,并将伤者送到最近前方车站交车站妥善处理。对死者要移至不妨碍行车的地点。地面线路应对死者尸体进行遮盖,处理完毕后,请求送电,恢复行车。

④车站行车值班员接到报告后,应立即上报行车调度员,并通知公安部门。行车调度员上报值班经理,值班经理接到报告后及时通知公安部门。

⑤对伤亡事故现场不妨碍行车的事故遗留物品采取保护措施。

⑥公安机关、地铁工作人员接到报告后,应迅速赶到现场。

⑦地铁工作人员要协助公安机关调查取证,维护站、车秩序,处理现场,尽快恢复通车。对事故列车,行车调度员要及时调整回段,由公安机关进行勘查。

⑧接触网(轨)停电、送电和列车的移动要服从现场指挥。公安机关、地铁工作人员需要进入运营线路勘察、清理现场,必须经现场指挥认定,工作结束时由现场指挥清点人数后,方可要求接触网(轨)送电。

⑨地铁工作人员应如实向公安机关陈述事故发生经过,其他知情者应及时向公安机关提供证据。

⑩公安机关依法对事故现场、设备进行勘察。需要时,地铁工作人员应给予配合。

⑪发生伤亡事故,地铁客运部门应及时将伤者送往医院进行抢救。死者由公安机关依据有关规定进行处理。

⑫发生伤亡事故,车站行车值班员、列车司机应及时告知乘客。对乘客的广播宣传工作要按以下标准用语执行。

a. 列车广播词:"各位乘客请注意,现在是临时停车,由于前方发生人员侵入轨道线路事件,公安机关正在积极处理,列车很快将恢复运行,由此给您带来不便,请谅解。"

b. 车站广播词:"各位乘客请注意,由于发生人员侵入轨道线路事件,公安机关正在积极处理,列车很快将恢复运行,由此给您带来不便,请谅解。"

⑬发生伤亡事故,需要向媒体发布有关信息时,由地铁运营公司新闻发言人负责。

⑭伤亡事故的善后处理,由城市轨道交通运营企业应根据公安机关出具的事故调查结论,依照《城市轨道交通安全运营管理办法》处理。

(2)站务人员应急处理程序

车站发生撞人、撞物等事故后,各站务岗位人员应急处理程序如下。

①车站发生撞人、撞物、地外伤亡事故后,行车值班员应立即向行车调度员、公安派出所报告,通知值班站长、站区长等上级领导。

②值班站长应立即赶赴现场并在上级领导及公安人员未到达之前担当现场负责人,组

织指挥现场处理并做好以下工作：

a. 指定专人负责挽留两名以上非地铁员工的目击者作为证人，索取证明材料。证人有急事不能留下时，应记下其工作单位、家庭地址及联系电话等。

b. 利用车站广播设施做好乘客宣传解释工作，劝导乘客改乘其他交通工具。

c. 售检票人员维护好站厅秩序，依据现场情况采取限制售票或停止售票方式控制乘客进站。

d. 需下站台查看及处理时，必须在接触网（轨）停电后由现场负责人指定专人进行。

e. 查看现场时，在未发现之前或当事人未死亡的情况下，严禁送电、动车，找到被撞压者后应查看其伤亡情况，无法断定是否死亡的一律按伤者处理，应设法将其尽快移至站台。

f. 如被撞压者未亡，应尽一切努力避免动车救人，但在只有动车方可救人的情况下，由现场公安人员作出动车决定。

g. 需对伤者进行救护时，应及时通知急救中心，指派专人到指定出入口迎候救护车辆。

h. 如当事人已经死亡，其位置不妨碍列车运行时，可先行送电通车；如其位置妨碍列车运行，可将尸体移上站台或移至边墙、道沟等不侵界位置，再行送电、通车，必要时再次停电处理，并做好标记。

i. 除现场处理以外的其他车站工作人员应做好疏散围观乘客、维护站台、站厅秩序的工作。

③车站工作人员应积极协助公安人员的调查工作，涉及刑事案件的地外伤亡事件，应尽量保护现场，尽一切可能留住嫌疑人、知情人及可提供线索者，积极协助公安人员的工作。

❹ 炸弹、不明气体、物体恐吓（袭击）事件应急处理办法

城市轨道交通车站内时常会遇到无主物品，一般为乘客大意遗留或有意丢弃，但也有可能是犯罪分子有意放置的危险物品。对车站、列车范围内的不明物品，地铁工作人员应保持警惕，严格按照可疑物品处理预案执行，不可麻痹大意，延误处理时机，而对乘客造成人身、财产的伤害。以下简要介绍某市地铁运营公司对炸弹、不明气体、物体恐吓（袭击）事件应急处理办法。

（1）炸弹、不明气体、物体恐吓（袭击）事件应急处理办法

当地铁工作人员接到电话、书面或电子邮件等各种形式的恐吓信息时，应按下列应急预案开展工作。

①接获恐吓信息后，地铁员工应立即向其上级领导报告。控制中心OCC应立即向公安部门报告该恐吓事件，并通知受影响车站的值班站长、行车线上的列车司机及各级紧急救援抢险部门。

②由公安部门确定恐吓信息的真实性，在车站进行不公开或公开的搜索行动。

a. 不公开搜索，无需疏散乘客，由地铁员工与公安人员联合进行。

b. 若公安部门已掌握相关信息，或确实已发现可疑物品时，需在车站进行公开搜索。搜索前需局部或完全疏散乘客，并由公安人员单独进行搜索行动。车站员工停留在安全的范围内，为搜索人员提供协助。

③车站接到恐吓信息后，不公开搜索程序。

a. 值班站长安排停止所有清洁工作，依次搜索所有公众范围及所有非公众范围，及时将

最新进展通报值班经理。

b. 公安人员前往有关车站,参与搜救行动,与值班站长保持密切联系,了解搜索工作的最新进展。

c. 若发现可疑物品或有毒气体,值班站长应立即封锁现场,决定局部或完全疏散乘客,并立即通知值班经理。进行疏散前,必须先搜索所有疏散线路,确保疏散乘客的安全。

员工发现可疑物品后,应立即向上级报告该物品的形态及准确位置,切勿触摸该物品,并留意周围形迹可疑的乘客。且不得在可疑物品 50m 范围内使用手机、无线电对讲机等通信设备,设置警戒区域封锁物品的四周范围,疏散周围乘客。

d. 若未发现可疑物品或有毒气体,值班站长应报告公安人员负责人,请示是否进行二次搜索。公安人员负责人向所有搜索人员查询搜索情况,将搜索结果上报上级公安部门。

知识链接

搜索可疑物品时的预防措施

① 在搜索过程中,应只凭肉眼查看,切勿移动、摇动或干扰任何物品,留意是否有定时器或时钟运行的声音。

② 停止一切无线电的发送与接收,不得使用手机、无线电对讲机等通信设备。

③ 切勿开关任何电灯及电器设备。

④ 认真观察清楚后再打开门、窗、抽屉,不可随意接触任何物品。

(2)爆炸事件应急处理办法

地铁列车或线路发生爆炸事件时,有关单位、部门应按以下应急预案开展工作。

① 列车司机。

a. 当列车在区间发生爆炸时,司机(视故障具体情况)应尽可能将列车运行至前方车站,实施抢险救援。

b. 要立即穿戴好防护用品,迅速到达事发现场查明情况,向行车调度员及车站值班员报告。

c. 列车被迫停于车站时,司机应迅速打开站台侧所有车门。若列车因爆炸起火,要迅速使用车内灭火器进行扑救,并对乘客用标准用语进行广播宣传,通知乘客下车,按车站工作人员的引导或标识,将乘客疏散到安全区域。

d. 列车被迫停于区间时,司机应立即要求停电,情况紧急时刻采取强行停电措施;确认接触网(轨)已停电后,打好止轮器,做好防溜措施,并对乘客用标准用语进行广播宣传,稳定乘客情绪。

e. 根据行车调度员命令与救援抢险人员按区间疏导乘客的办法共同对乘客进行疏散抢救。

② 车站工作人员。

a. 车站发生爆炸后,就近岗位站务人员应迅速准确查明爆炸发生的时间、地点、涉及列车的车次、人员伤亡等情况,立即向行车值班员报告。

b. 行车值班员接到站务人员报告后,应立即向行车调度员、公安派出所报告,通知值班站长、站区长等各级领导。

c.值班站长应立即赶赴现场并在上级领导及公安人员未到达之前担当现场负责人,组织指挥现场处理以下工作:

指定专人保护现场,尽量搜集可疑人员、可疑物品等线索,挽留目击证人。

将事发地点周围的乘客疏导到安全地带。

若有人员伤亡时,将其转移至安全地带设置的候援区,及时通知急救中心,指派专人到指定出入口迎候救护车辆。

部署全体在岗人员对车站采取临时封闭措施,疏导站内其他区域的乘客迅速出站,指定专人看守出入口大门,阻止其他乘客进站,同时保证上级领导、公安及抢险人员迅速进入车站。

利用各种广播设施做好乘客宣传解释工作,稳定乘客情绪,引导站内其他区域乘客迅速有序疏散出站。

通知机电人员开启车站送、排风系统,加大通风量。

其他各车站接到疏散乘客、封闭车站的命令后,应迅速组织车站工作人员,按照公司《突发事件应急处理办法》规定的乘客疏散工作预案,迅速组织乘客出站。疏散乘客任务完成后,关闭出入口,并将情况报告行车调度员。

待上级领导到达后,报告现场情况,移交指挥权。

③行车调度员。

a.行车调度员接到报告后,应立即报告值班经理,并同时将后续列车调度到爆炸区域以外的车站。

b.根据值班经理命令下达"全线停运、疏散乘客"命令,组织指挥全线列车迅速运行至车站站台疏散乘客。

若列车停于区间而前方车站有列车占用时,应使列车退回后方车站疏散乘客。

若列车停于区间而前、后方车站均有列车占用时,根据前、后方车站乘客疏散情况,将先完成疏散任务的列车调至区间待命,腾空车站,将停于区间的列车调至车站内疏散乘客。

若列车停于爆炸区域时,应使列车退行至未爆炸区域以外的车站疏散乘客。

④值班经理。

a.值班经理接到行车调度员的报告后,应立即报告公司领导及市主管部门,通知公司所属各有关单位部门赶赴现场参加事故救援工作及乘客疏散工作。

b.通知有关单位,开、停通风、排水等设备,安装临时照明及临时通信设备。

c.根据公司领导指示,向行车调度员发布全线停运、疏散乘客的命令。

d.协调公交部门增加地面公交车运力运送乘客。

(3)不明气体袭击事件应急处理办法

当车站或列车上发生不明气体袭击,造成乘客群体性中毒时,各类人员应按下列应急预案开展工作。

①列车司机。

a.对于在地下线路运行的列车,应尽可能运行到前方车站实施抢险救援;列车被迫停于区间时,要立即穿戴好防护用品,迅速到达事发现场查明情况,向行车调度员及车站值班员报告。使用标准用语对乘客进行广播宣传,通知乘客撤离毒气源所在车厢。司机应立即要求停电,情况紧急时刻采取强行停电措施;确认接触网(轨)已停电后,打好止轮器,做好防溜措施,根据行车调度员命令与救援抢险人员共同对乘客进行疏散抢救。

b. 列车在地面线路区间运行时,司机要立即穿戴好防护用品,迅速到达事发现场查明情况,向行车调度员报告。并立即要求紧急停电(必要时可采取强行停电措施),同时采取紧急停车措施,使用标准用语对乘客进行广播宣传,通知乘客撤离毒气源所在车厢。确认停电后,打开车门,疏散乘客,有条件时对可疑物进行遮盖。

c. 列车被迫停于车站时,应迅速打开站台侧所有车门,有条件时对可疑物进行遮盖,使用标准用语对乘客进行广播宣传,通知乘客下车,按车站工作人员的引导和标识,将乘客疏散到安全区域。

②车站工作人员。

a. 车站发生不明气体袭击后,就近岗位站务人员应迅速佩戴防护装备,迅速查明事件发生的时间、地点、涉及列车的车次、人员伤亡等情况,立即向行车值班员报告。

b. 行车值班员接到站务人员报告后,应立即向行车调度员、公安派出所报告,通知值班站长、站区长等各级领导。

c. 行车值班员应立即采取措施,防止其他列车进入车站。

d. 行车值班员应立即通知机电人员启动防灾应急模式,关闭相关车站送、排风系统。

e. 值班站长应立即赶到现场并在上级领导及公安人员未到达之前担任现场负责人,组织指挥现场处理工作:

部署全体在岗人员迅速佩戴防护装备,对车站采取临时封闭措施,疏导站内其他区域的乘客迅速出站,指定专人看守出入口大门,阻止其他乘客进站,同时保证上级领导、公安及抢险人员迅速进入车站。

指定专人保护现场,尽量搜集可疑人员、可疑物品等线索。查明不明气体源头,有条件时对可疑物进行遮盖。

若有人员伤亡时,将其转移至安全地带设置的候援区,及时通知急救中心,指派专人到指定出入口迎候救护车辆。

利用各种广播设施做好乘客宣传解释工作,稳定乘客情绪,引导站内其他区域乘客迅速有序疏散出站。

车站所有参与处置工作的工作人员应在疏散乘客、封闭车站工作完毕后,迅速撤离车站,在指定的出入口外集合。

待上级领导到达后,报告现场情况,移交指挥权,积极协助公安人员的调查工作。

f. 其他车站接到疏散乘客、封闭车站的命令后,应迅速组织车站工作人员,按照公司《突发事件应急处理办法》规定的乘客疏散工作预案,迅速组织乘客出站,疏散乘客认为完成后,关闭出入口,并将情况报告行车调度员。

③行车调度员。

行车调度员接到报告后,应立即报告值班经理,并同时将后续列车调度到不明气体影响范围以外的车站。根据值班经理命令下达全线停运、疏散乘客命令,组织指挥全线列车迅速运行至车站疏散乘客。

a.若列车停于区间,而前方车站有列车占用时,应使列车退回后方车站疏散乘客。
　　b.若列车停于区间,而前、后方车站均有列车占用时,应根据前、后方车站乘客疏散情况,将先完成疏散任务的列车调至区间待命,腾空车站,将停于区间的列车调至车站内疏散乘客。
　　c.若列车停于受影响范围内区间时,应使列车退行至受影响范围以外的车站疏散乘客。
　　④值班经理。
　　a.值班经理接到行车调度员的报告后,应立即报告公司领导及市主管部门,通知公司所属各有关单位部门赶赴现场参加事故救援工作及乘客疏散工作。
　　b.根据公司领导指示,向行车调度员发布全线停运、疏散乘客的命令。向机电部门发布命令:关闭受影响车站的送、排风系统及相关区间的通风机。
　　c.协调公交部门增加地面公交车运力运送乘客。

四 车站发生自然灾害应急处理办法

1 水灾应急处理办法

（1）车站工作人员
　　当给水管道破裂、地下车站和隧道进水等危及运营的情况发生时,车站有关人员应按下列程序进行处置。
　　①任何员工一旦发现水灾,应立即报告值班站长以下情况:水灾发生的位置、流量,水源来自哪里？哪些设备可能会受到影响？
　　②值班站长向行车调度员报告:本站发生水淹事故,本站受到影响的区域、是否影响乘降及受影响设备的情况。
　　③值班站长携带防洪装备赶往事发位置,命令站务人员和保洁人员前往水灾区域。
　　④值班站长到达现场后评估情况,向行车调度员汇报最新进展,视情况需要请求机电等部门人力支援。
　　⑤站务人员尝试用防洪板、沙包或其他填充物阻断水源,或抑制流量,在周边用提示牌和警戒线布置禁行区。
　　⑥车站值班员通过 PA、PIS 系统向乘客进行宣传解释。
　　⑦若水灾可能导致车站设备出现危险或影响运营时,视情况需要封闭车站部分区域。
（2）机电抢险人员
　　①对水灾地点及时采取断水堵水措施,开启全部排水泵排水。
　　②随时向值班站长和行车调度员报告水情。
　　③按照抢险预案要求,进行紧急处置。
（3）行车调度员
　　①随时了解水情变化。必要时,通知电力调度接触网（轨）停电。
　　②组织具备运行条件的区段维持运营。
（4）列车司机
　　①列车在运行中发现积水漫过道床排水沟时,如接触轨能正常供电,司机以能随时停车

的速度运行,并及时将情况报告行车调度员或车站值班员。

②因水灾造成路基塌陷、滑坡等危及行车安全时,应立即停车,将情况如实报告行车调度员,按其指示行车。

2 地震应急处理办法

地铁隧道及建筑物结构的设计能够承受烈度为Ⅺ级(毁灭性——房屋大量倒塌,路基堤岸大段崩毁,地表产生很大变化)的地震。等级较强的地震会导致轨道交通车站邻近建筑物、车站建筑物的损毁及倒塌,轨道线路位移或严重扭曲,列车出轨,车站、列车的电力中断等事故,从而引起沿线乘客的恐慌以及难以控制的地铁人潮,为应对这些严重后果,车站工作人员应严格执行地震应急处理办法。

(1)地震发生后,值班站长立即向行车调度员汇报是否影响行车;是否有人员、设备、线路、车辆受损;是否需要召唤紧急服务(公安、急救、消防)。

(2)一旦发生Ⅳ级(多有感——室内大多数人、室外少数人有感,悬挂物摆动,不稳器皿作响)以上强度地震,值班站长必须安排车站员工:

①亮起所有隧道灯。

②检查所有系统是否运作正常,特别是供电、通信、信号及环境控制系统运作状况。

③在确保自身安全的前提下,巡视车站建筑、设施,巡视出入口及站外情况,发现有任何异常情况,立即通知值班站长。

(3)值班站长接到车站巡视结果后,立即向行车调度员、故障报警中心报告设备、结构损毁情况。

(4)如果站台由列车停车,按照行车调度员指示立即对列车进行清客作业。

(5)停止所有作业,查看是否有故障人员或乘客受伤。若发现有任何人受伤,则立即展开救助工作。

(6)如发现建筑物损毁或阻塞,应立即疏散、封锁危险区域,安排人员驻守,制止他人接近。

(7)如地震强度较大,建筑物、设备设施损毁严重,则应立即执行车站紧急疏散程序。

地震发生后,列车司机应立即采取停车措施,打好止轮器,防止溜车,并迅速查明周围情况,组织乘客自救、互救工作。行车调度员应立即通知电力调度全线接触网(轨)停电,发布全线停运命令,采取一切手段了解人员、设备、设施损毁情况,迅速上报值班经理及公司领导。

3 恶劣天气应急处理办法

大风、雨雪等恶劣天气发生时,一方面会对线路、道岔等设备及地面行车带来不利影响,另一方面,会引起车站客流的增加,车站工作人员应按照恶劣天气应急处理办法及时采取疏导、限流等措施,消除各种隐患,确保乘客的乘车安全。

(1)大风、沙尘天气的危害及应急处理办法

当风力超过7级时可对车站运营造成影响,接到控制中心发布的有关恶劣天气的消息后,车站需检查悬挂物,以免脱落物砸伤乘客及员工;指派专人对站台上的可移动物品进行加固;督促保洁人员清理车站卫生;针对露天段车站应做好停运、客流疏散准备;如有其他异

常立即上报控制中心。

当列车遇大雾、暴风、沙尘天气,瞭望困难时,司机应及时将情况报告行车调度员或车站行车值班员,必要时开启前照灯,适时鸣笛,适当降低速度。当看不清信号、道岔时,要停车确认,严禁臆测行车。列车进入车站时,司机要适当降低列车速度,确保对标停车。运行中严禁盲目抢点。

(2)雪天的危害及应急处理办法

城市轨道交通运营线路出现大范围降雪时,钢轨冰冻会影响车辆的牵引制动,尖轨与基本轨无法紧密贴合,接触轨冰冻而无法与受流器接触造成机车无电,还会造成乘客摔伤等后果。值班站长应通知所有工作人员,通报恶劣天气的相关情况,做好雪天应急处置工作。

①站务人员应在出入口、楼梯口铺设防滑垫和提示牌,同时组织人力及时清扫出入口积雪。

②值班站长应通知保洁人员注意出入口、楼梯口等区域的卫生状况。

③站务人员应在客流量较大的出入口疏导乘客进出站。

④行车值班员应通过PA、PIS系统向进站乘客宣传安全、防滑的事项。

⑤行车值班员应通过CCTV系统密切关注进出站客流变化,并随时向值班站长汇报。

⑥值班站长应随时掌握运营现场和天气情况,并随时做好延长运营时间的准备工作。

⑦地面线路有道岔的车站,应做好道岔的清扫及融雪工作。

列车司机在运行中遇大雪、霜冻等恶劣天气时,应及时向行车调度员报告,并采取相应措施。运行中要严格控制列车速度,制动时要适当延长制动距离,制动力要尽量小,防止滑行,视其速度,根据情况追加或缓解,确保对标停车。

(3)雨天应急处理办法

①如遇突降大雨,值班站长应立即组织有关人员到出入口等处查看降水情况。

②站务人员应在各出入口铺设防滑垫,设立警示标志。

③地势较低的车站应立即放置防洪板、沙包,防止雨水灌入车站。若遇雨水较大而有可能发生倒灌事故时,应及时通知机电部门做好排水准备。

④值班站长应通过BAS系统查看雨水泵开启情况,如有异常立即保修。

⑤行车值班员应通过PA、PIS系统向进站乘客宣传安全、防滑的事项。

⑥站务人员应加强巡视,确保车站出入口、站厅、站台的客流秩序。关注出入口客流情况,向乘客发放一次性雨衣、伞套,宣传疏导其快速出站,不要再出入口停留。

⑦值班站长应立即准备雨天设备故障、长时间无车等特殊情况下的应对措施;根据现场情况,适当调配人员,做好限流准备,并及时挂出提示牌、张贴通告。

⑧针对露天段车站应加强站台巡视,督促保洁员做好地面清理工作。

 ## 复习与思考题

1. 城市轨道交通客运服务通用标准主要有哪些?
2. "六、五、四、三、五"工作法内涵是什么?

3. 如何正确领会值班站长"三字"工作法?
4. 客运值班员的岗位技能有哪些? 岗位职责是什么?
5. 行车值班员的岗位技能有哪些? 岗位职责是什么?
6. 售检票员如何严格执行"一收、二验、三找、四清"的一次作业程序?
7. 如何理解站台安全员"一迎、二接、三送"原则?
8. 车站行车作业的制度主要有哪些?
9. 城市轨道交通客运服务原则与规范有哪些?
10. 处理车站突发事件的原则有哪些?
11. 列车撞人、撞物事故如何处理?
12. 火警的处理原则是什么?

第二篇

城市轨道交通主要设备操作维护管理

单元 4

城市轨道交通车站主要设备操作维护管理

 教学目标

1. 掌握车站消防系统的构成,自动气体灭火系统的操作和 FAS 系统故障处理程序;
2. 掌握各种灭火器的使用方法;
3. 掌握自动扶梯的开启和关闭程序和常见故障的处理方法;
4. 掌握屏蔽门日常操作程序和故障处理程序;
5. 了解 AFC 设备常见故障种类,掌握各种故障处理方法。

 建议学时

12 学时

4.1 车站日常消防设备操作与故障处理

一、车站消防系统的构成

① 车站消防系统

城市轨道交通中涉及消防方面的系统有:防灾报警系统(简称FAS,Fire Alarm System)、自动气体灭火系统、机电设备监控系统、防排烟风机、给排水设备等。本单元所述的消防系统主要是指防灾报警系统(FAS)及自动气体灭火系统。

防灾报警系统(FAS)的探测点分布在站厅、站台、一般设备用房和管理用房等处所,对保护区域进行火灾监视,起到早发现、早通报并发送火灾联动指令的作用。

自动气体灭火系统布置在重要的设备房,如变电所高低压室、通信设备室、环控电控室、信号设备室等,可实现对这些房间全天候火灾监视及自动喷气灭火的功能。

② 防灾报警系统的组成及主要功能

防灾报警系统(FAS)用来探测包括地铁车站、区间隧道、车辆段等与地铁运营有关的建筑和设施的火灾信息,并发出火灾报警,启动有关防火、灭火装置,目的是保证地铁正常有序地运营,避免或降低灾害情况下造成的人员和财产的损失。

防灾报警系统(FAS)由火灾触发器件、火灾报警控制装置以及火灾联动控制装置组成。在地铁建筑物和设施发生火灾后,由火灾触发器件感知,传送信息到控制装置,控制装置启动相关警铃、闪光灯等报警设备。同时启动防排烟及灭火系统等设备,并联动控制卷帘门、门禁、广播、闭路监控等其他专业系统设备,启动各种消防设备,指挥人员疏散,控制火灾蔓延。

火灾触发器件包括自动和手动两种报警装置。自动报警装置通常指火灾探测器,常用的探测器有烟雾探测器(见图4-1)、温感探测器(见图4-2)、火焰探测器等;手动报警装置主要是手动报警按钮,如果被监视现场发现火情,可以通过手动报警按钮快捷、准确地向火灾报警控制器通报火情。

火灾报警控制装置(见图4-3)是火灾自动报警系统的心脏,是系统运行的指挥中心,担负着整个系统监视、报警、控制、显示、信息记录和档案存储等功能。正常运行时,自动监视系统的运行状态和故障诊断报警;有火灾时,接受探测器、手动报警按钮的报警信号,并将其转换成声光报警信号,指示报警部位,记录报警信息,通过自动灭火控制装置启动自动灭火设备和消防联动控制设备。

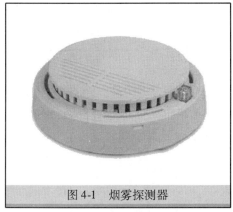

图4-1 烟雾探测器

图4-2 温感探测器

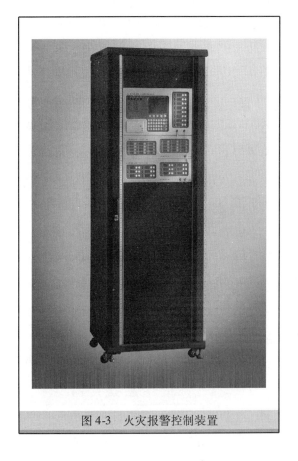

图4-3 火灾报警控制装置

 知识链接

火灾报警装置

火灾报警装置是火灾发生时以声、光、语音等形式给人以警示的一种消防设备,常用的有警铃、警笛等,是用以对气体灭火设备、水消防设备、防排烟设备、防火卷帘门等消防设施进行联动控制的设备。

在地铁系统中,火灾报警系统一般为两级管理、三级控制模式。两级管理为在地铁中央控制中心设置消防指挥中心,在各车站、车辆段、主变电所等处设置防火控制室作为车站级消防控制中心。三级控制为中央控制级、车站级及就地级消防控制。

二、消防设备设施操作及使用

车站工作人员必须了解和掌握车站基本的消防设备和设施的使用方法,如消火栓、灭火器、防烟面具、空气呼吸器等,掌握其配置情况,熟悉其配置地点,以便能独立熟练操作。

1 火灾自动报警设备的使用

火灾自动报警设备由火灾探测器、区域报警器和自动报警器组成。火灾发生时,探测器将火灾信号(烟雾、高温、光辐射)转换成电信号,传递给区域报警器,再由区域报警器将信号转输到集中报警器,其工作原理如图4-4所示。火灾自动报警设备,是地铁车站安全管理中必不可少的重要消防设施。因此,火灾自动报警设备一旦投入使用,就要严格管理,整个系统必须有专人负责,坚持昼夜值班制度。无关人员不得随意触动,切实保证全部系统处于正常运行状态。地铁中,火灾自动报警设备一般都安置在车站综控室内(地铁消防系统示意见图4-5)。

由于火灾自动报警装置连续不间断运行,加之误报原因比较复杂,因此报警装置发出少量误报在所难免,所以要求工作人员一旦接到报警,应先消音并立即赶往现场,待确认火灾后,方可采取灭火措施,启动灭火装置,并向消防部门和主管领导汇报。

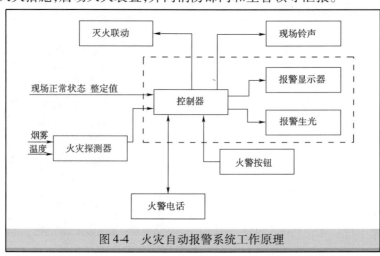

图4-4 火灾自动报警系统工作原理

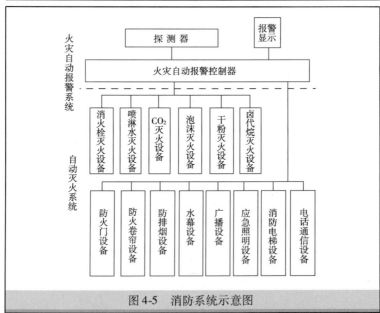

图4-5 消防系统示意图

2 消火栓的使用

消火栓(见图4-6)是消防供水设备的终端,在灭火时提供较高压力的水源供直接灭火或为消防车供水。消火栓的使用方法步骤如下:

（1）取水带。打开消火栓，取出水带。

（2）抛水带。右手成虎口形握住水带的两个接头，用五指扣压水带的外圈。同时，左手拇指和四指分别插入水带两头接口内，并握紧两个水带头，两手协力托住水带，用力向正前方抛出，左手握水带头向上抽拉，使水带向正前方摊开。

（3）接水带。右手将水带接头与消火栓接头对接，并顺时针转动至卡紧为此。

（4）接水枪，打开阀门，迅速拿起另一头水带接头，将水枪头接上水带接口，将消火栓消防阀轮按逆时针方向转动打开。

（5）灭火。射水时采取包围灭火战术，以阻火势和烟雾，使其向四周扩散，以便有效控制，直至将火扑灭。注意，用水灭火时如遇电气火灾，应先断电后灭火。

3 灭火器的使用

（1）二氧化碳灭火器的使用方法

灭火时只要将灭火器提到或扛到火场，在距燃烧物5m左右，放下灭火器拔出保险销，一手握住喇叭筒根部的手柄，另一只手紧握启闭阀的压把。对没有喷射软管的二氧化碳灭火器，应把喇叭筒往上板70°～90°。使用时，不能直接用手抓住喇叭筒外壁或金属连线管，防止手被冻伤。灭火时，当可燃液体呈流淌状燃烧时，使用者将二氧化碳灭火剂的喷流由近而远向火焰喷射。如果可燃液体在容器内燃烧时，使用者应将喇叭筒提起。从容器的一侧上部向燃烧的容器中喷射（见图4-7）。但不能将二氧化碳射流直接冲击可燃液面，以防止将可燃液体冲出容器而扩大火势，造成灭火困难。

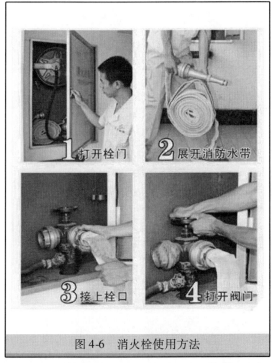

图4-6　消火栓使用方法

图4-7　二氧化碳灭火器使用方法

使用二氧化碳灭火器时，在室外使用时，应选择在上风方向喷射。在室内窄小空间使用时，灭火后操作者应迅速离开，以防窒息。

小贴士

二氧化碳灭火器的存放与检查

二氧化碳灭火器钢瓶内气体存量要按其说明书定期检查(称重),质量减少10%时应补充灌装。二氧化碳灭火器不能放在高温和日照的地方,存放处温度不能超过42℃。

(2)手提式1211灭火器的使用方法

使用时,应手提灭火器的提把或肩扛灭火器带到火场。在距燃烧处5m左右,放下灭火器(见图4-8),先拔出保险销,一手握住开启把,另一手握在喷射软管前端的喷嘴处。如灭火器无喷射软管,可一手握住开启压把,另一手扶住灭火器底部的底圈部分。先将喷嘴对准燃烧处,用力握紧开启压把,使灭火器喷射。当被扑救可燃烧液体呈现流淌状燃烧时,使用者应对准火焰根部由近而远并左右扫射,向前快速推进,直至火焰全部扑灭。如果可燃液体在容器中燃烧,应对准火焰左右晃动扫射,当火焰被赶出容器时,喷射流跟着火焰扫射,直至把火焰全部扑灭。但应注意不能将喷射流直接喷射在燃烧液面上,防止灭火剂的冲力将可燃液体冲出容器而扩大火势,造成灭火困难。

1211灭火器使用时不能颠倒,也不能横卧,否则灭火剂不会喷出。另外,在室外使用时,应选择在上风方向喷射;在窄小的室内灭火时,由于1211灭火剂也有一定的毒性,灭火后,操作者应迅速撤离,以防对人体造成伤害。

(3)推车式1211灭火器(见图4-9)的使用方法

灭火时一般由两个人操作,先将灭火器推或拉到火场,在距燃烧处10m左右停下,一人快速放开喷射软管,紧握喷枪,对准燃烧处;另一个则快速打开灭火器阀门。灭火方法与手提式1211灭火器相同。

图4-8 手提式1211灭火器　　图4-9 推车式1211灭火器

(4)手提式干粉灭火器(见图4-10)的使用方法

灭火时,可手提或肩扛灭火器快速奔赴火场,在距燃烧处5m左右,放下灭火器。如在室外,应选择站在上风方向喷射。

使用的干粉灭火器若是储气瓶式,操作者应一手紧握喷枪、另一手提起储气瓶上的开启提环。如果储气瓶的开启是手轮式的,则向逆时针方向旋开,并旋到最高位置,随即提起灭火器。当干粉喷出后,迅速对准火焰的根部扫射灭火。使用的干粉灭火器若是储压式,操作者应先将开启把上的保险销拔下,然后握住喷射软管前端喷嘴部,另一只手将开启压把压下,打开灭火器进行灭火。灭火器在使用时,一手应始终压下压把,不能放开,否则会中断喷射。

干粉灭火器扑救可燃、易燃液体火灾时,应对准火焰根部扫射,如果被扑救的液体火灾呈流淌燃烧时,应对准火焰根部由近而远,并左右扫射,直至把火焰全部扑灭。如果可燃液体在容器内燃烧,使用者应对准火焰根部左右晃动扫射,使喷射出的干粉流覆盖整个容器开口表面;当火焰被赶出容器时,使用者仍应继续喷射,直至将火焰全部扑灭。在扑救容器内可燃液体火灾时,应注意不能将喷嘴直接对准液面喷射,防止喷流的冲击力使可燃液体溅出而扩大火势,造成灭火困难。如果当可燃液体在金属容器中燃烧时间过长,容器的壁温已高于扑救可燃液体的自燃点,此时极易造成灭火后再复燃的现象,若与泡沫类灭火器联用,则灭火效果更佳。

使用磷酸铵盐干粉灭火器扑救固体可燃物火灾时,应对准燃烧最猛烈处喷射,并上下、左右扫射。如条件许可,使用者可提着灭火器沿着燃烧物的四周边走边喷,使干粉灭火剂均匀地喷在燃烧物的表面,直至将火焰全部扑灭。

(5)推车式干粉灭火器(见图4-11)的使用方法

推车式干粉灭火器的使用方法与手提式干粉灭火器的使用方法相同。

初起火灾范围小、火势弱,是用灭火器灭火的最佳时机。因此,正确合理地配置灭火器显得非常重要。

图4-10 手提式干粉灭火器

图4-11 推车式干粉灭火器

小贴士

干粉灭火器的存放和检查

干粉灭火器存放时应避免日照和高温,以防止钢瓶中的二氧化碳因温度升高而漏气。干粉灭火器的有效期一般为五年,检查时若发现指针指在红色区域开启使用过时,表明已失效,应送修。

三 自动气体灭火系统的操作及使用

1 自动气体灭火系统概述

城市轨道交通采用的气体灭火系统,主要有二氧化碳灭火系统、卤代烷灭火系统及烟烙烬气体灭火系统等。

二氧化碳自动灭火系统在20世纪初就开始得到了广泛的应用,也是一种至今仍在一些特定的场合大量使用的气体灭火系统,包括高压二氧化碳灭火系统和低压二氧化碳灭火系统。它主要是依靠高浓度的二氧化碳喷放至所保护的区域,使其中的氧气浓度急速下降稀释至一定浓度,并产生窒息作用,使燃烧无法继续进行下去。但此种灭火机理会严重影响停留在保护区域中的人员生命安全及健康。卤代烷灭火系统主要有1211灭火系统和1301灭火系统两种。

知识链接

1301灭火器名字的由来

1301灭火剂的化学名称为三氟一溴甲烷,分子式为CF_3Br,因其中碳原子(C)的数量为1、氟原子(F)数量为3、氯原子(Cl)的数量为0、溴原子(Br)的数量为1,故简称为卤代烷1301,也称为"哈龙气体"。由于卤代烷破坏臭氧层,对人类的大气环境造成极大的破坏,故而在近年遭到世界各国(包括中国)一致的禁止。

"烟烙烬"(INERGEN)是由惰性(INERT)和氮气(NITROGEN)两个英文名称缩写而成的。它是由几种特定的惰性气体经过简单的物理方式混合而成。这些特定的惰性气体包括氮气、氩气和二氧化碳,其中氮气占52%、氩气占40%,其余8%为二氧化碳。医学实验证明,人体在12.5%的氧气浓度和2%~5%的二氧化碳浓度的环境下呼吸,人脑所获得的氧量与正常的大气环境所获得的氧量是一致的。因此烟烙烬气体不会对人体造成直接伤害。

知识链接

烟烙烬自动气体灭火系统的优点

(1)灭火药剂由大气的气体组成,符合环保要求。

（2）保障现场工作人员的安全。

（3）不会产生任何酸性化学分解物，对精密贵重的设备无任何腐蚀作用。

因此，该系统成为目前世界上最流行的气体灭火器系统。

2 自动气体灭火系统的组成

自动气体灭火系统虽然有多种，但其主要组成部分都是相似的，均由管网系统及报警控制系统两大部分组成。下面以烟烙烬自动气体灭火系统为例进行说明，如图 4-12 所示。

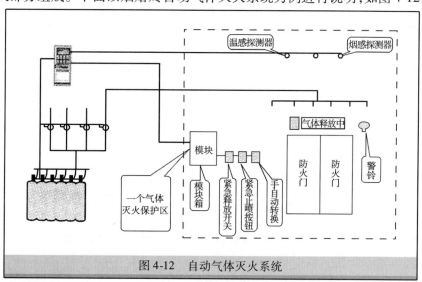

图 4-12 自动气体灭火系统

（1）管网系统

管网系统由气体钢瓶及 CV98 瓶头阀、不锈钢启动软管、电磁阀、高压软管、集流管、放气阀、单向阀、减压装置、选择阀、压力开关、喷嘴和气体输送管道组成。

（2）报警控制系统

报警控制系统由控制盘及外围辅助设备组成。控制柱是系统的核心部分，与外围设备一起实现系统的探测报警、自动喷气、手动喷气、止喷、手/自动切换等功能。图 4-13 所示为气体灭火控制盘面板图。

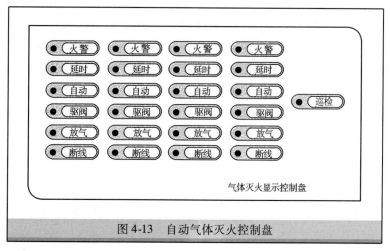

图 4-13 自动气体灭火控制盘

报警控制系统的功能如下：

①自动喷气。控制盘具有两个独立的区域探测回路。探测回路可以挂上普通灭火自动报警设备，如普通烟感、普通差定温感等。当某一路火灾报警时，控制盘启动联动设备（如关闭防火阀、关闭风机等），并同时控制警铃响，发出一级火灾报警信号给 FAS 系统。如另一路也报警时，控制盘鸣响蜂鸣器，发出二级火灾报警信号给 FAS 系统，经过 30s 延时后控制盘输出控制信号，启动对应区域的选择阀和对应主动瓶上的电磁阀，将烟烙烬气体释放到保护区内进行灭火。同时控制灭火区域外的"气体释放指示灯"闪亮。

②手动喷气。系统设有手拉启动器，手拉启动器一经人为拉下，系统即时对相应的保护区域进行喷气。

③止喷。系统设有紧急止喷按钮。紧急止喷按钮被按下后，系统会取消自动喷气，但能阻止手动喷气。

④手/自动切换。当手/自动转换开关处于自动状态时，系统可以实现自动喷气的一整套程序；当处在手动状态时，系统除了不能喷气外，仍然可以完成报警联动等其他功能，此时，需要拉下手拉启动器，系统才能喷气。

四 FAS 系统报警及故障处理

FSA 系统是城市轨道交通重要的安全设施，它对地铁火灾的监控起到至关重要的作用。对系统出现的故障进行及时处理和排除，方能有效地保证系统的实时性及可靠性。FAS 系统的故障按其性质可分为严重故障和一般故障两大类。对于前者，应立即进行紧急抢修，先通后复。以下就 FAS 系统控制主机出现的火灾报警、注意报警、故障报警、污垢报警、消防泵报警和手动报警等几个方面办理规则进行详述。

1 火灾报警

当 FAS 系统控制主机出现火灾报警时，一般按照下列程序处理：

（1）按压主音响停止按钮进行消音处理。

（2）值班员应携带灭火器、插孔电话立即赶赴现场进行确认，并及时将现场情况和处理结果通报车站综控室值班员。

（3）当现场未发生火灾时，车站综控室值班员在接到现场人员确认信息后，将情况报告控制中心，若因故障引起报警还应将情况通报机电维修中心进行检修，填记《FAS 运行登记簿》。利用钥匙开关将主机转换至"级别 2"位，按压复位按钮对系统进行复位，复位后将钥匙开关恢复至"级别 1"位。

（4）当现场确有火灾发生时，车站控制室值班员应立即通知值班站长启动火灾预案，组织救灾工作，并将情况报告控制中心、客运公司生产值班室、站区；车站控制室值班员应视现场火灾情况及时拨打 119 火灾报警，并利用钥匙开关将火灾报警控制主机转换至"级别 2"位，按压联动停止按钮，启动防灾运行模式并开启防灾广播；当消防员要求值班员手动启动消防泵或中心命令手动启动消防泵时，值班员可通过按压联动控制台的消防泵按钮，手动启动消防泵。当火灾处理完后，按压联动停止按钮、复位按钮、消防泵按钮、广播按钮，对系统进行复位，利用钥匙开关将主机恢复至"级别 1"位，并将火灾详细信息记录于《FAS 运行登记簿》。

(5)在火灾处理完后,还应将信息记录在《防灾系统日记》内。

❷ **注意报警、故障报警和污垢报警**

当FAS系统控制主机出现注意报警、故障报警和污垢报警时,一般按照下列程序处理:

(1)按压主音响停止按钮进行消音处理。

(2)值班员应携带插孔电话、灭火器立即赶赴现场进行确认,并及时将现场情况和处理结果通报车站控制室值班员。

(3)对于注意报警,车站控制室值班员在接到现场人员确认信息后,将报警及处理结果报告至控制中心并通知机电维修中心进行检修,填记《FAS运行登记簿》。

(4)对于污垢报警、故障报警,车站控制室值班员在接到现场人员确认信息后,将情况报告控制中心并通知机电维修中心进行检修,填记《FAS运行登记簿》。

❸ **消防泵报警**

当联动控制台出现消防泵报警时,一般按照下列程序处理:

(1)按压消音按钮进行消音。

(2)将情况报告控制中心并通知机电维修中心进行检修。

(3)将信息详情记录在《FAS运行登记簿》内。

❹ **手动报警**

当FAS系统控制主机出现手动报警时,一般按照下列程序处理:

(1)按压主音响停止按钮进行消音处理。

(2)值班员应携带灭火器、插孔电话立即赶赴现场进行确认,并及时将现场情况和处理结果报告控制室值班员。

(3)控制室值班员应根据情况按相关规定进行处理,报告控制中心并将信息详情记录在《FAS运行登记簿》内。

(4)处理完后,利用钥匙开关将主机转换至"级别2"位,按压复位按钮对系统进行复位,复位后将钥匙开关恢复至"级别1"位。

❺ **FAS系统故障原因与处理程序**

(1)FAS系统故障原因

FAS系统故障的原因可归纳为两大类:一类是严重故障;另一类是一般故障。

严重故障包括:FAS系统的站级功能全部丧失;FAS系统有一个以上的探测回路丧失工作能力,导致车站有大片区域失去火灾监视功能;FAS系统的站级计算机和控制盘显示LCD同时失效;气体灭火系统完全失去监视功能。气体灭火系统经常误报火警。

一般故障包括:FAS系统丧失中央级监控功能,但车站级功能完好;FAS系统线路故障,但不影响回路的监测功能,如接地等;个别烟感探测器报脏污,或个别模块损坏;消防电话故障;主机部分板号故障,但不影响整体的监视和控制功能;气体灭火系统部分辅助设备故障,如警铃等。

(2)FAS系统故障处理程序

①建立完善的故障受理制度,可以迅速进行消防系统设备故障的处理和管理。

②消防系统检修人员从维修调度处受理消防系统故障或在检修过程中发现系统故障,故障受理要按要求填写故障受理表格。

③消防系统设备发生故障时,有关维修人员应及时准确地作出判断(判明故障位置、故障原因等),积极组织修复,缩短故障时间,把故障的影响控制在最小范围内。若无法维修,应及时上报。

④如果系统处在完全或部分丧失火灾监控功能,抢修也无法马上恢复的情况下,维修人员应立即通知车站值班站长,说明情况,使其安排加强车站的火灾巡视。

⑤消防系统设备维修人员在故障处理完成之后,应对控制盘、模块箱等周围环境进行清理,并及时消点。

⑥故障维修完毕,及时填写故障处理登记簿,做好记录,归档备查。

⑦由消防维修班工班班长或专业工程师对维修情况及相关处理记录、登记簿作核查,确保维修质量。

⑧检修过程中,不能影响接口专业的运作,涉及接口的维修,应先与其他专业协调,并预先告知可能造成的影响,必要时在其他专业的监护下,进行检修。

⑨对于消防系统监控对象(防火卷帘门、防火阀等设备)故障而引起的消防系统功能障碍,维修时若需消防系统专业配合,消防系统维修人员应积极予以配合协作。

4.2 自动扶梯操作与故障处理

一 自动扶梯的开启与关闭

自动扶梯是带有循环运动梯路向上或向下倾斜输送乘客的固定电力驱动设备。按驱动装置位置可分为端部驱动自动扶梯与中间驱动自动扶梯。

自动扶梯主要由桁架、梯级、裙板、扶栏、驱动链、梯级链、减速机、电动机、主驱动轴、梯级链张紧装置、导轨、扶手带驱动装置、扶手带、梳齿板、控制系统、安全装置等组成,如图4-14所示。

1 自动扶梯的开启程序

当开始运转或停止自动扶梯时,需要按下列顺序进行操作,操作时应注意自动扶梯在上下两端各装有一个操作盘,任一操作盘都可以操作。

(1)开始运转之前应遵循的程序

①检查扶梯踏板、扶手带、梳齿板、裙板保护胶条(或毛刷),去除夹在里面的碎纸、小石子、口香糖等。

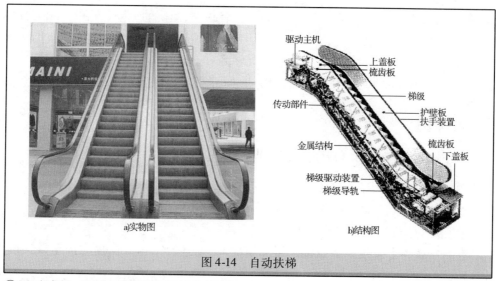

图 4-14 自动扶梯

②用手感触,确认裙板及竖板的润滑剂是否充分。
③确认自动扶梯周围的安全设施(三角警示牌、防止进入的栅栏等)有无破损等异状。
(2)启动运转时应遵循的程序
①把钥匙插入报警开关鸣响警笛,发出信号,告诉附近的人们自动扶梯即将运转。
②确认自动扶梯周围或扶梯踏板上没人时,把钥匙插入启动开关后,向想要使用的运行方向(上或下)旋转,自动扶梯则开始工作。放开手则钥匙回到中立位置,把钥匙拔出来。
③启动后须确认扶梯踏板和扶手带是否正常工作。如万一有异常声响或振动时,要立即按动紧急停止按钮,停住自动扶梯。
④确认正常运转之后,再试运转 5~10min 左右。
⑤在试运转中按动紧急停止按钮,确认工作情况。

2 自动扶梯停止运转的程序

①停止自动扶梯之前,须确认有无发生异常声音或振动。如有问题则使自动扶梯停止。
②鸣响警笛,通知乘客自动扶梯停止的警示。
③停止之前,不要让人进入自动扶梯的乘梯口。
④在确认自动扶梯附近或扶梯踏板上无人后再把钥匙插入停止开关进行操作,自动扶梯则停止。
⑤一天的运行结束后,要认真检查扶梯踏板、扶手带、梳齿板和保护裙板并清洁。
⑥为防止乘客将停用中的自动扶梯当楼梯使用,应用栅栏等挡住乘梯口,设置停用牌。

二 自动扶梯紧急停止操作

自动扶梯紧急停止操作时应遵循以下程序:
(1)要使用自动扶梯紧急停止按钮,需事先通知乘客。在紧急状态下不得不进行操作时,应大声通知乘客"紧急停止,请抓住扶手带"后,再进行操作。若莽撞从事,则有可能出现使乘客跌倒的危险。

(2)如在扶梯踏板上有乘客时而启动,则乘客有跌倒、受伤的危险,故在有乘客时绝对不能启动自动扶梯。

(3)在扶梯踏板上有人时,除发生紧急情况外绝对不能停止。

(4)在自动扶梯的运行中,要把钥匙拔出。

小贴士

自动扶梯钥匙管理注意事项

①操作时要用自动扶梯专用的钥匙。

②将钥匙装在钥匙箱内严格保管,除有关人员外不得借出。

(5)自动扶梯紧急停止时出现意外的处理方法:

①若在自动扶梯上发生乘客跌倒的紧急情况时,则站台工作人员用力按动乘梯口的紧急停止按钮。

②在重新开启扶梯之前,要确认造成紧急情况的原因,并予以排除。检查机器,如有异常及不明原因时,不得开梯,应及时通知维修人员进行维修。

三 地铁车站电梯常见故障处理

1 电梯故障处理原则

在运营期间对故障的处理要求"先修复后分析"。当维修人员接到故障报告后应在30min内赶到现场并开始进行处理。当维修人员自身无法处理故障而需要技术人员时,技术人员接到通知后应在1h内赶到现场协助处理。故障处理完毕后,维修人员汇报维修调度消除故障号并填写故障处理记录。重大设备故障由技术人员进行分析并提供故障处理分析报告,以避免今后出现同类故障,同时制定故障处理工艺。故障分析报告存入资料档案。

2 电梯抢修组织流程

(1)车站系统设备故障发生后,由维修调度员判断是否为重大故障,是否需要立即进行抢修。

(2)若为系统设备一般故障,在故障接报后,由工班长根据实际情况及当日的排班情况,派遣维修人员进行故障维修。若维修人员不能解决,工班长或技术人员必须到场协助解决。

(3)若为重大故障,维修调度员通知上级生产调度员进行抢修,生产调度员接报后组织电力、扶梯系统就近维修人员第一时间赶赴事故现场。同时通知维修工班长、专业工程师参加抢修。

(4)首先到场的专业维修人员应向控制中心维修调度员申请进行抢险作业。

(5)原则上系统专业工程师或工班长为现场抢修负责人,抢修人员必须服从现场总指挥的命令,不得各自为政。

(6)抢修作业完成后,由现场抢修负责人报告抢修情况,同时向维修调度员报告抢修结束。

3 电梯典型故障的分析与处理(见表4-1)

电梯典型故障的分析与处理办法表　　　　　表4-1

自动扶梯	现象:自动扶梯蛇形运行,相邻两梯级踏面防滑条不在同一直线
	原因: (1)梯级链张紧力左右不一致; (2)检查主机轴承温度,若过高,可能损坏轴承
	处理办法: (1)按调整工艺要求,收紧或放松张力弹簧,使两边梯级链张紧力一致; (2)更换主机轴承,步骤如下: ①断开驱动链、梯级链及扶手带驱动链; ②拆除附加制动器装置; ③确认吊挂主机轴承的空间,若不够,需要先将主机座吊装出来,再更换主机轴承
楼梯升降机	现象:楼梯升降机不能启动
	原因: (1)检查钥匙开关是否处于正确位置,其他钥匙开关在"0"位拔出; (2)急停开关是否动作; (3)主开关是否处于正确位置; (4)电源供给是否正常; (5)检查操作控制器是否损坏
	处理方法: (1)正确操作钥匙; (2)旋转或恢复急停开关; (3)打开主电源开关; (4)合上熔断保险和保护开关; (5)更换或修理
液压梯	现象:液压梯无法向上运行
	原因: (1)油泵不运行; (2)接触器未吸合或上行线圈未接、错接; (3)安全开关动作; (4)方向阀污染或堵塞; (5)导向安全阀污染; (6)导向控制过滤器污染或堵塞
	处理办法: (1)检查控制器和接线; (2)检查接线盒电子板; (3)检查安全回路并恢复; (4)清洗方向阀; (5)清洗安全阀; (6)清洗过滤器

续上表

液压梯	现象:液压梯在行驶中突然停止
	原因: (1)停电; (2)电流过大,空气开关跳闸; (3)安全回路开关动作; (4)门刀撞门锁滚轮、门锁断开; (5)平层感应器干簧管触点烧死,表现为一换速就停车; (6)接触器或继电器本身发生故障
	处理办法: (1)送电; (2)查找原因,更换保险丝或重新合上空气开关; (3)检查安全回路并恢复; (4)调整门锁滚轮与门刀的间隙; (5)更换干簧管; (6)更换接触器或继电器

4.3 屏蔽门操作与故障处理

一 屏蔽门日常操作

1 屏蔽门系统控制模式

屏蔽门系统控制模式设置有系统级、站台级、手动操作三种正常控制模式。系统级控制即执行信号系统命令的控制模式;站台级控制即执行站台就地控制盘 PSL 发出命令的控制模式;手动操作即站台工作人员在站台侧用专用钥匙解锁或由乘客在轨道侧推动解锁装置打开滑动门。此外,屏蔽门系统设置有火灾控制模式,即在相应的火灾模式下,车站值班人员在车站控制室操作消防联动盘、操作屏蔽门紧急控制开关,配合打开滑动门,疏散乘客和配合环控系统排烟。上述模式的控制优先权从高到低依次为手动操作模式、火灾控制模式、站台级控制模式、系统级控制模式。

2 屏蔽门系统功能

屏蔽门系统具有障碍物检测功能,即滑动门关闭时检测到障碍物,会后退作短暂停止以释放夹到的障碍物,然后再关闭,从而避免夹伤乘客。

屏蔽门系统与车站机电设备监控系统(EMCS)之间或主控系统(MCS)之间设有通信接口,用于传送屏蔽门系统运行状态、故障诊断信息,便于车站控制室人员、维修人员监视屏蔽门状态。

在站台监控亭设有屏蔽门系统控制器(PSA),车站工作人员、屏蔽门维修人员可在此 PSA 上监控屏蔽门运行状态,查看或下载屏蔽门系统运行历史记录,修改或上传屏蔽门系统控制程序、参数等。

❸ 屏蔽门系统设备运行操作程序

(1)屏蔽门系统启动与关闭

①屏蔽门系统启动操作步骤。

a. 先后合闸为驱动不间断电源(UPS)供电以及为控制不间断电源供电。

b. 先后按照驱动不间断电源开机指引,启动驱动不间断电源工作,按照控制不间断电源开机指引,启动控制不间断电源工作。

c. 在系统配电柜顺序闭合门单元供电、系统控制器供电开关,进入待机状态;启动屏蔽门监视器的系统诊断软件(SMT)。

d. 确认在列车未进站时,所有门单元关闭并锁紧(必要时应试验站台就地控制盘 PSL 的开关门操作)。

②屏蔽门系统的并闭步骤。

a. 确认所有门单元关闭并锁紧;操作屏蔽门监视器退出屏蔽门系统诊断软件和操作系统。

b. 在系统配电柜顺序分断系统控制器供电、门单元供电开关。

c. 先后按照不间断电源停机指引,停止控制不间断电源和驱动不间断电源工作。

d. 先后断开控制不间断电源供电和驱动不间断电源供电。

(2)屏蔽门正常运行

屏蔽门系统正常运行时采用系统级控制,当需要站台级控制操作时,须遵守站台就地控制盘 PSL 操作方法。该操作方法如下:

①将操作钥匙插入站台就地控制盘 PSL 的 OPERATION ENABLE 钥匙开关锁孔内(原始位置为 OFF)。

②开门时,顺时针转动钥匙打至 DOOR OPEN 位置并停留(不能拔下钥匙),此时滑动门开始打开,站台就地控制盘 PSL 上 DOOR OPEN 指示灯亮;滑动门完全打开后,站台就地控制盘 PSL 上 DOOR OPRN 指示灯灭,门头灯长亮,此时完成一次站台就地控制盘 PSL 开门操作。

③关门时,按前面操作,逆时针转动钥匙打至 DOOR CLOSE 位置并停留(不能拔下钥匙),此时滑动门开始关闭,站台就地控制盘 PSL 上 DOOR CLOSE 指示灯亮,门头灯闪亮;滑动门完全关闭后,站台就地控制盘 PSL 上 DOOR CLOSE 指示灯和门头灯灭,同时滑动门/应急指示灯亮,此时完成一次站台就地控制盘 PSL 关门操作。

④关门操作完成后,继续逆时针转动钥匙打至 OFF 位置后,拔下钥匙,退出站台就地控制盘 PSL 操作。

(3)滑动门人工操作开门

①适用范围。当控制系统电源不供电,或个别屏蔽门单元发生故障,或其他紧急需要时,由站台人员或乘客对屏蔽门进行操作。

②操作过程如下:

a. 站台工作人员在站台侧滑动门上,用菱形三角形钥匙逆时针旋转操作滑动门人工解锁机构解开闸锁锁栓,并推开门扇;或乘客在轨道侧压住滑动门绿色锁把,并推开门扇打开屏蔽门。

b. 执行此操作时,屏蔽门系统监视器上的"滑动门/应急门手动操作"状态指示灯点亮,并在屏蔽门监视器的液晶显示器上反映出手动操作的具体位置及操作状态信息显示。手动操作打开滑动门后,如门单元正常且门控制单元(DCU)能正常工作,则在15s后自动关闭滑动门。

c. 手动操作打开滑动门后,如有需要,保持滑动门的打开状态,应断开该门单元的供电、隔离,并加强监控,防止人员跌入轨道。

(4)滑动门人工操作关门

①适用范围。当屏蔽门单元发生故障时,由站台工作人员对屏蔽门进行操作。

②操作过程如下:

a. 打开门单元前盖板,关闭该单元门的就地供电负荷开关。

b. 小心、慢速推动门扇至全关闭位置。

c. 由于关闭了门头电源,在屏蔽门系统监视器上将有该门单元的报警显示。

(5)关于门单元门头模式开关说明

①每个门单元有三个工作方式,即正常模式、隔离模式和测试模式,通过操作门头模式开关选择其中一个工作方式。

②当门单元无故障,处于正常运营工作状态时,选择正常模式。

③当门单元出现故障,无法正常工作时,选择隔离模式。

④测试模式由维修保养人员使用,在这种模式下,需要有门机内的测试开关配合使用。

(6)关于屏蔽门关门故障物检测功能的说明

屏蔽门在关门过程中,遇有障碍物(如乘客或其他物体)阻挡关门时,如门控器检测到关门的阻力大于设定值,则门控器进入关门障碍物处理功能,即滑动门立即停止关闭,并反向打开50cm,解脱被夹的障碍物,稍作停留后,低速继续关门至原来检测到障碍物的位置,如障碍物已不存在,则以正常速度完成关门。如障碍物继续存在,则上述过程重复四次后,一直打开该滑动门(并发出报警)。

(7)屏蔽门火灾模式使用及注意事项

①火灾模式使用。屏蔽门火灾模式操作开关为钥匙开关,安装于各站车站控制室内的消防联动盘上,每侧站台分别设置一个操作开关,需要打开某一侧的屏蔽门时,采用专用钥匙插入对应的开关钥匙孔,顺时针方向拧转钥匙即可打开屏蔽门。打开后如把钥匙逆时针拧回(或取下钥匙),屏蔽门将不会自动关闭。

②屏蔽门火灾模式使用注意事项:

a. 屏蔽门火灾模式仅适用于火灾模式启动时使用。

b. 正常运营时,勿将专用的操作钥匙插入操作开关的钥匙孔,以免引起误操作,特别要避免在运营期间误操作而开门。

c. 屏蔽门火灾模式控制不设置关门功能,如需要关闭屏蔽门,可采用站台就地控制盘 PSL 关门。

二 屏蔽门故障处理程序

1 屏蔽门故障处理分析流程

(1) 屏蔽门系统级故障处理分析流程(见图 4-15)

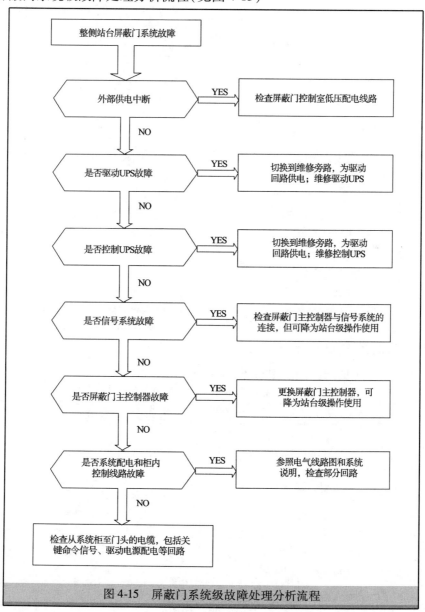

图 4-15 屏蔽门系统级故障处理分析流程

(2) 屏蔽门站台级故障处理分析流程（见图 4-16）

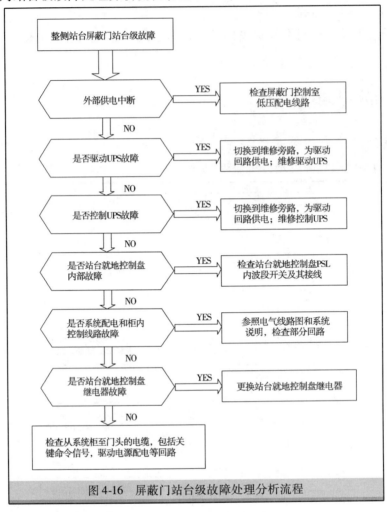

图 4-16　屏蔽门站台级故障处理分析流程

2 屏蔽门故障处理程序

（1）一扇屏蔽门不能关闭的处理程序（见表 4-2）

一扇屏蔽门不能关闭的处理程序　　　　　　　表 4-2

负　责　人	处　理　程　序
列车驾驶员	(1) 驾驶室未能接受屏蔽门关闭信号； (2) 通知 OCC，要求站务员到场处理； (3) 等待站务人员到站台处理及作出配合； (4) 必要时通知乘客并向乘客表示歉意； (5) 随时向 OCC 汇报情况
值班站长	(1) 在 IBP 检查并确定屏蔽门位置； (2) 安排站务人员到站台视察及处理； (3) 通知 OCC 有关情况； (4) 向故障报警中心通报； (5) 通知乘客使用其他车门上车，并利用广播系统或乘客信息系统向乘客表示歉意； (6) 尽快处理情况，让列车出站

续上表

负责人	处理程序
站台站务员	(1) 若故障信息是驾驶员关门时发现的,需到故障屏蔽门处确认是否有物体阻碍其关闭; (2) 若有则取出,告知驾驶员重新关闭屏蔽门; (3) 若屏蔽门仍不能正常关闭,则用专用钥匙隔离,将该滑动门就地控制盒(LCB)打到手动位,手动关闭该扇滑动门后通知驾驶员; (4) 客流高峰期时,可保持该车门为常开,但应有站务员留守

(2) 一扇屏蔽门不能开启的处理程序(见表4-3)

一扇屏蔽门不能开启的处理程序 表4-3

负责人	处理程序
值班站长	(1) 在IBP检查并确定屏蔽门的位置; (2) 立刻通知OCC和故障报警中心; (3) 安排车站职员到站台视察及处理; (4) 通知乘客使用其他车门上车,并利用广播系统或乘客信息系统向乘客表示歉意; (5) 随时向OCC汇报现场情况
站台站务员	(1) 发现故障或接到通知后应立即赶到现场; (2) 立即到站台引导故障屏蔽门处的乘客上下车,并用专用钥匙将该故障滑动门就地控制盒(LCB)打到手动位; (3) 贴上"此门故障"告示

(3) 多扇屏蔽门不能正常开启的处理程序(见表4-4)

多扇屏蔽门不能正常开启的处理程序 表4-4

负责人	处理程序
站务员	(1) 发现故障或接到通知后应立即赶到现场处理; (2) 手动打开部分门(确保没有连续不能开启的门即可)上下乘客,待驾驶员关闭车门、屏蔽门后,查看屏蔽门关闭情况,如无法关闭处理程序,按多对不能关闭程序处理
车站值班员	(1) 接到值班站长屏蔽门故障的通知后,应立刻到站台协助处理; (2) 手动打开部分门(确保没有连续不能开启的门即可)上下乘客
值班站长	(1) 接到屏蔽门故障信息后,应及时通知巡视岗和车站督导员到站台处理; (2) 将信息报行车调度员和故障报警中心; (3) 跟进屏蔽门维修情况,并将屏蔽的故障和修复情况报行车调度员

(4) 多扇屏蔽门不能正常关闭的处理程序(见表4-5)

多扇屏蔽门不能正常关闭的处理程序　　　　　　　　　　表 4-5

负责人	处理程序
站务员	(1) 收到故障信息后,在驾驶员关闭车门、屏蔽门后须逐个确认不能关闭的屏蔽门与列车间的空隙安全; (2) 按照"没有连续的不能开启的门"的原则切除部分屏蔽门上下乘客,加强对未关闭屏蔽门的监控,确保安全; (3) 维护好站台秩序,防止乘客落轨
车站值班员	(1) 接到故障信息后,到站台处理; (2) 到故障侧头端操作屏蔽门站台就地控制盘(PSL)进行"互锁解除"
值班站长	(1) 将故障信息报行车调度员和故障报警中心; (2) 督促、跟进屏蔽门维修情况,并将屏蔽门的故障和修复情况报行车调度员; (3) 安排巡视岗监控处于打开的状态,防止屏蔽门处乘客跌入轨道

注:列车进站或停在车站时,须停止对屏蔽门的维修。

4.4 自动售检票系统操作与故障处理

一 自动售检票系统常见故障分析与处理

1 自动检票机开(关)机操作

在日常运作中,一般的自动检票机软件故障均可通过重启(开关机)设备进行处理,重启工作可由站务员完成。具体的操作顺序为:打开维修门→关闭配电盘的开关→打开通道维修门→打开配电盘的开关。

关机时,将钥匙沿顺时针方向转动,打开维修面板,输入操作员号(ID)和密码,将配电盘的开关关闭,如图 4-17 所示。

开机时,将钥匙插入并沿顺时针方向转动,向上、向外倾斜提起并打开维修门,将电源开关打向 ON 方向,将配电盘的开关打向 ON 方向。

2 自动检票机更换票箱操作

出站自动检票机设有单程票回收系统,有效单程票通过出站自动检票机时,会被回收进自动检票机票箱内。由于票箱具有一定的容量,在票箱将满或已满时,自动检票机会发出报警提示,以提醒车站人员及时对票箱进行更换。如果没有及时更换,闸机将进入暂停服务模式。一般情况下,车站需在出站自动检票机票箱将满时进行更换,也可根据实际需要进行更换。

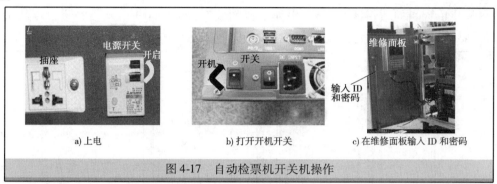

图 4-17 自动检票机开关机操作

更换自动检票机票箱时,打开自动检票机的维修门后,按维修面板显示要求输入正确的操作员号(ID)和密码,验证成功登录后,选择运营服务中的更换票箱操作,在更换票箱操作中选择取下票箱,当票箱电动机完全降下后,双手取出票箱,如图 4-18 所示。拆卸票箱的工作过程如下,与安装方法一样要按照顺序进行,在完成当前动作之前不能进入到下一个动作。

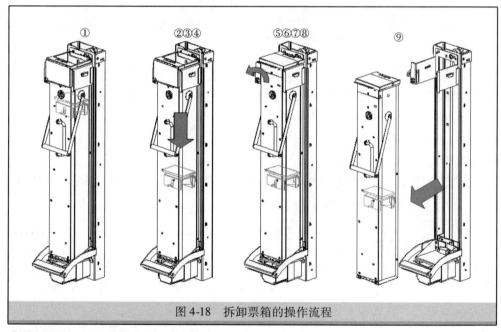

图 4-18 拆卸票箱的操作流程

①接受来自上位机的票箱更换命令;
②托盘向下移动;
③检测车票的最高位置,当检测到车票的最高位置低于指定位置时,停止移动托盘;
④关上顶盖;
⑤打开工作锁(顶盖被锁上);

⑥托盘被固定；
⑦拨动开关至"OFF"；
⑧托盘移动机构下降；
⑨拆卸票箱。

将装满单程票的票箱拆卸下后，更换上空的票箱，如图4-19所示。安装票箱的工作过程如下，要按顺序进行，在完成当前动作之前不能进入下一个动作。

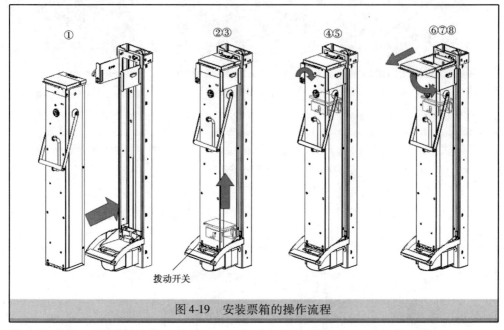

图4-19 安装票箱的操作流程

①安装票箱。利用票箱前面的把手，以水平方向把票箱小心地安装在 ID Connector 上。
②检测票箱安装到位（检查票箱 ID）。
③拨动开关到"ON"。
④托盘移动机构带动托盘向上移动。
⑤检测车票最高位置。当检测到车票最高位置到达指定的位置时，停止移动托盘。
⑥锁上工作锁（顶盖锁机构松开）。
⑦固定托盘的机构松开，打开顶盖。
⑧回收或发售模块初始化。

票箱安装完毕后，在维修面板中选择安装票箱，退出维修面板并注销，推进并关好维修门。设备读到不同的票箱 ID 后计数器清零，完成票箱更换工作，随后站务员将换出的票箱运回票务收益室进行清点。

❸ 几种常见自动检票机故障的处理

（1）卡票的处理

卡票是指单程票在经出站自动检票机单程票回收系统导入相应的票箱过程中，因车票问题，如边缘变形、过厚等，导致车票不能顺利导入储票箱，卡在导入系统的某个位置的现象。发生卡票故障后，自动检票机将不再接收单程票，但能正常处理储值票。处理卡票问题时，站务员应先查看投票口及单程票通道，将卡住的单程票取出，并重启自动检票机。若仍不能正常，需联系专业维修人员进行处理。

（2）启动自动检票机后亮起报警灯的处理

启动自动检票机后，报警灯亮起红灯，其原因可能是有通行传感器被遮挡住。在正常启动自动检票机后，设备内部逻辑会对通行传感器进行测试，如果测试失败会亮起报警灯。这种问题一般是通行传感器的透窗被灰尘或异物遮挡导致，站务员应打开维修门，并对通行传感器透窗进行清洁并重启设备。

（3）自动检票机屏幕显示"网络连接失败"的处理

正常启动自动检票机后，乘客显示器显示"网络连接失败"，这是由于网络出现故障造成的，通常站务员应向值班站长报告，并组织专业人员查看以下方面：

①检查自动检票机和服务器之间的网络连接是否正常；

②检查系统服务器软件是否正常运行。

（4）自动检票机启动后乘客显示器没有显示的处理

正常启动自动检票机后，发现乘客显示器没有显示，这是由于自动检票机内部工控机没有开机或显示器处于关闭状态，站务员应打开维修门，查看工控机的电源开关是否打开，若工控机电源在打开状态，则查看显示器电源，并开启。

二 自动售票机常见故障分析与处理

站务员在日常工作中，需掌握对自动售票机各种状态、模式的识别，加强对自动售票机的巡视检查，确保自动售票机能正常提供服务。同时，对自动售票机乘客购票界面的操作也应熟练掌握，以便能为乘客购票提供准确指引。

1 自动售票机常见运营模式的识别

自动售票机可运行在多种模式下，这些模式可以通过车站计算机下达参数设置，也可以根据自动售票机模块的状态进行自动调整。运行模式主要有正常服务模式、停止服务模式和限制服务模式三种。自动售票机处于正常服务模式时，能提供所有设计要求的服务，单程票发售、储值票充值功能可用，支付方式不受限制，乘客信息显示器显示"正常服务"等字样。当自动售票机发生卡票等故障或运营结束后，或车站人为设置停止服务后，自动售票机进入停止服务模式，乘客信息显示器和触摸屏显示"暂停服务"字样。

当自动售票机内部各模块中任一模块状态不良而其他模块正常时，自动售票机会自动进入限制服务模式，只具备部分功能，一般包含只售单程票、只收硬币、只收纸币、不找零、只充值几个子模式。当自动售票机充值功能模块无法使用时，进入只售单程票模式，只能发售单程票，不充值，乘客信息显示器显示"只售单程票"字样，此时，站务员引导需要充值的乘客在票务处充值。

当纸币接收器和储值票模块无法使用时，进入只收硬币模式、不接收纸币购票，乘客信息显示器显示"只收硬币"字样，此时，站务员应及时报告值班员，对自动售票机补充硬币。当硬币接收器和储值票模块无法使用时，进入只收纸币模式，不接受硬币购票，乘客信息显示器显示"只收纸币"字样，如乘客没有携带相应币种的纸币时，站务员应主动引导乘客到票务处兑换相应纸币购票。

当找零模块发生故障时,进入不找零模式,购单程票时不能找零,当投入金额超过应付金额时,多余金额给下一笔交易使用,乘客信息显示器显示"不找零"字样,此模式涉及乘客利益,国内城市轨道交通一般不适用该模式。当纸币接收器、硬币接收器、单程票发售模块和找零模块无法使用时,进入只充值模式,不能发售单程票,只接受充值业务,乘客信息显示器显示"只充值"字样。

② 自动售票机乘客操作界面的操作

自动售票机是自助型系统设备,城市轨道交通车站内会有部分乘客对该系统的操作不熟练,站务员应主动、热情地提供操作引导服务。因此,站务员应熟练掌握自动售票机的购票操作。指引乘客使用自动售票机购票、充值时,通过乘客操作界面实现点选操作。常见的自动售票机乘客操作界面,如图4-20所示。

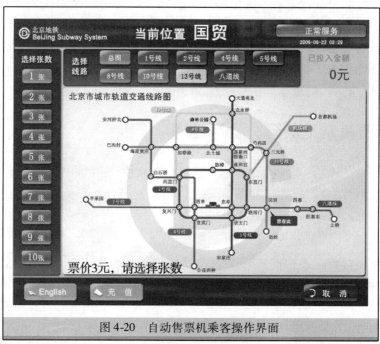

图4-20　自动售票机乘客操作界面

地图区域能清晰显示线网地图,能实现地图的缩小、扩大及水平移动,当乘客点击某车站时,以该车站为中心的附近几个车站会被放大显示,以便于乘客正确选择目的地站购票。

选择线路区域提供了按线路分类的按钮,当乘客点击选择要乘坐的线路时,该线路在地图区域放大,方便乘客快速、准确地点选目的地站。运营及票卡选择区域可以实现按票价直接购票,为熟悉轨道交通票价的乘客提供了便利。

时间区域能实时显示当前的日期与时间。功能选择区域提供了乘客选择或确认的按钮,如中、英文切换按钮和充值操作按钮等,实现相应的功能选择。信息提示区域主要用于向乘客显示相应情况下的信息。状态区域显示了自动售票机 TVM(Ticket Vending Machine)当前运营的信息。

3 自动售票机充值操作

乘客使用现金在自动售票机上进行储值票充值时,自动售票机通常可接收第四版50元和100元人民币以及第五版20元、50元和100元人民币五种币种充值。具体操作流程大致分为:在主界面选择充值按钮→插入储值卡→支付储值票充值金额→设备对储值票充值→返还储值票等几个步骤,储值卡充值界面如图4-21所示。乘客从开始充值后至支付充值金额之前都可以取消交易,点击取消按钮或者一定时间内没有任何操作时返还投入的储值票并返回初始界面。

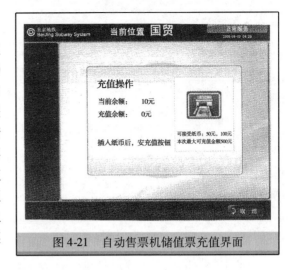

图4-21 自动售票机储值票充值界面

4 自动售票机几种常见故障与处理(见表4-6)

自动售票机几种常见故障与处理　　　　　表4-6

序号	故障现象、原因及解决办法
1	现象:自动售票机启动后显示"只收纸币" 原因:硬币处理模块有卡币或者硬币箱没有正确安装 解决办法: (1)启动设备后机器内部逻辑会对硬币模块进行测试,如果测试失败会进入"只收纸币"状态,这种问题一般是有硬币识别模块被硬币或其他异物堵塞所导致,此时应检查硬币识别模块并重启设备。 (2)正确安装硬币箱
2	现象:自动售票机屏幕显示"网络连接失败" 原因:是由于网络出现故障造成的 解决办法: (1)检查自动售票机和服务器之间的网络连接是否正常; (2)检查系统服务器软件是否正常运行
3	现象:自动售票机屏幕显示"只收硬币" 原因:是纸币识别模块有卡币或者纸币钱箱没有正确安装 解决方法: (1)纸币识别模块被纸币或其他异物堵塞导致,请检查纸币识别模块并重启设备; (2)正确安装纸币钱箱
4	现象:自动售票机屏幕显示"无找零" 原因:是硬币识别模块内没有放入找零用硬币或者硬币找零钱箱没有正确安装 解决办法: (1)放入找零用硬币; (2)正确安装硬币找零钱箱

续上表

序号	故障现象、原因及解决办法
5	现象:自动售票机屏幕显示"只充值"
	原因:单程票发售模块内没有放入车票或者票箱没有正确安装
	解决办法: (1)放入发售用车票; (2)正确安装票箱
6	现象:自动售票机启动后显示"暂停服务",不能进入工作状态
	原因:可能是由于维修门没有关上
	解决办法:检查维修门并将维修门全部关紧上锁
7	现象:自动售票机屏幕显示"只发售"
	原因:储值票读卡器有故障或连接错误
	解决办法:联系厂家更换储值票读卡器,或检查连接线缆
8	现象:自动售票机启动后乘客显示器没有显示
	原因:自动售票机内部工控机没有开机或显示器处于关闭状态
	解决办法:打开工控机电源或打开显示器电源

三 半自动售/补票机常见故障分析与处理

半自动售/补票机作为站务员发售车票、处理乘客事务的专用设备,主要用于出售车票、充值、分析车票状态、查询车票历史记录、对问题车票进行处理(如超时、超程车票,进出站次序错误车票等)。在日常工作中,站务员需要熟练掌握对半自动售/补票机的操作,以便迅速、准确地为乘客提供车票发售、充值等服务。AFC 系统为每个操作员都设定了唯一的操作员号(ID)和密码,任何人使用设备时,必须首先使用 ID 和密码登录设备,才能进入设备的操作界面进行业务操作。

1 登录操作

打开半自动售/补票机电源,系统启动后,半自动售票机主程序自动以全屏方式运行。此时,操作界面中各功能模块(如"分析车票"和"数据查询"等)的功能按钮均处于未激活状态,需要点击"班次登陆"按钮,输入班次操作员号(ID)和密码,进入程序主界面后,这些按钮才会根据该操作员的权限相应的被激活,操作员可开始系统允许的功能操作。

2 单程票发售操作

票务员登录半自动售/补票机后,单击车票发售,进入车票发售的单元界面。其具体操作流程如下:
①选择目的站;

②选择售票张数；
③选择每张票的单价；
④输入实收金额；
⑤单击发售按钮。

3 补出站票操作

票务员登录半自动售/或补票机后，单击车票发售，进入车票发售的单元界面。其具体操作流程如下：

①选择车站；
②输入补票金额；
③输入实收金额；
④单击发售按钮。

4 储值票操作

(1) 储值票发售

储值票发售是指第一次发售充值，即储值票开卡。票务员将要发售的储值票放在储值票读卡区，单击主界面的储值票按钮，在储值票操作中单击储值票发卡，储值票发卡时，须向乘客收取 20 元押金。其具体操作流程如下：

①选择充入金额；
②输入实收金额；
③单击发卡按钮。

(2) 储值票充值操作

票务员为乘客办理储值票充值时，将储值票放在读卡区，单击储值票按钮，进入储值票操作界面。其具体操作流程如下：

①选择充入金额；
②输入实收金额；
③单击充值按钮。

(3) 储值票退卡

乘客在将储值票退卡时，票务员将要退的储值票放在储值票读卡区，单击主界面的储值票按钮，在储值票操作中单击储值票退卡；储值票退卡时，在检查储值票完好后，须向乘客返还 20 元押金。其具体操作流程如下：

①输入实退金额；
②单击确定按钮。

5 车票分析

车票分析是指通过半自动售/补票机分析车票的信息。票务员在接到乘客提供的车票后，首先必须进行车票分析，并根据分析的结果进行后续处理。首先选择是付费区操作还是非付费区操作，将要分析的车票放在读卡区，点击"分析车票"按钮，就能在车票状态栏看到票卡当前的状态，如车票票卡号、种类、最近一次进出站的车站、进出站时间、车票余额等信息，同时在分析结果栏显示出系统对票卡状态进行分析的结果。

❻ 半自动售/补票机几种常见故障分析与处理（见表4-7）

半自动售/补票机几种常见故障分析与处理　　　　表4-7

序号	故障现象、原因及解决方法
1	现象：半自动售/补票机无法正常充值
	原因：储值卡读卡器没有正常连接
	解决办法：正确连接储值卡读卡器
2	现象：半自动售/补票机屏幕显示"网路连接失败"
	原因：是由于网络出现故障造成的
	解决办法： (1)检查半自动售票机和服务器之间的网络连接是否正常； (2)检查系统服务器软件是否正常运行
3	现象：半自动售/补票机乘客显示器没有显示
	原因：可能是由于乘客显示器电源没有打开或者连接错误
	解决办法：打开乘客显示器电源或者检查线缆连接
4	现象：半自动售/补票机不能打印凭条
	原因：可能是由于打印机电源没有打开或者打印纸已经用尽
	解决办法：检查是否打开打印机电源或者正确安装打印纸
5	现象：半自动售/补票机无法发售单程票
	原因：单程票发售模块内没有放入车票或者票箱没有正确安装
	解决办法： (1)放入发售用车票； (2)正确安装票箱
6	现象：半自动售/补票机启动后显示"暂停服务"不能进入工作状态
	原因：可能是由于维修门没有关上
	解决办法：检查维修门并将维修门全部关紧上锁
7	现象：半自动售/补票机打印的凭条没有内容
	原因：打印机色带没有安装或者已经用尽
	解决办法：正确安装色带或更换色带
8	现象：半自动售/补票机启动后操作员显示器没有显示
	原因：半自动售/补票机内部工控没有开机或显示器处于关闭状态
	解决办法：打开工控机电源或打开显示器电源

❼ 日常维修办法

为了保证半自动售、补票机能够长期安全有效地运行，应该定期对机器进行维护，在日常维护中应该注意以下几个方面：

(1)触摸显示器保持洁净，没有灰尘或其他异物附着。

(2)出票口不可异物遮挡。

(3)不锈钢机壳表面定期进行清洁，应使用不锈钢保养油。

(4)机器表面防止硬物划伤,保持表面光洁,擦拭时应使用柔软清洁材料。
(5)电源插头防止氧化、玷污、损伤而漏电伤人。
(6)勿折网线,避免接头损伤。
(7)避免硬物撞击售票机。

 复习与思考题

1. 简述 FAS 的组成及其功能。
2. 简述 FAS 在火灾报警情况下的处理程序。
3. 简述自动扶梯紧急停止程序。
4. 简述站务员在站台屏蔽门多扇打不开时的处理办法。
5. 简述自动售票机的充值操作方法。

单元 5

城市轨道交通其他主要设备操作维护管理

 教学目标

1. 了解城市轨道交通车辆的运行、检修管理体制；
2. 熟悉城市轨道交通车辆的检修制度；
3. 了解接触网安全工作规程；
4. 掌握接触网检修作业要求；
5. 了解通信与信号设备维修保养要求；
6. 熟悉线路检修规程。

 建议学时

10 学时

5.1 城市轨道交通车辆运用与检修管理

一 城市轨道交通车辆的运行、检修管理体制

城市轨道交通车辆的运行、检修工作是城市轨道交通系统的重要组成部分。随着城市轨道交通的发展,许多城市已逐步形成网络,城市轨道交通网络管理的统一化、总体化的综合管理被引起广泛重视。对城市轨道交通车辆建立适应城市轨道交通网络要求的运用和检修管理体制,实现城市轨道交通车辆设备资源、人力资源统一管理、综合利用以及管理的集约化、规模化、规范化是提高车辆运行、检修工作效率、运行质量、社会效益和经济效益的有效途径,已成为城市轨道交通车辆的运用和检修工作的目标。

1 城市轨道交通车辆的运用和检修的流程及其评估

(1)城市轨道交通车辆的运用和检修工作的流程

城市轨道交通车辆的运用和检修工作的流程如图5-1所示。

图中虚线框中程序属于车辆检修单位(部门)的工作范围,双点画线框中程序属于车辆运用单位(部门)的工作范围。

运营公司根据客流情况、公司车辆配属量及车辆检修需要制订乘客运输计划,确定列车运行图,确定列车的需用计划,进入车辆检修和运用单位(部门)的工作程序。

①车辆运用的主要工作范围。车辆运用单位(部门)根据得到批准的列车检修计划将需要进行检修的列车交车辆检修单位(部门)对检修列车进行检修。

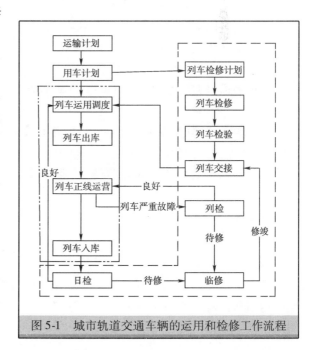

图 5-1 城市轨道交通车辆的运用和检修工作流程

掌握运用列车的情况进行列车和列车司机的合理调度,按照确定的列车运行图安排运用列车和列车司机,进行每日的列车运营。

在运营列车发生掉线、退出运营与运用列车发生临修、不能投入次日运营时,安排让备用列车投入运营。

车辆运用单位(部门)还应安排列车司机在车辆检修单位(部门)对列车检修列车的调试工作,配合进行列车的动态调试工作。

②车辆检修的主要工作范围。车辆检修单位(部门)根据列车的需用计划制订列车检修计划。制订列车检修计划时应统筹考虑列车的修程和车辆检修设备等检修条件,在保证运输需求和列车运行质量的前提下细致地制订计划。列车检修计划在得到批准后,车辆检修单位(部门)应认真组织实施,按车辆检修规程和检修工艺,在列车修竣并经检验合格后与车辆运用单位(部门)进行列车交接,修竣列车作为完好列车纳入运用列车范围。

(2)城市轨道交通车辆的运用和检修工作的评估

城市轨道交通是直接面对社会和乘客的公共交通,以安全、准时、快速、便捷的特点深受市民青睐,同时城市轨道交通运营单位也是以"人·km"作为生产产品的运输生产企业。因此,城市轨道交通运营单位要不断地提高乘客服务质量,同时也必须以最小的投入取得最大的产出为目标,不断地总结运营经验,及时对工作进行评估,持续改进、提高管理水平,达到提高效率、提高质量、降低成本的最终目标。

城市轨道交通车辆是运载乘客的直接工具,车辆运行质量直接影响到对乘客的服务质量,同时车辆检修在整个运营成本中占据着较高的比例,车辆的检修质量也直接影响着列车的运行质量。因此,在运营单位进行运营管理的评估工作中,对城市轨道交通车辆的运用和检修工作的评估占有极其重要的地位。

对城市轨道交通车辆运用和检修工作的评估指标主要有以下几项:

①车辆利用率(%)。车辆利用率是指最高运营列车数与配属列车数之比的百分数。

②列车平均无运营故障运行里程(km)。列车平均无运营故障运行里程为运营列车运营总里程与列车运营发生故障总数之比。

③车辆临修率(次/列·千km)。车辆临修率是指运营列车每运行1000km平均发生的临修次数。

④车辆下线率(次/列·万km)。车辆下线率是指运营列车每运营万公里因故障离开运营线路回库的平均次数。

⑤车辆维修效率(人/辆)。车辆维修效率为定修及以下修程的检查维修人员数与配属车辆数之比。

⑥车辆检修效率(人/辆)。车辆检修效率为车辆架修/大修所用人工数与完成车辆架修/大修的车辆数之比。

❷ **城市轨道交通车辆的运用和检修工作的管理模式**

城市轨道交通车辆的运用和检修工作的管理模式目前有两种:一种是城市轨道交通车辆的运用和检修工作由车辆部门统一管理,另一种是车辆的检修由车辆部门进行管理,车辆的运用由客运部门管理。

第一种模式的每个运营线路的车辆管理单位是车辆段,下属有检修车间、运用车间和其他相关的辅助车间和职能部门,负责运营线路配属车辆的检修和运用工作。车辆段根据运营的需要向运营线路提供完好车辆,并对车辆的运用和检修(图 5-1 中虚线框和双点画线框中程序的所有工作范围)进行统一管理、全面负责。但运用车辆出段进入运营正线后,统一由运营公司的控制中心指挥,按列车运行图运行。

第二种模式是各运营线路成立客运公司,车辆的运行(图 5-1 中双点画线框中程序的车辆工作范围)和线路设备、设施由客运公司统一管理。这种管理模式可以对所有运营线路设备、设施和车辆统一管理,有利于统一协调,尤其是在发生运营特殊情况时协调和处理的效率高。

3 城市轨道交通车辆的检修模式

在城市轨道交通发展的初始阶段,城市只有一两条城市轨道交通线路时,一般一条线路设一个车辆段,另设车辆大修厂或在一个车辆段设置车辆大修能力。车辆段里设各种车辆部件的维修班组,对车辆进行现场修理,车辆检修效率低、成本高。

我国城市轨道交通车辆的检修模式借鉴国外先进经验,在车辆检修资源共享、综合利用、统一管理方面得到很大发展。其主要方面是:车辆检修方式采用部件互换修,车辆部件专业化集中修理,车辆使用、维护保养、检修合理分工,最终实现车辆段多线共用。这不仅可以大大提高车辆检修的效率和质量,降低车辆的检修成本,而且对城市轨道交通运营的社会效益和经济效益都具有重要意义。

(1)采用部件互换修为主的车辆检修方式(图 5-2)

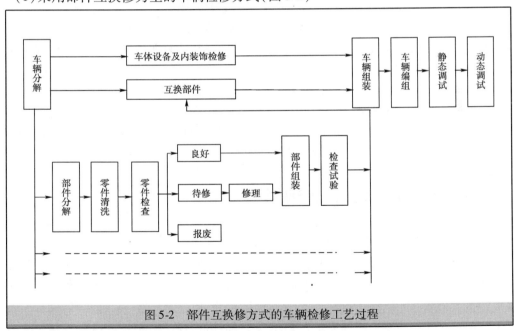

图 5-2 部件互换修方式的车辆检修工艺过程

将来列车检修可能不需要进行列车解编,而是采用新的车辆零部件互换检修模式,即由列车编组换件修模式代替传统的车辆检修模式(分解—检修—组装—编组)。

(2)车辆零部件的专业化集中修理

车辆零部件的检修不仅需要大量的专业化的检修设备、人才,还需要专业的试验设备。在城市轨道交通形成网络,配属车辆大大增加,车型比较集中以及车辆相同功能的设备、零部件外形、功能趋于相同的情况下,车辆零部件的专业化集中修理无疑是降低车辆零部件检修成本、提高检修效率和质量、形成规模效应、提高经济效益的有效途径。

(3)城市轨道交通车辆的使用、维护保养、检修合理分工

按照采用车辆部件互换修的方式和车辆检修资源共享、综合利用、统一管理的原则,城市轨道交通车辆的检修可以分为三个层次:停车场检修、车辆段检修、大修厂检修。

(4)城市轨道交通车辆集中架修、大修的模式

目前,在各个运营线路上运营的车辆虽然车型相同(如都采用A型车或B型车),但由于其生产厂家不同,甚至在一条运营线路上运营有四种之多的车辆,因此城市轨道交通车辆集中架修、大修要根据实际情况采用不同的检修管理模式,如同类型车辆集中架修、大修,或同线或同区域车辆集中架修、大修。

(5)车辆集中架修、大修对城市轨道交通网络管理的要求

对城市轨道交通网络各线的车辆进行集中架修、大修,就必须将网络的所有车辆作为一个系统统一制订车辆的架修、大修计划以及为车辆架修、大修服务的车辆零部件的检修和仓储计划,并且从网络出发编制好列车的送修和回送计划。在保证车辆及时得到架修、大修的同时,还要把对各线路正常运营降到最低,这就对城市轨道交通网络管理提出了较高的要求。

①车辆集中架修、大修计划。车辆大修计划的申报和制订,涉及不同的运营线路,有时还会涉及不同的运营公司,要由轨道交通网络进行统筹管理。

②列车送修、回送计划。列车的送修和回送,可能通过多条轨道交通线路和联络线,势必涉及多条运营线路的运营和夜间线路设施的维修,必须统筹兼顾、周密安排,由轨道交通网络进行统筹管理。

③部件维修及仓储计划。承担车辆架修、大修的车辆段还承担部件维修并具有物流(部件)的仓储功能,除满足本段的需要外,还服务于其他车辆段和停车场。为此,部件维修计划和仓储计划的制订要求供求信息准确、及时、迅速,既满足列车维修的需要,又能有序、高效、经济、合理。这也需要通过轨道交通网络统筹管理。

二 城市轨道交通车辆的检修制度

1 城市轨道交通车辆的检修制度综述

城市轨道交通车辆采用定期维修方式,按预防修的原则,从车辆的技术水平出发,综合考虑车辆各部件的维修周期、寿命周期,确定车辆修程,并针对车辆的各级修程制订车辆的检修规程及车辆部件的检修工艺文件。当车辆运行到一定公里或一定时间时,就要按车辆检修规程和车辆部件检修工艺的要求对车辆及其部件进行检查、维护或修理。这就是通常所讲的城市轨道交通车辆检修制度。

(1)城市轨道交通车辆的修程

城市轨道交通车辆检修制度是车辆安全、可靠运行的基本且重要的保证,也是确定城市轨道交通车辆的检修体制以保证车辆检修工作顺利进行的基础。城市轨道交通车辆检修制度对车辆修程的类型和等级、实施修程的车辆运行公里或时间、完成修程的车辆停运时间作

出具体规定。

各运营单位都对车辆零件的磨损、车辆设备和部件的故障进行记录、统计、分析,在总结车辆运行、检修实践经验的基础上,对车辆的修程及其检修周期、检修停运时间不断进行优化。对检修制度进行改革,确定新的修程,并逐步向均衡计划检修方式过渡。现以香港地铁和上海地铁为例作简单介绍。

香港地铁车辆修程的变化见表5-1。

香港地铁车辆修程 表5-1

维修级别	原 修 程	现 修 程	工作分工
1	日检 周检 月检 半年检	15d 45d 半年检 一年检 二年检	停车场
2	一年检 二年检 三年检 小修(6年) 大修(12年)	三年检 小修(6年) 大修(12年)	大修厂
3	部件修	部件修	大修厂或社会专业工厂

上海地铁车辆修程的变化见表5-2。

上海地铁车辆修程 表5-2

维修级别	原 修 程	调整修程	现 修 程	工作分工
1	日检 双周检 双月检 定修(一年检)	日检 月检(A) 月检(B) 定修(一年检)	日检 月检(按12个月进行)	停车场
2	架修(5年) 大修(10年)	架修(5年) 大修(10年)		车辆段
3	部件修	部件修		车辆段或社会专业工厂

(2)城市轨道交通车辆的检修规程

在城市轨道交通车辆的修程确定以后,就要根据车辆主要零部件的检修等级、检修范围和检修周期,同时考虑一般零部件的检修,制订每个修程的检修规程。

(3)城市轨道交通车辆的检修工艺

检修工艺是保证车辆及其零部件的检修质量,提高检修效率的根本途径,对车辆及其部件的检修都必须制订检修工艺。

检修工艺的内容应包括：
① 从检修准备、分解、检查、修理、组装，直到检查、试验的工作程序。
② 每道工序的具体工作方法，操作者必须遵循的操作标准。
③ 工序使用的工具、量具、设备及其规格、型号、精度要求。
④ 工序使用的材料及其规格、型号。
⑤ 每道工序的质量标准及其检验方法。必要时还要对安全事项和运输等检修辅助工作作出具体的规定。

（4）城市轨道交通车辆的检修系统

城市轨道交通车辆的检修过程是一项系统工程，在这个系统中车辆检修的生产过程中的主要组成及其性质和作用如下：

① 生产计划调度过程。以满足城市轨道交通运营的需求为目标，根据车辆修程的规定、车辆的技术状况、车辆检修的资源情况制订车辆检修计划，并根据车辆检修计划确定人力、设备、备件、材料等计划，在检修过程中还要根据检修的具体情况对以上生产要素进行调整、调度，以保证车辆检修计划的完成。

② 生产技术准备过程。在车辆检修前进行生产技术准备工作，主要有检修规程、检修工艺、检修工艺装备、材料消耗定额、工时消耗定额的设计和制订，还包括列车操作标准、列车故障处理办法等与车辆技术相关的一些规章制度的制订。

③ 基本生产过程。直接进行车辆检修活动，是车辆检修的生产过程中检修系统最主要的组成部分，其他组成部分都是围绕它进行活动，为它服务的。

④ 辅助生产过程。为保证车辆检修的基本生产活动的正常开展所进行的各种辅助性生产活动，如车辆零部件的检修，车辆及其零部件的清洗以及车辆检修设备、设施的维护、保养等。

⑤ 生产服务过程。为车辆检修基本生产和辅助生产活动提供保障的各种生产服务活动，如材料、工具、备件的保管、运输、供应以及理化检验等。

与车辆的检修模式和车辆检修系统的生产过程中的主要组成相适应，设立技术部门、生产部门、辅助生产部门、生产服务部门和必要的管理部门，从而形成车辆检修的组织架构。车辆检修系统这些生产过程及相应的部门既有分工，又有联系，需要通过明确的工作责任制及有效的工作程序、规章制度建立起有效的车辆检修的生产组织和质量、进度、成本、安全控制体系，从而保证按计划质量良好地完成车辆检修工作，保证运营的需要。

2 国外车辆检修情况

（1）日本城市轨道交通车辆维修制度

日本城市轨道交通车辆维修任务一般在车辆段进行，车辆段分为检修段和修理厂，两者独立管理。维修等级分为日检查、月检查、重要部位检查和全面检查。

车辆检修的主要方式为部件互换修。

（2）莫斯科城市轨道交通车辆维修机构及其分工

俄罗斯的莫斯科城市轨道交通车辆维修采用大修与段修分修制，车辆大修厂集中承担城市轨道交通全系统车辆的大修任务。车辆段承担本线车辆的定期修理（架修和定修）、日常维修（月修、技术检查、列检、清扫洗刷）和列车停放任务。莫斯科城市轨道交通现已建成

13个车辆段、两个车辆大修厂。

(3)汉堡城市轨道交通车辆维修制度

德国的汉堡对城市轨道交通车辆的维修从1990年起逐步完善,实行日常均衡维修,用以车辆系统和部件为重点的计划性均衡维修制度逐步代替对列车进行全面维修的定期检修制度。日常均衡维修大部分在停车场和车辆段的一般维修车间进行,少量则在停车点进行(备有抢险车)。其他部件修程根据工作量分别在停车场和车辆段的一般维修车间和大修车间进行。

在车辆段的专门车间对部件进行集中维修,有些部件委托其他公司维修。

3 国内城市轨道交通车辆检修修程

目前,我国城市轨道交通车辆的维修制度基本上沿用了传统的轨道交通车辆的检修经验,虽然随着车辆及车辆检修采用新技术,车辆检修周期不断延长,但采用的基本车辆检修制度仍然是按运行里程和时间进行的预防性"计划维修"和列车发生故障的事后"故障维修"。北京城市轨道交通车辆检修制度和广州城市轨道交通车辆检修制度分别见表5-3、表5-4。

北京城市轨道交通车辆检修制度   表5-3

修 程	检 修 周 期		停修时间(d)
	运营时间(月)	走行公里(万 km)	
月修	1	0.9~1.1	2
定修	13~15	13~15	16
架修	26~30	26~30	24
厂修	78~90	78~90	

广州城市轨道交通车辆检修制度   表5-4

修 程	检 修 周 期		停 修 时 间	
	运营时间	走行公里(万 km)	近期(d)	远期
日检	1d			
双周检	2周	0.35~0.5	1	4h
三月检	3月	2.5~3.5	3	2d
半年检	6月	6.5~8.0		
一年检	1年	12.5~15.0	8	6d
二年检	2年	23~28		
三年检	3年	34~40		
架修	6年	62~75	24	18d
大修	12年	125~150	36	30d

一般来讲,对车辆的检修分日常维修和定期检修。日检、双周检、月(三月)检都属于日常维修。定期维修是按日期或走行里程进行的各级修程,一般分大修、架修、定修(年修),检修周期和走行里程按先达到标准的进行。

知识链接

某市轨道交通车辆日检规程

1. 检查项目及要求(表5-5)

某市轨道交通车辆日检项目及要求　　　　　表5-5

序号	位置		检查项目	要　　求
1	车顶电气	受电弓	1. 检查电缆及连接螺栓； 2. 检查滑块磨耗及与底架固定状态； 3. 检查绝缘子	1. 电缆无损伤,连接螺栓无松动； 2. 无异常,滑块厚度不小于3mm,裂纹不应裂至最小工作厚度(3mm)以下； 3. 无裂纹
		避雷器	1. 检查各连接线及连接螺栓； 2. 检查避雷器外表； 3. 检查绝缘瓷瓶	1. 电缆无损伤,连接螺栓无松动； 2. 外表无损伤； 3. 应无裂纹,无破损
		客室空调机组	检查空调机外观	无异常
2	车内电气	驾驶室电气	1. 检查驾驶室内所有指示灯； 2. 照明灯、阅读灯及各种开关、按钮的外观及功能检查； 3. 检查蓄电池电压表、双针压力表； 4. 检查警惕按钮测试功能； 5. 检查风笛； 6. 按灯检测按钮； 7. 升弓、落弓操作； 8. 检查驾驶室间通信功能； 9. 检查对客室广播功能	1. 各指示灯罩外观正常,无损坏； 2. 无损坏,功能正常； 3. 正常； 4. 按下"警惕按钮测试"按钮,功能正常； 5. 正常； 6. 各指示灯显示正常； 7. 正常升弓、网压表有指示,指示灯显示正确,落弓动作正常； 8. 前后驾驶室间通信正常； 9. 功能正常
		前部照明	1. 检查头灯、尾灯外观； 2. 检查头灯、尾灯、运营灯功能	1. 各头灯、尾灯外观无损坏； 2. 当A_1车驾驶台的司机钥匙闭合且列车唤醒后,MS置OFF,A_1、A_2车红色尾灯亮； MS置RMR,A_1、A_2车所有红色尾灯、白色头灯、运营灯都亮； MS置WASH,A_1车白色头灯、运营灯亮,A_2车红色尾灯都亮； MS置RMF或CM、ATO,A_1车白色头灯、运营灯亮,A_2车红色尾灯都亮； 当休眠按钮按下后,A_1车、A_2车头灯、尾灯、运营灯均熄灭

续上表

序号	位置	检查项目	要求
2	车内电气	驾驶台显示屏 DDU	1. 检查 DDU 外观； 2. 查看故障记录	1. 外观良好； 2. 剔除假故障，记下真故障并到各相关子系统中进行故障读取，没有 DDU 显示故障，仍需进行故障读取
		客室照明	1. 检查客室照明灯罩； 2. 检查客室照明功能	1. 灯罩无损坏； 2. 各照明灯亮
		客室车门	检查客室门灯外观、功能及蜂鸣器	无损坏，功能正常
		电气柜	检查设备柜门、锁及电气柜内各开关、各类电气设备	无损坏，无异常
		IDU 控制单元	1. 检查 IDU 外观； 2. 检查 IDU 功能	1. 外观完整，无裂纹，点阵显示无缺失； 2. 在 DDU 上设置 IDU 显示内容，所有的 IDU 显示内容应与设置相同
		ATC 柜	1. 检查 ATC 柜外观； 2. 检查设备清洁度及与速度传感器、ATP 天线、PTI 天线的插口； 3. 检查设备运行状态； 4. 查看故障记录	1. 外观完好，基础稳固，螺钉紧固； 2. 设备清洁，插口牢固，无松动； 3. 电源模块、VE、DINBUS 模块以及风扇面板的显示正常； 4. 用 PC 机读取故障信息和紧急制动数据，剔除假故障，对记录故障信息进行分析解决
		FDU 控制单元	1. 检查 FDU 外观； 2. 检查 FDU 功能	1. 外观完整，无裂纹，点阵显示无缺失； 2. 在 DDU 上设置 FDU 显示内容，本单元 FDU 显示内容应与设置相同
3	车下电气	ATC 接受装置	检查机架、线圈及紧固件	无损伤，无松动
		各类电器箱	检查前后箱盖及电气接插件	锁紧，无异常
		牵引电机	检查进、出风口	无异常
		牵引箱	检查车间电源盖板固定情况	车间电源盖板锁紧
		各类电缆、接地装置	检查电缆外表和连接状况	无损伤，无脱落，无松动
4	转向架	轮对	1. 检查踏面； 2. 检查车轮注油孔螺堵	1. 踏面擦伤深度小于 0.5 mm，剥离长度一处小于 20mm，剥离二处每处小于 10mm，沟状磨耗深度小于或等于 2mm； 2. 无丢失
		轴箱	检查轴箱盖螺栓及油脂渗漏情况	无松动，无渗漏
		一系悬挂	检查钢弹簧及簧座	无明显裂纹，无脱离
		构架	检查构架内外侧、牵引电机悬挂座、齿轮箱吊座	无裂纹
		二系悬挂	检查空气簧及其紧固件	无漏气，无松动

续上表

序号	位置		检查项目	要　　求
4	转向架	中央牵引装置	1. 检查紧固件； 2. 检查中央牵引橡胶件	1. 无松动、损坏； 2. 无明显裂纹或脱离
		齿轮箱及其悬挂	1. 检查齿轮箱外观及附件； 2. 检查齿轮箱与悬挂装置连接螺栓； 3. 检查齿轮箱悬挂止档保护螺栓	1. 无明显漏油,无松动； 2. 防松标记无错位； 3. 无松动,无丢失
		联轴器	检查联轴器	无损坏,无漏油,螺栓无松动
		抗侧滚扭杆	1. 检查抗侧滚扭杆支座紧固螺母； 2. 检查抗侧滚扭杆连杆橡胶密封件	1. 无松动,无遗失,防松标记无错位； 2. 无破损,无油脂渗出
		液压减振器	1. 检查紧固件及漏油情况； 2. 检查连接套筒	1. 无松动,无漏油； 2. 无明显损坏
		高度调节阀	1. 检查连接螺栓情况； 2. 检查高度调节阀联动装置	1. 无明显松动； 2. 完好,无损伤,高度阀调节杆应垂直,不准倾斜
		速度传感器	检查电缆外表和连接状况	无损伤,无脱落,无松动
5	车体、车门、车钩	客室	查看扶手立柱、座椅、天花板、各墙面、风窗玻璃、各类盖板等外观及固定情况	完好,无明显损坏；若有紧固件松动,紧固
		客室车门	1. 检查客室车门外观、橡胶件和玻璃窗； 2. 检查开关门动作； 3. 检查紧急解锁装置及玻璃罩； 4. 检查隔离装置	1. 完好整洁,无损； 2. 动作灵活,开关门动作整齐到位； 3. 位置正确,玻璃罩完好； 4. 位置正确
		驾驶室	1. 检查驾驶室座椅、天花板、各墙面板和风窗玻璃； 2. 检查驾驶室遮阳帘、刮水器	1. 完好,无明显损坏； 2. 功能正常,无损坏,无松动
		贯通道	检查贯通道内的踏板、踏板周边和折蓬	完好,无明显损坏
		全自动车钩	检查全自动车钩各部件、橡胶托架、电缆和电缆夹、气管密封环、各紧固件等	各项目正常,无明显损坏,无松动
		半自动车钩	检查半自动车钩各部件、橡胶托架、电缆和电缆夹、各紧固件等	各项目正常,无明显损坏,无松动
		半永久车钩	检查半永久车钩抱箍、电缆、电缆夹、各紧固件等	各项目正常,无明显损坏,无松动

续上表

序号	位置		检查项目	要 求
6	空气气路及制动系统	空压机单元及空气干燥器	检查空压机及空气干燥器外观、紧固件及工作状况	正常,紧固件无明显松动
		各类气管及阀	检查各类气管	无明显泄漏
		单元制动机	1. 检查橡皮保护套及其螺栓; 2. 检查管路及紧固件; 3. 检查闸瓦托及闸瓦	1. 无异常; 2. 无漏气; 3. 无异常

2. 车辆日检记录表(表5-6)

车辆日检记录表   表5-6

作业班组: 作业时间: 轮值调度:

列车号	位置			作业情况	作业人签名	发现故障及处理情况
	车下各类装置			车底		
				A 侧		
				B 侧		
	车上各类装置	I 单元	公里数	驾驶室		
				A 车车内装置		
				B 车车内装置		
				C 车车内装置		
		II 单元	公里数	C 车车内装置		
				B 车车内装置		
				A 车车内装置		
				驾驶室		
	车下各类装置			车底		
				A 侧		
				B 侧		
	车上各类装置	I 单元	公里数	驾驶室		
				A 车车内装置		
				B 车车内装置		
				C 车车内装置		
		II 单元	公里数	C 车车内装置		
				B 车车内装置		
				A 车车内装置		
				驾驶室		

续上表

列车号	位置			作业情况	作业人签名	发现故障及处理情况
	车下各类装置			车底		
				A 侧		
				B 侧		
	车上各类装置	Ⅰ单元	公里数	驾驶室		
				A 车车内装置		
				B 车车内装置		
				C 车车内装置		
		Ⅱ单元	公里数	C 车车内装置		
				B 车车内装置		
				A 车车内装置		
				驾驶室		
	车下各类装置			车底		
				A 侧		
				B 侧		
	车上各类装置	Ⅰ单元	公里数	驾驶室		
				A 车车内装置		
				B 车车内装置		
				C 车车内装置		
		Ⅱ单元	公里数	C 车车内装置		
				B 车车内装置		
				A 车车内装置		
				驾驶室		

注：车辆出库方向单元为 1 单元。以出库方向为前进方向，左侧为 A 侧，右侧为 B 侧。

5.2 城市轨道交通接触网维护与运行管理

城市轨道交通经过多年的运行实践，在不断总结经验教训的基础上，已逐步形成了一整套的接触网规范化管理制度。对于从事接触网工作的人员，应严格遵守《接触网安全工作规程》、《接触网运行、维护、检修规程》等有关规定和要求，确保接触网安全运行。

一 接触网安全工作规程

《接触网安全工作规程》主要有总则、一般规定、作业制度、高空作业、停电作业、带电作业、倒闸作业、作业区的防护与附录等几部分内容。所有条目内容都是在对接触网上发生的各种事故的总结以及从中吸取的经验教训甚至是血的教训的基础上编写而成的。因此,它有绝对权威性,任何人不得违反,《接触网安全工作规程》也被称为"保命"的规程。

《接触网安全工作规程》说明了作业中的有关规定、高空作业要求和不同作业方式下应办理的手续及注意事项。如在一般规定中,要求凡是从事接触网运行与检修工作的所有人员,都必须经过考试评定安全等级,取得安全合格证后,才能参加接触网的运行与检修工作。遇雷电天气时,禁止在接触网上作业;遇有雨、雾及风力在5级以上的恶劣天气时,一般不进行接触网带电作业。

《接触网安全工作规程》还具体规定了各种作业方式的安全距离、命令程序和安全措施。如停电作业时,应由安全等级不低于3级的作业组成员为要令人,向电力调度员申请停电。经电力调度审核批准发布作业命令后,才能开始作业。对停电作业前,验电接地的操作方法和安全注意事项都有严格的规定。在带电作业中的命令程序、安全距离、绝缘工具和一般带电作业要求等,都做了较详细的说明。总之,《接触网安全工作规程》是接触网规程中最重要的规章。

1 总则

从事接触网工作的职工,必须牢固树立为城市轨道交通运营服务的思想,认真贯彻"安全第一,预防为主"的方针,在确保安全、提高质量的基础上努力提高效率,降低成本,不断改善接触网的技术状态,保证安全、不间断、质量良好地供电。

2 一般规定

(1)所有接触网设备自第一次受电开始即认定为带电设备。之后,接触网上的一切作业,均必须按本规程的各项规定严格执行。

(2)为保证接触网运行和检修作业的安全,对有关人员实行安全等级制度。凡从事接触网运行和检修工作的所有人员,都必须经过考试评定安全等级,取得安全合格证后(表5-7),方准许参加相应的接触网运行和检修工作。

安全合格证样张　　　　表5-7

第一面

安全合格证	专业_____ 姓名_____ 职称_____	贴照片
	合格证号码:_____ 发证日期:_____	
	发证单位(盖章)	

续上表

第二面

日期	考试成绩					注意事项
	理论成绩	实做成绩	综合成绩	主考人	安全等级	
						1. 本证只限本人使用； 2. 无主考签字者，无效； 3. 按本证安全等级安排工作

接触网工作人员安全等级规定见表5-8。

接触网工作人员安全等级规定　　　　　　表5-8

等级	承担工作范围	必须具备的规定
一	承担简单的工作：推梯车、扶梯子、拉绳等在三级以上带领下的辅助性工作	1. 经过教育和学习，初步了解地下铁道作业的基本知识； 2. 了解接触网作业的规定和要求，能进行简单工作的实际操作
二	地面和不拆卸配件的高空作业，如清扫绝缘子、涂号码牌、验电等	1. 参加接触网运行和检修三个月以上或经实际操作培训三个月以上； 2. 掌握接触网停电作业一般安全知识和技能； 3. 掌握接触网停电作业时接地线的规定和要求，熟悉地面、隧道内显示方法
三	各种高空作业、隔离开关作业、防护人员工作以及单独进行巡视	1. 参加接触网运行和检修工作一年以上，具有技工学校或相当于技工学校学历（供电专业的人员），可以适当缩短； 2. 熟悉接触网停电作业的有关规定； 3. 具有接触网高空作业技能，能正确使用检修工具、材料和零部件； 4. 具有列车运行的基本知识，熟悉作业区防护规定； 5. 能进行触电急救
四	各种停电作业的工作票签发人及工作领导人、工长	1. 担任三级工作一年以上； 2. 熟悉本规则； 3. 能领导作业组进行各种情况下的停电作业
五	督导员、专业、责任工程师及以上行政或技术职务	1. 担任四级工作一年以上，技术人员及工段长具有中等专业学校及以上学历（供电专业）的，可不受此限制； 2. 熟悉本规则，接触网设备操作使用说明及检修作业程序； 3. 能领导作业组进行各种停电项目作业

（3）对从事接触网运行和检修工作的有关现职人员,要每年定期进行一次安全考试。此外,对属于下列情况的人员要事先进行安全考试。

①开始参加接触网工作的人员。

②职务或工作单位变更但仍从事接触网运行和检修工作的人员。

③中断工作连续6个月以上仍继续担任接触网运行和检修工作人员。

（4）在进行接触网作业时,作业组全体成员必须戴安全帽,穿绝缘鞋,穿工作服,穿上有高可见度的荧光背心,高空作业时必须系安全带。工具及安全用具使用前均须进行检查,符合要求方可使用。

（5）接触网工每一年进行一次身体检查,对不适合接触网运行和检修工作的人员要及时调整。

（6）雷电时禁止在接触网上进行作业。遇有恶劣天气时,隧道外线路一般不进行接触网的检修作业。特殊情况需进行作业时,必须有可靠的安全措施。

（7）对接触网进行检修必须停电进行。停电作业时,除具备规定的工作票外,还必须有值班电力调度员批准的作业命令。

（8）除遇有危及人身或设备安全的紧急情况,电力调度发布的倒闸命令可以没有命令编号和批准时间外,接触网所有的作业命令均必须有命令编号和批准时间。

（9）接触网的巡视工作,要由安全等级不低于三级的人员担任。巡视须按规定办理相关手续方可进行。

（10）在巡视中不得攀登支柱,不得接触高压电缆,并时刻注意避让列车。隧道巡视必须在接到行车调度员已封闭区间命令后进行。

❸ 作业制度

（1）工作票制度

①检修作业分类如下。

停电作业:在接触网停电设备上进行的作业。

远离作业:在距离接触网带电部分1m及以外设备上进行的作业(通常指外专业在接触网附近的作业)。

②工作票是在接触网上进行作业的书面依据,要字迹清楚、正确,不得用铅笔书写和涂改。

③工作票填写一式两份,一份由发票人保管,另一份交给工作领导人。

④事故抢修作业时,可以不开工作票,但必须有电力调度的命令。遇有危及人身或设备安全的紧急情况,可以不开工作票,也无需电力调度命令。

⑤根据性质不同,工作票分为两种。

接触网停电作业工作票:用于接触网停电作业,其格式见表5-9。

接触网1m以外作业工作票:用于距带电部分1m及其以外的高空作业和较复杂的地面作业,其格式可参考表5-9。

⑥发票人一般应在工作前1d将工作票交给工作领导人,使其有足够的时间熟悉工作票中内容,并做好准备工作。

⑦工作领导人对工作票内容有不同意见时,要向发票人及时提出,经过认真分析,确认无误,方准作业。

接触网停电作业工作票　　　　　　　　表 5-9

接触网_____班　　作业令号_____　　　　第_____号

作业地点			填票人	
工作内容			填票日期	
工作票有效期	自　月　日　时　分 至　月　日　时　分 止			
工作领导人	姓名：		安全等级：	
作业组成员姓名及安全等级（安全等级填在括号内）	（　）	（　）	（　）	（　）
	（　）	（　）	（　）	（　）
	（　）	（　）	（　）	（　）
	（　）	（　）	（　）	（　）
	共计　　　人			
需要停电设备				
装设接地线的位置				
作业区防护措施				
其他安全措施				
电力调度员_____（签字）审批第_____号命令 准予在_____年_____月_____日_____时_____分开始工作				
经检查安全措施已经做好，实际于_____年_____月_____日_____时_____分开始工作 工作领导人：_____（签字）				
变更作业组员记录				
工作票结束时间	年_____月_____日_____时_____分			
工作领导人（签字）			填票人（签字）	

⑧每次开工前，工作领导人要向作业组全体成员宣读工作票内容，布置安全措施，说明停电区段和带电设备的具体位置。作业结束后，工作领导人要及时收回工作票（附相应的命令票），交给专人统一保管，时间不少于 12 个月。

⑨工作票的有效期不得超过两个工作日。

⑩工作票中规定的作业组成员,一般不应更换。若必须更换时,应经发票人同意;若发票人不在,可经工作领导人同意,但工作领导人要更换时,仍须经发票人同意,并在工作票上签字。

⑪工作领导人或一个作业组,同时只能接一张工作票。一张工作票只能发给一个工作领导人。

⑫对简单的地面作业项目可以不开工作票,但工作领导人在布置任务时应说明作业的时间、地点、内容及安全措施,并记入值班日志中。

(2)作业人员的职责

①停电作业的工作票签发人和工作领导人,须由安全等级不低于四级的人员担当。对于停电检修以外的其他作业,工作票签发人须由安全等级不低于四级的人员担当,工作领导人须由安全等级不低于三级的人员担当。同一张工作票的签发人和工作领导人必须由两人分别担当,不得相互兼任。

②工作票签发人在安排工作时,要做好下列事项:

a. 所安排的作业项目是必要和可行的。

b. 所采取的安全措施是正确和完备的。

c. 所配备的工作领导人和作业组成员的人数和条件符合规定。

③工作领导人要做好下列事项:

a. 作业地点、时间、作业组成员等均应符合工作票提出的要求。

b. 作业地点所采取的安全措施正确而完备。

c. 时刻在场监督作业组成员的作业安全。如果必须短时离开作业地点时,要指定临时代理人,其安全等级不低于表5-8的规定。否则,停止作业,并将人员和机具撤至安全地带。

④作业组成员要服从工作领导人的指挥、调动、遵章守纪,对不安全和有疑问的命令要果断及时地提出,坚持安全作业。

4 停电作业

(1)安全距离:在进行停电作业时,作业人员(包括所持的机具、材料、零部件等)与周围带电设备的距离不得小于以下规定:33~35kV 为1000mm;10kV 以下为700mm;直流1500V 为700mm。

(2)每个作业组在停电作业前由工作领导人或指定一名安全等级不低于三级的作业组成员作为要令人员,向电力调度申请停电。几个作业组同时作业时,每一个作业组必须分别向电力调度申请停电。在申请的同时,要说明停电作业的范围、内容、时间和安全措施等。

(3)电力调度员在发布停电作业命令前,要做好以下工作:

①将所有的停电作业申请进行综合安排,审查作业内容和安全措施,确定停电区段。

②通过电力调度员,办理停电作业封闭线路的手续,对可能通过受电弓导通电流的分段部位采取封闭措施,防止各方面来电的可能。

③确认作业区段所有的电动车已降下受电弓,断开有关馈电线断路器、接触网开关,作业区段的接触网已经停电,方可发布停电作业命令。

(4)电力调度员发布停电作业命令时,受令人认真复诵,经确认无误后,方可给命令编号和批准时间。在发、受、停电命令时,发令人要将命令内容等记入作业命令记录与统计表中,见表5-10。

表 5-10

作业命令记录与统计

接触网　　班　　自　　年　　月　　日　至　　年　　月　　日止

发令时间	要求完成时间	命令内容	受令人	发令人	命令号	批准时间	消令时间	消令人
日 点 分	日 点 分					日 点 分	日 点 分	
日 点 分	日 点 分					日 点 分	日 点 分	
日 点 分	日 点 分					日 点 分	日 点 分	
日 点 分	日 点 分					日 点 分	日 点 分	
日 点 分	日 点 分					日 点 分	日 点 分	
日 点 分	日 点 分					日 点 分	日 点 分	
日 点 分	日 点 分					日 点 分	日 点 分	
日 点 分	日 点 分					日 点 分	日 点 分	
日 点 分	日 点 分					日 点 分	日 点 分	
日 点 分	日 点 分					日 点 分	日 点 分	
日 点 分	日 点 分					日 点 分	日 点 分	

注：本表应装订成册。

5 高空作业

(1) 凡距离地面3m及以上的处所进行的作业均称为接触网高空作业。

(2) 高空作业必须设专人监护,其监护要求如下:

①停电作业时,每一监护人的监护范围,不超过两个跨距。在同一组软横跨上作业时不超过四条股道。在相邻线路同时进行作业时,要分别派监护人各自监护。

②当停电成批清扫绝缘子时,可视具体情况设置监护人员。

③高空作业要使用专门的传递工具、零部件和材料等,不得抛掷传递。高空作业人员必须扎好安全带。

(3) 登支柱前要检查支柱状态,选好攀登方向和条件。攀登时手把牢靠、脚踏稳准。攀登支柱时,要尽量避开设备且与带电设备要保持规定的安全距离。

(4) 接触网作业用梯车和梯子必须符合下列要求:

①梯车的车轮必须采取可靠的绝缘措施。

②梯车必须结实、轻便、稳固,其制动装置必须可靠。

(5) 用梯车进行作业时,工作台上的人员不得超过两名,所用的零件、工具等均不得放置在工作台台面上。推车人员必须服从工作台上人员的指挥,梯车走行速度不得超过5km/h,并不得发生冲击和急剧起停车;工作台上人员和推车人员要呼唤应答,配合妥当。

(6) 工作领导人和推梯人员,要时刻注意和保持梯车的稳定状态,在曲线和大风天气作业时,应采取防止倾倒措施;在坡道作业时,采取用制动等防滑移的措施。当梯车放在道床、路肩上或作业人员超出工作台范围作业时,作业人员要将安全带系在接触网上,不得系在工作台框架上。

(7) 梯车、梯子作业完毕后,应将其存放在固定地点或安全可靠的地方,并加固以防止倾倒,侵入限界。

(8) 作业车作业前,负责人要检查工作台与驾驶室之间的联系装置。该装置必须处于良好状态。

(9) 作业车作业时,应在工作台内进行,工作台端部承受负荷不大于2 940N,作业台升降过程中严禁爬梯;作业车作业中司机应听从工作台上负责人的指挥,移动速度不得超过10km/h且不得急剧起停车。动车和操作作业车工作台时,工作领导人必须通知工作台上的所有人员。

(10) 高空作业要使用专门的用具传递部件、材料,严禁抛掷。高空作业须系安全带。

(11) 验电接地。

①作业组在接到停电作业命令后,须先验电接地,然后方可作业。

②用验电器验电的顺序是:组装好验电器并检查其是否完好,验电器验声,把验电器的接地端接到牵引回流轨上,再将验电器端头轻靠接触网导线,无响声则为已停电,验电器再次验声。

③带接地线的验电器在验电时,接地小线要和人体保持一定的安全距离,防止高举验电器时接地小线碰到带电体,危及人身安全或对地短路放电。

④当验明接触网已停电后,须立即在作业点的两端及和作业地点相连可能来电的所有停电设备上装设接地线。在装设接地线时,将接地线的一端先行接到回流轨上,再将接另一

端紧固在已停电的一根辅助线或一根接触网导线上。拆接地线时顺序相反,先拆连接接触网导线端,然后再拆回流轨端。接地线要连接牢固,接触良好。拆装接地线时,不得短接两根钢轨。

⑤装设接地线时,人体不得触及接地线。装设和拆除接地线时,操作人必须戴安全帽和绝缘手套,借助于绝缘杆进行,绝缘手套、绝缘杆要保持清洁、干燥。接地线采用截面不小于 $70mm^2$ 的裸铜软绞线,并不得有断股、散股和接头,长度与接挂位置适应,连接部分接触可靠。

⑥验电和装拆接地线必须由两人进行:一人操作,另一人监护。其安全等级分别不低于二级和三级。操作人员必须戴安全帽和绝缘手套,借助绝缘杆进行。

(12)作业结束。

①工作票中规定的作业任务完成后,由工作领导人确认具备送电、行车条件。将作业人员、机具、材料撤至安全地带,拆除接地线。确认具备送电、行车条件后,通知要令人向电力调度请求消除停电作业命令。几个作业组同时作业时,要分别向电力调度请求消除停电作业命令。

②电力调度员经了解,确认完全达到送电、行车条件后,给予消除停电作业命令的时间,双方均按规定做好记录,整个停电作业方告结束。电力调度员在送电时须按下列顺序进行:

a. 确认整个停电区段所有的作业组均已消除停电作业命令。

b. 按照规定进行倒闸作业。

c. 通知控制中心 OCC 行车调度员接触网已送电,可以开行列车。

6 倒闸作业

(1)凡接触网人员进行隔离开关倒闸时,必须有电力调度的命令。对车辆部有权操作的隔离开关,由车辆部自行制订有关制度予以操作。从事隔离开关倒闸作业的人员,其安全等级不得低于三级。倒闸作业应由两人进行,一人监护,另一人操作。

(2)在进行隔离开关倒闸作业时,先由操作人向电力调度提出申请。电力调度审查后,发布倒闸作业命令,操作人受令复诵。电力调度确认无误后,方可给命令编号和批准时间。受令人要填写倒闸作业票,见表5-11。

倒闸作业票 表5-11

_____班组

工作票号		工作领导人	
工作区段及任务			
工作时间	月 日 时 分至	月 日 时 分	
打√	倒闸记录		时间
操作人		监护人	

(3)倒闸人员接到倒闸命令后,要根据倒闸作业票逐项进行操作。倒闸时,操作人必须戴好安全帽和绝缘手套,操作要准确迅速,一次开闭到底,中途不得停留和发生冲击。

(4)倒闸作业完成后,操作人要立即向电力调度汇报,电力调度员要及时发布完成时间和编号,并记入作业命令记录与统计表(表5-10)。至此,倒闸作业方告结束。

(5)严禁带负荷进行隔离开关倒闸作业。

(6)各隔离开关的传动机构必须加锁,钥匙存放在固定地点,由专人保管并有标签注明开关号码。

(7)相邻支柱的隔离开关及同一根支柱上有多台隔离开关,其钥匙不得相互通用。

7 作业区行车防护

(1)在停电的线路上进行接触网检修作业时,除对有关区间、车站办理封锁手续外,还要对作业区采取防护措施。

(2)现场作业组也应在可能来车的方向设置行车防护。必要时,设置防护人员,其防护距离一般设在距作业组50m之外。

(3)防护人员在执行任务时,要思想集中、坚守岗位、履行职责,认真、及时、准确地联系和显示各种信号。一旦中断联系,必须立即通知工作领导人。必要时,停止作业。防护人员的安全等级不低于三级。

8 事故抢修

(1)各种事故的抢修,应根据不同事故发生的具体情况采取有针对性的、有效的安全防护措施,在电力调度统一指挥下,迅速设法送电通车。

(2)在遇有接触网断线事故时,必须采取防护措施,使任何人在装设接地线以前不得进入距断线落下地点10m范围以内。

(3)事故抢修时,虽然事故的设备已经停电,但必须按上述"停电作业"的规定办理停电作业命令,经过验电接地后,方准对接触网故障的设备进行抢修。

(4)在事故抢修中,若与电力调度的直接通信联系中断,可设法通过行车调度、区间电话等进行联系。当一切电话中断时,在作业前必须采取下列措施:

①做好施工地点的安全防护措施。

②与牵引变电所保持联系,断开有关的断路器和隔离开关。

③断开接触网有关隔离开关并加锁,必要时派人看守。

④按规定装设接地线。

⑤工作领导人要将事故有关情况通过各种方式尽快报告给电力调度。

二 接触网运行、维护、检修规程

接触网是指在轨道交通领域中,沿轨道线路上方架设,直接供给列车电能的特殊输电线路,通常是指传统的柔性接触网。为了切实地做好城市轨道交通接触网系统的运行、维护和检修工作,加强管理,提高质量,确保接触网的正常运行,城市轨道交通公司一般都制订了《接触网运行、维护、检修规程》,其主要内容有以下几个方面。

1 接触网运行和管理

统一领导和分级管理：接触网的运行、维护、检修工作必须实行统一领导、分级管理的原则，充分发挥各级组织的作用。

运营分公司：制订接触网运行、维护、检修工作原则，制订有关规章，审批接触网系统的科研、基建、大修改造计划，并组织验收和鉴定。

物资设施部：作为运营公司的专业归口职能部门，应根据运营分公司有关原则和命令，制订出有关办法、制度和措施，最终编写出接触网的运行、维护、检修规程报运营分公司审批，并督促、检查接触网的运行、维护、检修工作。

供电中心：必须贯彻执行运营分公司有关规章和制度，编制接触网年度检修计划和大修改造计划，督促、检查接触网的运行、维护、检修工作。

接触网专业：贯彻执行上级有关的各项规章和命令；编制接触网小修计划；全面、质量良好地完成接触网的运行、维护、检修任务。

接触网系统原则上以班组形式运作，运转方式一般为四班二运转，每班的人员配备不得少于9人，其中要求接触网高级工不少于2名，接触网中级工不少于3名。

接触网工程竣工后，应按规定对工程认真进行检查，经检验合格后方可投入运行。

在接触网工程交接的同时，运营和建设单位之间要交接图纸、记录、说明书等开通时必需的竣工资料。接触网投入运行前，接管部门要做好运行组织准备工作，配齐并训练运行、检修人员，组织学习有关规章制度，熟悉即将接管的设备，备齐维修和抢修用的工具、材料、零部件、交通工具及安全用具。

为保持接触网与线路的相对位置，对施工时标出的接触网设计的轨面标准高度线，接触网专业人员与工务专业人员在开通前要进行复查，以后每年复测一次。该线用红色油漆划在隧道边墙悬挂点的下方，并标出接触网距轨面的标准高度、拉出值（或"之"字值）、支柱及隧道边墙的侧面限界及线路的外轨超高。

接触网专业要在接触网投入运行时建立起正常的生产秩序，声明各项制度并具体落实；备齐技术文件；建立各项原始记录和报表，按时填报。在接触网投入运行后陆续建立起台账和技术履历。接触网工作要有安全等级不低于三级的接触网工昼夜值班。值班人员要认真填写《接触网工区值班日志》，及时传达和执行电力调度的命令。《接触网工区值班日志》格式见表5-12。

接触网工区值班日志　　　　　　　　　　　表5-12

天气：　　　　　当值工班：　　　　　　　　　年　月　日

值班人员		当班人员			
检修作业记录	工作票编号		工作领导人		填票人	
	作业时间	月　日　时　分至　月　日　时　分			
	作业地点				
	作业内容				
	作业组成员				

续上表

配合作业记录	工作票编号		工作领导人		填票人	
	作业时间	月　　日　　时　　分至　　月　　日　　时　　分				
	作业地点					
	作业内容					
	作业组成员					

主 要 记 事	出 勤 记 录
	交 接 班 记 录
	卫生情况

交班者：　　　　　　　　　　　　　　　　　　　接班者：

❷ 接触网巡视检查

为贯彻"修养并重，预防为主"的方针，要定期巡视接触网设备的技术状态和检查列车的取流情况。接触网设备的巡视工作，应由工班长或安全等级不低于三级的接触网工进行。

(1) 步行巡视：每月不少于3次。主要巡视：有无侵入限界，各种线索和零件有无烧损、折断，绝缘部件有无破损和闪络，回流接续线是否连接良好，有无过热变色（包括关键部位的温度纸变色）和闪络放电现象以及有无危及行车安全等现象。

(2) 登车（或作业车）巡视：每季度不少于一次。当采用轨道作业车巡视时，行车速度不大于10km/h。主要检查内容：接触网悬挂、支持装置、定位装置、线岔、锚段关节及其他零部件的状态是否连接良好，有无损坏；接触网终点标等网上标志是否处于正常的状态。

(3) 乘车巡视和取流检查：每季度不少于一次。主要是通过安装在电客车上的监视器进行观察。主要观察弓网的放电拉弧现象，也要观察接触悬挂及其支持装置和定位装置的状态及电动车组的取流状况。

(4) 技术参数的检测：每季度不少于一次，新线区段或刚大修过的区段应视情况增加检测次数。主要是利用接触网检测车对接触网进行各项技术参数的检测，并利用测得的参数指导下一步的维护保养作业。

在遇有大风、大雨、大雾等恶劣天气时，要适当增加巡视次数。

在巡视检查过程中，对危及安全的缺陷要及时处理。每次巡视检查和缺陷处理的主要情况，都要及时认真填写接触网巡视和取流记录，格式见表5-13。

接触网巡视取流检查记录 表5-13

_____区间(车站)　　　　　　　电客车编号：_____

巡视检查日期	巡视检查人	缺陷地点	缺陷内容	处理措施	处理结果	处理日期	工(班)长签字

注：本表装订成册。

3 接触网检修与验收

（1）检修周期和范围

接触网检修工作，要进行综合安排，对测量和检查出来的缺陷，除危及安全者须及时整修外，应尽量将各种调整、修换的工作有机地结合起来进行，从而提高检修效率。接触网的定期检修分为小修和大修两种修程。

①小修是指维持性的修理。小修主要包括：对接触网进行检测、清扫、涂油；对磨损、锈蚀到期的接触线、承力索、馈电线、汇流排及架空地线进行整修、补强或局部更换，以保持接触网的正常工作状态。接触网小修项目、周期和范围规定见表5-14。

接触网小修项目、周期和范围表　　　　　表5-14

序号	检修项目	检修周期	检修内容/范围
1	清扫绝缘子和绝缘器	12个月	整个瓷表面(包括弧槽)都要清扫干净，发现瓷体破损要及时更换。污秽地区的绝缘子和绝缘器的清扫周期可根据具体情况增加清扫次数
2	锚段关节	6个月	对锚段关节悬挂点处接触线的高度、水平距离及电连接进行全面、详细的检查测量
3	均流箱及其电缆	6个月	全面检查，包括箱体接地、油漆等
4	接地装置	12个月	各接地极
5	接触悬挂(柔性)	6个月	接触线和承力索(检查其位置、损伤接头、补强的状态等)、吊弦(吊索)、电连接器、中心锚结及各种线夹、零部件(包括鞍子和定位线夹)

续上表

序号	检 修 项 目	检修周期	检修内容/范围
6	接触悬挂(刚性)	12个月	对汇流排及其接头和定位线夹、防护罩及中心锚结进行全面详细检查;对接触线及其与汇流排的结合部位进行详细全面检查,对磨耗严重的地点进行测量(周期12个月),全面测量接触线磨耗(3年)
7	中心锚结	12个月	全面检查
8	支柱及基础	12个月	支柱、基础、拉线、地线、架空地线。测量接地电阻、号码牌和支柱上的标志等
9	支持定位装置(刚性)	12个月	对预埋件、悬吊件及定位部件进行全面详细检查
10	限界门、安全挡板和防护棚、网等安全设施	12个月	调整、检修安全设施及其地线装置等并涂漆
11	线岔(柔性)	3个月	包括线岔处的电连接器
12	线岔(刚性)	6个月	包括线岔处的电连接器
13	门型软横跨、支撑装置及定位器(柔性)	12个月	包括门型软横跨上的横向分段绝缘子
14	绝缘器(柔性)	3个月	包括绝缘处的电连接及各种标志
15	绝缘器(刚性)	6个月	包括绝缘处的电连接及各种标志
16	辅助馈电线	12个月	馈电线及相关附件、下锚
17	调整补偿器	12个月	包括测量调整"A"、"B"值和滑轮注油
18	避雷器及放电间隙	每年雷雨季节前	包括接地线、引线、放电角隙等
19	回流箱及其电缆	12	全面检查,包括箱体接地、油漆等
20	隔离开关	3~6个月	对隔离开关进行全面详细检查,包括开关本体、操作机构、引线、联锁及绝缘状况。接管后3个月应检修一次,以后按此周期执行
21	钢绞线涂油	2年	各种钢质绞线
22	刚柔过渡	6个月	对刚柔过渡装置、电连接及其连接部件进行全面详细检查
23	电连接	6个月	对各种电连接进行全面详细的检查,包括线夹、固定及与接线鼻子的压接状况
24	测量支柱的侧面限界	12个月	对不符设计规定的进行整改
25	测量、调整接触线和承力索的张力和弛度	3年	新接管的简单悬挂一年检查一次,之后按其执行。不合标准者予以调整
26	测量、调整接触线高度和"之"字值(柔性)	6个月	测量拉出值及跨中接触线对受电弓的最大偏移值(主要是指曲线区段)
27	测量、调整接触线高度和"之"字值(刚性)	12个月	测量悬挂点处接触线的高度和跨中接触线的最低高度,接触线的坡度和"之"字值。不符合标准者进行调整
28	测量导线磨耗: 全面测量 重点测量	2年 6~12个月	包括每个定位线夹、中心锚结线夹、接头线夹两侧和跨距中心处以及个别磨耗特别严重的点。平均磨耗为上述各点磨耗的平均值。磨耗超过规定者进行整修

②大修是指恢复性的彻底修理。大修主要包括：成批更换磨耗、损伤到期的接触线、承力索、馈电线、汇流排、架空地线；更新零部件、支撑装置和支柱、定位立柱；对接触悬挂、馈电线和架空地线进行必要的改造，提高供电能力。凡是大修更新的设备及其零部件等，均应符合新建工程的技术标准。接触网大修项目、周期和范围规定见表5-15。

接触网大修项目、周期和范围表　　　　　表5-15

序号	项目	周期	内容/范围
1	接触线	按规定的磨耗限度（约12年）	整锚段更换接触线，同时更换吊弦及其线夹、电连接、斜拉线、部分补偿器和定位器
2	汇流排	约20年	
3	架空接地线	30年	整公里更换导线，同时更换线夹、绝缘子和支撑部件
4	隔离开关	约10年	批量地更换隔离开关（在同一年度内更换数量超过5台），同时更换电连接
5	承力索	30～40年	整锚段更换承力索，同时更换鞍子、斜拉线、中心锚结、部分支撑装置、补偿器、绝缘子、吊弦及其线夹、电连接器
6	馈电线、架空地线（铜绞线）	40～50年	整公里更换，同时更换线夹、绝缘子和支撑部件
7	支柱	40～50年	批量地更换支柱（即在同一年度内更换支柱超过10根），更换拉线，同时更换门型软横跨的硬横梁及其零件

鉴于接触网是动态设备，其运行条件随时可能发生变化，加之我们对城市轨道交通的运行缺少经验，在今后的实际运行中，经调查研究、技术鉴定，从运行检修的实际出发，可以修改和调整小修及大修的周期和范围，并同时报有关部门核备。

(2) 事故抢修

对接触网的事故抢修工作，要加强领导、统一指挥、保证安全、争取时间，最大限度地减少对运营的影响。接触网专业要在平时组织事故抢修演练，提高抢修的组织工作和修复工作水平。要时刻做好事故抢修出动的准备工作，建立严密的抢修制度、纪律，制订科学的应急措施，备齐抢修用的材料、零部件、工具和交通工具。夜间和节假日应安排足够的抢修人员，一旦发生事故，要立即出动抢修。

日常运行中接触网的抢修用材料、零部件及工器具要妥善保管、专材专用、及时补充。

(3) 检修计划与检查验收

①检修计划。年度小修计划由接触网专业工程师组织班组编制，并报有关部门审批后，下达工班执行。年度大修计划由供电中心编制，并按件名逐项填写接触网大修申请书，经物资设施部审查于上一年度10月中旬以前报运营分公司审定后列入年度计划。接触网大修申请书格式见表5-16。

接触网大修申请书　　　　　　　　　　　　　　表 5-16

申请部门：　　　　　　　　　　　　　　　　　　　　　　　　　　　　　编号：

设备名称		运 行 时 间	
设备编号		承 修 单 位	
设备地点		要求大修时间	
规　　格		所 需 时 间	
设备状态 （即大修原因）			
大修范围 （包括大修需改造的项目）			
物资设施部意见			
运营分公司意见			

年　　月　　日

根据运营分公司审定的大修计划，由施工单位或设计单位提出设计文件，经运营分公司批准后开工。

②检查验收。接触网小修完毕时，由检修或测量人员认真填写各项记录（另册）。专业工程师对管内接触网小修任务的完成情况及其质量要每月检查一次，并在小修记录上签字。

接触网大修竣工后，要由施工单位负责填写接触网竣工验收报告，其格式见表 5-17，由批准计划部门组织验收。验收合格后，由验收负责人在竣工验收报告上签字并作质量评定。

接触网大修竣工验收报告　　　　　　　　　　　表 5-17

承修单位：　（章）　　　　　　　　　　　　　　　　　　　　　　　　编号：

设备地点			大修申请书编号	
地点			大修任务依据	
大修内容				
消耗的主要材料和部件			消耗的工时	
费用	材料费：	工费：	其他费用：	合计：
质量评定				
主持验收单位及验收组成员			验收负责人（签字）：	

年　　月　　日

三 接触网检修作业方式

由于接触网检修工作与行车直接相关,因此,进行标准化作业、加强质量管理、提高检修工艺更为重要。根据接触网技术规程与检修规程以及不同接触网的特点要求,要熟练掌握接触网的检修标准和检修方法,提高对接触网的检修管理水平,确保运输生产的安全。

根据在检修作业中接触网是否带电,检修作业方式可分为停电作业和带电作业两种。

1 停电作业

所谓停电作业是指在接触网不带电的情况下进行的检修作业。停电作业一般用于带电作业难以进行的项目,这是目前接触网常用的检修作业方式。停电检修的接触网区段在停电检修时间内一般不允许有车辆通行,检修必须在规定的时间内完成作业。

接触网工区在作业时,分为作业组,每个作业组以 12 人左右为宜。作业组在接到作业任务时,需按下列程序进行。

(1)填写工作票

工作票是接触网作业的书面依据,根据不同的作业方式要填写相应的工作票。填写工作票要字迹清楚、内容明确,不得涂改或用铅笔填写。工作票签发的编号日期、有效时间、作业组成员姓名、人数、安全等级、作业地点、停电设备以及安全措施必须准确无误。

(2)申请停电

需要接触网停电的一切作业,均必须经电力调度员的许可。停电作业申请要指明作业内容、作业地点、是否需要封锁线路及必须停电的电线路等。若须在车站上停电作业时,还应指明车辆不得通过的股道和道岔等。

(3)宣读工作票

作业组成员出发前列队集合,由工作领导人向作业组全体成员宣读工作票的所有内容,详细布置安全措施。工作票中规定的作业组成员,一般不应更换;若必须更换时,需经发票人或工作领导人同意。

(4)要令

开工前作业组要指派专人要令。当作业组到达作业地点,要令人员向电力调度申请作业命令,其他人员做好作业前的准备工作,要令人接到电力调度停电命令后,先检查命令内容并认真复诵,确认无误并得到命令编号和批准时间后,随即向工作领导人发出可以开工的信号,并说明停电时间和停电范围。在发、受停电命令时,发令人要将命令内容记入作业命令记录中,受令人填写接触网停电作业命令票。

(5)开工

工作领导人接到要令人的通知后,先向验电人发出验电的信号,验电操作者确认信号无误后,立即进行验电工作。验明已无电,接地线人员方可进行挂接地线工作,接地线接好后立即通知工作领导人。工作领导人得知全部接地线安设完毕,将停电和线路封闭起止时间告知作业组全体成员,宣布作业开始。此时,作业人员方可进行网上作业,作业项目必须在规定的时间内提前完成。

(6) 收工和收令

作业结束后,工作领导人要向作业组全体成员宣布作业结束,指挥作业组成员迅速清理现场。人员、工具、器械、材料应全部撤离到安全限界之外,并检查接触网设备与线路不影响供电和行车,确认作业组成员已经离开危险区后,向接地线人员发出撤除接地线信号。接地线人员接到撤除接地线命令后,应在安全监护人的监护下,迅速撤除接地线,并立即通知工作领导人。确认接地线撤除后,通知要令人向电力调度员消令。检查作业组人员安全情况,清点工具、材料数量后收工回工区。

(7) 开会收工

当天作业结束后,全体人员开收工会,汇报作业组的工作安全与任务完成情况,报告工作中遇到的技术业务问题、所出现的部安全现象及事故苗头等。工作领导人全面总结当日工作,指出问题,提出具体要求,制订初安全防范措施,安排第二天的工作项目。会议的主要内容应记录在工区日志上。

安全作业是生产过程得以继续的保证,只有保证设备和人员的安全,才能维持正常的生产过程。接触网工担任接触网设备的施工和维修工作,如果不严格遵守作业规章、规程进行作业,随时都会出现人身伤亡事故。作为接触网工,为了避免人身伤亡事故的发生,首先必须遵守安全工作规程,了解接触网作业的特点,严格作业程序,确保作业过程的安全。

❷ 带电作业

带电作业按作业方式可分为直接带电作业(或等电位作业)和间接带电作业(或远离作业)。

(1) 直接带电作业

直接带电作业是通过绝缘工具与接地体隔离开,作业人员直接接触带电体,使人体和带电设备的电位相同,从而能够直接在带电设备上进行作业。作业时作业人员通过绝缘工具送至作业地点,作业人员所持作业工具此时与非带电体要保持一定距离。带电作业严禁接触接地体。

作业人员处于等电位状态时,作业人员与接触网接触的一瞬间会有异样的麻电感觉,轻者无任何感觉;重者会使人难受,甚至灼伤皮肤,因此要求绝缘工具的绝缘性能一定要可靠。为了保证工作人员的安全,消除可能产生的麻电感觉,必须用等电位线短接带电体与绝缘车梯的工作台来消除这种现象。等电位线由一个多股裸铜软绞线(横截面积不小于 $6mm^2$)和两个带有金属钩的绝缘棒组成。使用时,作业人员将等电位线一端挂在车梯工作台框架上,另一端挂在接触网带电体上,使车梯工作台与接触网处于等电位。因此,工作台上的工作人员必须与车梯的工作台充分接触,若不穿绝缘鞋、塑料底鞋等导电性能差的鞋,工作时,一手可紧握工作台框架。作业时,要时刻注意和带电体充分接触,即始终保持等电位状态。若要转移工作场所进行作业,必须先脱离等电位,然后再次等电位后方可作业。

在接触网和一些电气设备中有许多情况都是和大地形成闭合回路的,或接地使电流流入大地,其实大地此时也有一定的电位,之所以人们无任何异样的感觉,也是等电位的效果,而且常视大地为"零电位",故称此种状态为"不带电"。而所谓带电作业则是相对大地的电位为"零"而言的,如果相对于接触网本身,则电位也为"零"。电对人体造成危害的实质是一定的电流经人体所造成的。电流只能从高电位流向低电位,如果工作人员处于同电位下进行作业,不会有电流流经人体,也就不可能对人体造成伤害。

进行等电位作业的人员必须先挂好等电位线,使工作台处于等电位或穿上等电位服才能进行作业。检修过程中应经常注意与接地体保持不得小于规定的安全绝缘距离,与地面配合人员传递工具材料务必使用绝缘工具。如果有两人需上下车梯时,应分两侧同时上下,不能跟随上下,以免短接车梯有效绝缘长度而发生危险。地面监护人员必须同时监护高空作业过程、安全绝缘距离、相对行车的防护。

带电作业时,每个作业组作业前由工作领导人指定一名安全等级不低于四级的作业组成员作为要令人员,向电力调度申请带电作业。若几个作业组同时作业时,每个作业组必须分别向电力调度申请作业命令。在申请的同时,要说明作业的范围、内容、时间与安全措施等。绝缘工具在每次使用时要仔细检查是否有损坏,并用清洁、干燥的抹布擦拭绝缘部分。各种绝缘工具要有专人负责保管,按规定进行试验,要有产品合格证,禁止使用未经试验、试验不合格或超过试验期限的绝缘工具。

（2）间接带电作业

间接带电作业是作业人员通过绝缘工具接触带电体或在接触网不停电情况下,远离带电体所进行的接触网检修作业。间接带电作业,作业人员所持的非绝缘工具与带电设备之间的距离不得小于600mm。对于不停电状态下支柱上的其他作业也应遵循这个要求。在对接触网进行测量作业时,多在线路上进行,除了要细心测量记录外,还要注意行车防护,复线测量要逆向进行,即面向列车来向测量,一旦发现来车要及时避让。在测量绝缘子的分布电压时,必须由接地侧向带电侧逐个测量。在悬挂绝缘子串中,若三片绝缘子中有一片不合格或四片绝缘子中有两片不合格时,均需立即停止测量。

接触网带电检修不论是采取等电位作业还是间接带电作业,作业人员与接地体之间都是依靠绝缘工具的固定绝缘和空气的绝缘间隙来实现绝缘的。因此,如何正确选择带电检修的安全距离和绝缘工具的有效长度,是关系到带电检修能否保证安全的关键问题。所谓安全距离是指在进行带电作业时,等电位作业人员与接地体之间以及间接带电作业时,处于低电位的作业人员与带电体之间所允许保持的最小距离,它是关系到人身和设备安全的重要条件。安全距离应按带电体与接地体之间的直线空隙来计算。

四 接触网检修作业的特点

1 高空——防摔

接触网作业几乎都是在高空进行的,在作业时需要攀登十几米高的支柱,登上5m以上的车梯或在检修车上作业,踩在高出地面6m左右的接触悬挂上。在这样的高空中进行作业,由于下面是道砟和钢轨,一不小心就会发生危险,因此,高空作业一定要系好安全带。

2 高压——防触电

城市轨道交通的接触网电压高达1500V,比民用电压高出很多倍,尽管在许多情况下进行的是停电作业,但如果发生误操作,对平行线路上产生的高压感应电未采取有效的防护措施或与作业点附近的带电体不能保持足够的安全距离等,都会给作业人员带来生命危险。

因此,停电作业时的接地线挂设是安全的重要保证。

③ 高速——防车辆伤害

在运输繁忙的线路上,接触网检修工作要正常进行,也要注意可能开来的高速运行的列车。另外,接触网检修工作人员出工、收工都要乘坐轨道交通列车、汽车等交通工具,这些都体现了接触网工作"高速"的特点。因此,行车防护人员一定要认真负责,随时通报列车运行情况。

尽管接触网作业有此"三高"特点,其工作危险性很大,但对训练有素的接触网工并不可怕,只要认真执行安全作业程序,接触网工的安全是完全有保障的。

知识链接

某市城市轨道交通《接触网设备操作规程》

为了切实做好城市轨道交通接触网的设备运行工作,加强管理,提高质量,确保接触网设备的正常使用,特制订本规程。由于该市城市轨道交通接触网专业有权操作的设备仅为接触网手动隔离开关,所以本规程仅制订了《接触网手动隔离开关操作规程》。接触网远动隔离开关在本地进行手动操作时,可参照本规程。

1. 操作制度

(1)手动隔离开关倒闸作业应有两人进行:一人操作,另一人监护。操作及监护人(均不低于安全三级)均须持有隔离开关操作安全合格证。

(2)由接触网专业负责管理的手动隔离开关,其倒闸作业必须根据工作票或电力调度命令进行,并填写倒闸作业票(表5-11),按命令内容要求迅速完成。

(3)接触网专业管理的手动隔离开关倒闸命令接受程序为:

①由操作人员向电调提出申请或应电调要求提出申请。

②值班电力调度审查后,发布倒闸作业命令。

③操作人员受令,填写倒闸作业票并复诵(有疑问就必须问清楚)。

④值班电调确认无误后,给予批准。

⑤操作人进行倒闸作业,监护人必须在场监护。

⑥操作过程中,操作人应逐项填写倒闸作业票的时间栏。操作完后,操作人员立即向电调汇报,注销倒闸命令。

⑦值班电力调度及时发布完成时间和编号,并将命令内容等记入控制中心规定的相应记录。

⑧操作人员将倒闸作业票交由接触网值班员保存,由值班员填写作业命令记录与统计(表5-10)。

2. 操作程序及技术要领

(1)操作前戴好安全帽和绝缘手套,穿好绝缘靴。

(2)确认开关编号,检查开关状态和开关接地装置是否良好。

(3)打开隔离开关操作手柄上的挂锁。

(4)确定操作手柄牢固可靠,与手套接触不黏不滑。

(5)操作时应平稳迅速,一次开合到底,中途不准发生冲击或停滞。

(6)操作到位后,确认各部位技术状态是否良好。

(7)用挂锁将操作手柄锁定,然后离开。

3. 安全注意事项

(1)严禁线路带负荷时进行隔离开关倒闸作业,隔离开关可以开合不得超过10km线路的空载电流。

(2)隔离开关倒闸时所用绝缘手套及绝缘靴要求电气试验合格。操作前应对绝缘手套作漏气检查。

(3)隔离开关操作机构须用挂锁锁定,不得用铁丝或绳索等代替。挂锁要注意其锈蚀情况,定期更换。

(4)挂锁钥匙应存放在固定地点,由专人保管,钥匙上应有标签注明相应的开关号码,并注意定期更新标签。

(5)相邻支柱上的隔离开关或同一根支柱上有多台隔离开关的,其钥匙不得相互通用。

(6)控制车辆段检修车库的隔离开关,其传动机构挂锁与检修平台上的铁门联锁,操作时应严格按有关规定进行。

(7)操作人员在操作前应注意观察周围的工作环境,如发现将改变供电状态的区段内有接地线未撤除或有电客车正取流等,应即时向电调或该部门调度汇报。

(8)如操作过程中受阻,不可强行推拉手柄,应即时复位,并马上与电调或该部门调度联系。

5.3 城市轨道交通通信信号设备操作维护管理

一 无线通信设备系统终端操作

一般城市轨道交通无线数字集群系统采用单交换机、多基站与光纤直放站的方式组成线状网,由无线集群设备、光纤直放设备、漏泄同轴电缆等组成。无线交换机一般设在城市轨道交通控制中心,基站、光近端站与光直放远端站一般设在沿线车站与车辆段。

在控制中心设有网络维护终端,以便对沿线基站及光直放站等设备的运行及故障状态进行监测,另外还可以改变系统的各种参数。

各调度台的话音及控制信令经过交换机,通过有线通道、基站及漏泄同轴电缆传给列车司机、车站值班员及其他流动人员。车站值班员及其他流动作业人员的语音及呼叫信息经无线基站、漏泄同轴电缆及有线通道传给调度台,从而达到上下行不间断互通信息的目的。

1 固定电台操作

该电台是适应城市轨道交通无线通信系统的数字集群电台,安装在城市轨道交通车站控制室,实现与司机、便携台、控制中心的调度的通信。各键功能如下:"Q"键——请求呼叫;"H"键——呼叫车站;"Z"键——自检;"J"键——紧急呼叫;"←"键——回主菜单;"＊"键——回主菜单;"→"键——查询车站号。

上电后,操作终端显示"××通信工厂"。TMR880自动上电。80s后操作终端和TMR880连接,显示"联机中……"。如果和电台通信正常,操作终端显示"联机成功";如果和电台通信不正常,操作终端显示"联机失败"。按"←"键,操作终端显示"工作中……"。

(1)请求呼叫:单键请求呼叫调度

按键动作,上部红灯闪亮一下,按键有效。按"Q"键,显示屏上显示"请求呼叫中"。与调度通信故障,显示屏上显示"呼叫失败"。调度同意呼叫,显示屏上显示"调度呼叫"。调度未同意呼叫,显示屏上仍显示"请求呼叫中"。

(2)呼叫机车:单键呼叫机车

按键动作,上部红灯闪亮一下,按键有效。按"H"键,显示屏上显示"请求呼叫车站"。与机车通信正常,显示屏显示"PTT通话"。

(3)自检:单键自检固定电台终端

按键动作,上部红灯闪亮一下,按键有效。按"Z"键,显示屏上显示"自检中……"。与调度通信正常,显示屏显示"自检成功";与调度通信失败,显示屏显示"自检失败"。

(4)紧急呼叫:单键紧急呼叫

按键5s有效,期间上部红灯亮。按"J"键,显示屏显示"紧急呼叫中"。紧急呼叫成功,显示屏显示"PTT通话"。紧急呼叫失败,显示屏仍显示"紧急呼叫中"。

(5)"←"键

按键,显示屏显示"工作中……"。

(6)"＊"键

按键,显示屏显示"工作中……"。

(7)"→"键

按键,显示屏显示本站"车站号"。

2 TMR880车载电台操作

某市城市轨道交通一号线无线系统TMR880型车载电台(图5-3)是适应城市轨道交通无线通信系统的数字集群电台,将其安装在城市轨道交通列车上,可以实

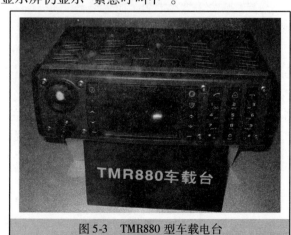

图5-3　TMR880型车载电台

现与控制中心的调度、车站人员以及调车场人员之间的通信。电源采用美国 VICOR 公司的产品,外围防浪涌保护电路符合欧洲 RIA12 标准,适合各种严酷的电源环境,各键功能如下:"Q"键——请求呼叫;"H"键——呼叫车站;"Z"键——自检;"J"键——紧急呼叫;"←"键——回主菜单;"*"键——回主菜单;"→"键——查询车站号。

上电后,操作终端显示"××通信工厂"。TMR880 自动上电。80s 后操作终端和 TMR880 连接,显示"联机中……"。如果和电台通信正常,操作终端显示"联机成功";如果和电台通信不正常,操作终端显示"联机失败"。按"→"键,操作终端重复联机,屏幕上显示"联机中……"。按"←"键,操作终端显示"工作中……"。

(1)请求呼叫:单键请求呼叫调度

按键动作,上部红灯闪亮一下,按键有效。按"Q"键,显示屏上显示"请求呼叫中"。与调度通信故障,显示屏上显示"呼叫失败";调度同意呼叫,显示屏上显示"调度呼叫";调度未同意呼叫,显示屏上仍显示"请求呼叫中"。

(2)呼叫车站:单键呼叫车站

按键动作,上部红灯闪亮一下,按键有效。按"H"键,显示屏上显示"请求呼叫车站"。与机车通信正常,显示屏显示"PTT 通话"。

(3)自检:单键自检车载定电台终端

按键动作,上部红灯闪亮一下,按键有效。按"Z"键,显示屏上显示"自检中……"。

(4)单键紧急呼叫

按键 5s 有效,期间上部红灯亮。按"J"键,显示屏显示"紧急呼叫中"。紧急呼叫成功,显示屏显示"PTT 通话"。紧急呼叫失败,显示屏仍显示"紧急呼叫中"。

(5)"←"键

按键,显示屏显示"工作中……"。

(6)"*"键

按键,显示屏显示"位置查询"。通信正常,车载电台将从调度台下载列车当前位置信息。

(7)"→"键

按键,显示屏显示本站"车站号"。

❸ THR880 手持机操作(图 5-4)

某市城市轨道交通一号线无线系统是由 NOKIA 公司提供的 TETRA 数字集群系统(多基站系统)和 800MHz 集群射频直放站组成的一个有线、无线相结合的无线集群调度网络。它提供了控制中心的行车调度员、环境调度员、公安值班员、维修调度员对诸如正线列车司机、运营车站人员、维修人员等无线用户分别实施无线通信,车厂调度员对车辆段列车司机和段内的无线用户实施无线通信以及相应的无线用户之间必要的无线通信,同时还提供相应的呼叫、广播、录音、存储、显示、检测要求和优先权等功能。

❹ 调度台操作

调度台包括以下用户。

行车调度:控制中心调度员与司机、车站、相应无线用户的通信与数据传输。

车辆段调度:车辆段调度与车辆段内司机及相应无线用户的通信数据传输。

维修调度：维修调员度与维护人员的通信与数据传输。

环控调度：环控调度员与环境控制人员的通信与数据传输。

（1）用户登录

当用户打开程序后，程序首先会弹出如图5-5所示界面。

用户需要分别输入用户名、口令、SSI号码。当用户是第一次使用时，用户需要选择调度类型——是行车调度、车辆段调度、还是环控调度、维修调度。此后，当用户再进入时，就无需选择，程序会自动记录用户上次登录的类型。

（2）主界面（图5-6）

当用户成功登录后，在主程序的左下脚会显示出用户的用户号、用户类型（行车调度、车辆段调度、维修调度、环控调度）和用户登录名称。若登录不成功，将会提示登录失败。此时，用户可以从文件菜单中选择"登录"项重新登录。

图5-4　THR880手持机

图5-5　程序界面

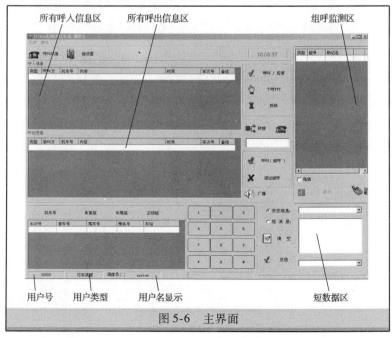

图5-6　主界面

(3) 菜单说明

①文件菜单(图5-7)。

登录菜单项用来进行用户登录。

注销菜单项用来进行用户注销。

选择退出菜单项,将会退出程序。若用户退出前没有注销,则程序会提示用户先注销后,再退出。

②操作菜单(图5-8)。

更改口令菜单项可以允许用户更改口令,但是不能更改用户名。

浏览打印菜单项可以让用户查询并打印所有与调度有关的呼叫记录及短数据信息。

动态重组功能、短数据定制功能、声音设置功能会显示在同一个用户界面中。

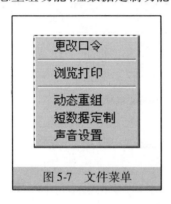

图5-7 文件菜单

图5-8 操作菜单

(4)功能说明(图5-9)

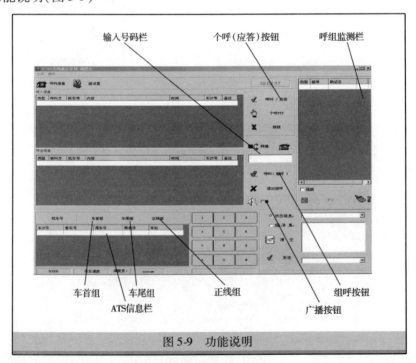

图5-9 功能说明

①个呼。

发起个呼：调度员首先要在输入方号码栏输入要发起个呼的号码（可以从键盘或程序界面上的数字键输入），然后按个呼按钮发起呼叫。当呼叫建立后，程序会显示出呼叫建立成功。此时，调度员就可以按"PTT"按钮或按下桌面"PTT"与被叫方说话。

接收个呼：接收个呼调度需要应答。当有个呼呼入时，程序会显示呼入方的信息并振铃，调度员需要按应答按钮建立呼叫。当呼叫建立后，调度员就可以按"PTT"按钮或按下桌面"PTT"与被叫方说话。

结束个呼：当调度想要结束个呼时，调度员可以按拆线按钮结束个呼。当对方结束个呼时，程序界面会显示出个呼结束信息。

②组呼。

发起组呼：调度员首先要在输入方号码栏输入要发起组呼的号码（可以从键盘或程序界面上的数字键输入），然后按组呼按钮发起呼叫。当呼叫建立后，程序会显示出呼叫建立成功。此时，调度员就可以按"PTT"按钮或按下桌面"PTT"与被叫方说话。

调度员还可以根据 ATS 信息进行组呼（环控调度、维修调度没有此功能）。当行车调度员登录后，程序界面会在 ATS 信息栏上方显示出车首组、车尾组、正线组三个按钮，调度员可以按下任一个按钮后，再按组呼按钮发起组呼（不需要输入组号）。当 ATS 信息正常接收时，调度员可以从 ATS 信息栏中选择某列车，然后再按组呼按钮发起对这列车的呼叫。当车辆段调度员登录后，程序界面会在 ATS 信息栏上方显示出车辆组这个按钮，调度员可以按下这个按钮后，再按组呼按钮发起对车辆段组的组呼（不需要输入组号）。车辆段调度员还可以按下机车号按钮，输入机车号发起呼叫。

在组呼监测栏中选择要发起组呼的组，然后按鼠标右键选择呼叫显示弹出菜单，选择呼叫项，发起呼叫，并可以按下"PTT"按钮进行通话。

接收组呼：调度员要接收组呼，首先在组呼监测栏中加载需要接收组呼的组，并按鼠标右键选择呼叫显示弹出菜单，选择语音监测。

③接收紧急呼叫。当有紧急呼叫呼入时，呼入信息会显示在呼入信息区中，并以红色显示，同时有声音提示。

④广播。所有的广播功能与组呼功能类似，只是在组呼中选择组呼按钮在广播功能时选择要选择广播按钮。

⑤发送状态信息（图5-10）。调度员首先要在状态信息栏中选择要发送的状态信息号，然后在号码输入栏中输入要发送的组号或个呼号，或者从 ATS 信息栏中选择某列车或按下车首组、车尾组、正线组、车辆段组，然后选择发送按钮进行发送。发送信息会在呼出信息栏中显示出来。

调度员在文本短消息框输入要发送的文本短消息内容，然后在号码输入栏中输入要发送的组号或个呼号，或者从 ATS 信息栏中选择某列车或按下车首组、车尾组、正线组、车辆段组，然后选择发送按钮进行发送。发送信息会在呼出信息栏中显示出来。

调度员在文本定制栏中选择定制的文本号，然后在号码输入栏中输入要发送的组号或个呼号，或者从 ATS 信息栏中选择某列车或按下车首组、车尾组、正线组、车辆段组，然后选择发送按钮进行发送。发送信息会在呼出信息栏中显示出来。

⑥电话转接(图 5-11)。当有无线用户需要接外线时,调度员先按下转接摘挂机按钮,并输入外线号码,然后按下转接按钮。

⑦记录查询(图 5-12)。调度台程序对所有本调度台的通信记录是按照每天一个文件存储,文件名按年月日来存储。因此,在查询时,首先应当通过文件选择按钮选择某一天的记录,然后按查找按钮来查询那一天的记录。记录可以按照类型和时间来查询。

⑧组设置。在主界面中选择组设置按钮,就会显示如图 5-13 所示的界面。调度员可以对机车号、监测组、车站组、状态对应表进行设置。当选择添加更改按钮后,会显示如图 5-14 所示的对话框,按确定按钮后,就可以添加和更改。

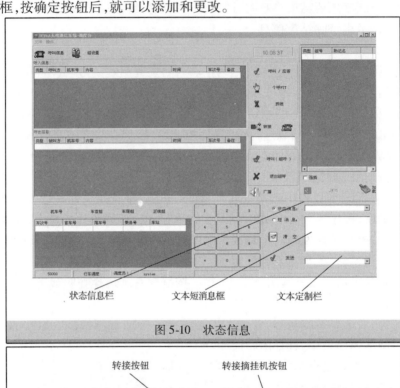

图 5-10 状态信息

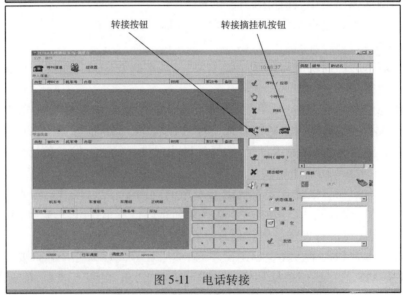

图 5-11 电话转接

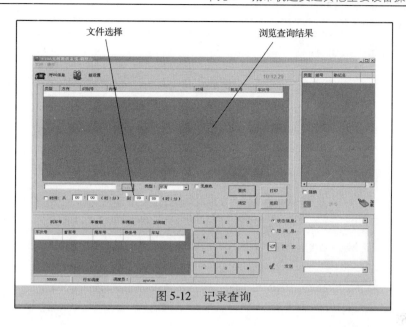

图 5-12　记录查询

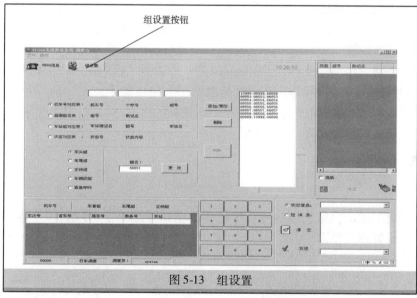

图 5-13　组设置

动态重组：通过动态重组，调度员可以对某个移动用户动态地添加和删除组，并能够查询某个移动用户的所有组和某个组的所有用户，如图 5-15 所示。

⑨短数据定制功能。类似状态信息，调度员可以事先定义某个数字代表的信息内容，定义内容要与移动终端相一致。此后，只要双方收到以数字发送的短数据信息，就以预先定义的内容来显示。

图 5-14　对话框

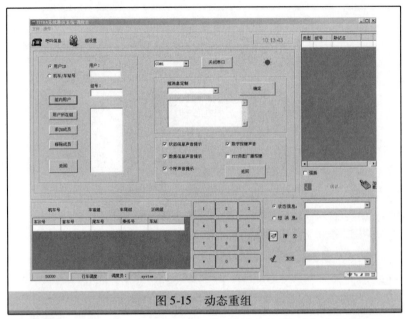

图 5-15 动态重组

⑩声音设置功能。调度可以选择是否需要信息到达的提示音进行设置。

⑪串口选择。此串口的设置是用来转接电话板通信的串口。系统默认开机打开串口,调度可以进行重新设置。

⑫接口服务器。接口服务器,主要完成以下一些功能:ATS 信息的接收和转发;ATS 连接状态显示;时钟串口的设置与打开;时钟信息的接收与转发等。

当接口服务器运行后,程序会自动进行 ATS 信息的接收和转发,但是时钟端口需要网管或系统维护人员从菜单中选择设置串口。

二 信号维修规则

本规则规定了城市轨道交通信号系统设备的维修管理要求、方法、程序等,适用于信号系统设备的维修管理工作。

1 总则

(1)信号系统设备是城市轨道交通运营的重要组成部分,是技术密集型设备。为保证行车安全、提升运营水平、为乘客提供"安全、准点、舒适、快捷"的乘车环境,通号中心要坚持为一线服务的宗旨,坚持"安全第一、预防为主"的方针,贯彻国家的技术政策,维护好各系统设备,做好本职工作,保证信号系统设备状态良好、正常运行。

(2)物资设施部通号中心要加强对员工的政治思想教育与专业技能的培训,不断提高员工的思想素质与业务素质,建立一支思想素质高、遵章守纪、专业技能过硬的维修队伍。

(3)信号系统设备维护工作应结合本专业的特点,严格执行有关规章制度,加强基层班组管理与建设,保证行车、设备和人身安全。

(4)信号系统设备的维修工作实行分公司、物资设施部、通号中心三级级管理。在通号中心内部建立并实行通号中心、班组二级管理制度。

(5)信号系统设备的维护工作必须贯彻预防与整修相结合、以预防为主的原则,按期进行计划性维修。在维修中采取多种手段进行检测,根据设备状态参数进行早期设备故障诊断,并逐步向状态维修的方向发展,为早日从计划维修向状态维修过渡创造条件。

(6)信号系统设备的维护管理应以质量管理为核心,以现代化管理为手段。它包括维修安全管理、维修计划管理、维修技术管理、维修质量管理、设备管理及维修统计管理。

(7)信号系统设备的修程分为日常保养(一级维修)、二级保养(二级维修)、小修(三级维修)、中修(四级维修)、大修(五级维修)、预防性试验(试验)、故障处理(故障维修)。通号中心应根据城市轨道交通及本中心实际情况,明确所辖系统设备维修工作必须具备的修程。

(8)加强对系统设备的定期维修,执行记名修的设备维修制度。

(9)在进行系统设备维修的过程中应严格控制维修成本与维修质量,在确保维修质量的条件下减少不必要的浪费,合理安排人力和物料消耗。

2 维修组织

(1)信号系统设备的范围为信号ATS、ATP/ATO、SICAS、计算机联锁四个子系统。

(2)通号中心组织构架如图5-16所示。

3 各部门职责

(1)通号中心

通号中心是通信、信号维修工作的直接管理部门,对维修工作的开展、维修工作的质量进行必要的监督与控制。

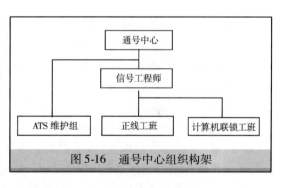

图5-16 通号中心组织构架

通号中心主要职责有:负责组织制订、实施通信、信号维修工作计划,并进行监督检查;负责制订、完善生产技术上的各项管理制度;负责技术革新、设备改造工作;负责通号中心员工技术、安全的培训工作;负责协调通号中心与所属部门及其他部门之间的工作关系;负责组织故障抢修与分析工作;统计报表;物料管理(包括进口备件、返修件);设备维修质量管理与安全管理。

(2)信号班组

信号班组是信号系统设备维修工作的组织与实施部门,必须严格按照通号中心的维修计划及各项技术要求开展维修工作,并确保维修质量。

参与制订信号专业检修计划,并组织实施;负责信号设备和维护人员的安全;负责信号专业故障的抢修工作;参与信号专业维修人员的培训工作;参与信号专业的技术革新、设备改造工作;完成通号中心安排的各项工作。

(3)信号各班组分工

①正线工班。维护全线ATC联锁子系统室外设备,包括轨道电路、信号机、道岔转辙机、钢轨上的各类跳线、室外缆线及箱盒、各类环线。

维护各站设备房中除RTU、SIC以外的所有信号设备,包括联锁设备、轨旁ATP、SLC、

LCP、ESB(紧急停车按钮)、自动折返按钮、电源设备、分线柜的维护及故障处理。

②ATS维护组。维护OCC的所有信号设备;维护各站LOW、RTU、SIC设备;各车站站台的DTI、PIIS设备及缆线;维护车辆基地的ATS设备;OCC电源及电源监控工作;大屏幕背投系统电源(包括UPS、蓄电池)。

③计算机联锁工班。维护车辆基地计算机联锁室内外设备;维护试车线上的信号室内外设备。

4 各岗位职责

(1)通号中心主任岗位职责

在物资设施部直接领导下,负责通号中心的全面管理工作;负责组织通信、信号维修计划的编制与实施,并监督检查执行情况;定期深入现场检查设备运行状况,提出指导性意见;现场指挥通号系统重大故障的抢修;组织编写与完善系统内技术规程、标准;制订、审核通号系统有关操作、运行、维修、工艺等实施细则;组织维护经验交流活动,协调与其他部门的接口关系;积极开展管内系统设备科研、技改和国产化工作;完成上级领导临时交办的任务。

(2)通号中心信号工程师岗位职责

在通号中心主任的领导下,负责信号联锁系统的生产与技术管理工作;编制、审核信号系统维修计划,并定期检查执行情况;熟悉正线和车辆基地的信号设备,负责联锁关系的校核工作;定期参加设备质量检查,参加设备运用状态的综合分析,解决维修中的技术问题;编写与完善系统内技术规程、标准;制订、审核信号系统有关操作、运行、维修、工艺等实施细则;负责信号设备台账、技术文本、图纸的管理;组织信号职工进行技术业务学习,不断提高设备维护和故障应急处理水平;完成上级领导临时交办的任务。

(3)信号班组长岗位职责

接受信号工程师直接领导;负责管内信号设备的维修和信号巡检员的管理;编制班组生产计表,经审批后负责组织实施;严格检查、督促计表执行,并认真填写工作日志;每月定期对管内设备运用状态进行综合分析,指导设备维护工作;对班组的行车、设备和人身安全负责;负责组织班组的安全教育、安全预想等活动;组织信号设备维护知识和技能的学习,努力提高班组巡检员的专业素质;搞好班组团结,加强班组精神文明建设,组织班组员工参加上级来文的学习;负责班组信号设备台账、技术文本和图纸的管理;完成上级领导临时交办的任务。

(4)ATS工程师岗位职责

在通号中心主任的领导下,负责ATS系统的技术管理及维修;编制并实施ATS系统维修计划;熟悉ATS设备,为运营行车部门提供技术支持;定期参加设备质量检查,参加设备运用状态的综合分析,解决维修中的技术问题;编写与完善系统内技术规程、标准;制订、审核通号系统有关操作、运行、维修、工艺等实施细则;负责ATS设备台账、技术文本、图纸的管理;完成上级领导临时交办的任务。

(5)信号巡检员岗位职责

在信号工长的领导下,主要负责信号设备的维修及紧急故障处理;熟悉分管设备的性能及维修标准和作业规程,对分管设备的维修质量和安全负责;及时处理设备故障或克服设备隐患,遇有重大故障不能及时克服的,应逐级上报或按规定作应急处理;认真执行劳动保护规定,做好防护工作,确保人身安全;搞好班组成员团结,关心集体,发扬团队协作精神;完成上级领导临时交办的任务。

5 维修管理

(1) 维修安全管理

①安全是城市轨道交通运营工作的生命线,信号专业的维修工作必须严格执行国家的有关安全生产的法规法令,严格遵守公司的有关规章制度。

②通号中心、信号各班组应坚持"安全第一、预防为主"的方针,把安全工作放在重中之重,落到实处。

③信号专业维修人员必须认真执行"三不动"、"三不离"、"四不放过"、"三级施工安全措施"等基本安全生产制度。

"三不动":未联系登记好不动;对设备性能、状态不清楚不动;正在使用中的设备不动。

"三不离":检修完不复查、试验好不离开;发现故障不排除不离开;发现异状、异味、异声不查明原因不离开。

"四不放过":事故原因分析不清不放过;未制订防范措施不放过;事故责任人未受到严肃处理不放过;员工未受到教育不放过。

"三级施工安全措施":部门、通号中心、班组三级施工安全措施。

④在安排(进行)维修作业时,应有安全防范措施,并严格遵守有关技术作业安全规定。

⑤信号专业维修人员必须进行必要的岗前培训,应按规定进行审验。

⑥通号中心应有负责本中心安全工作及监控的安全员。各班组应设兼职安全员,形成安全管理网络。通号中心根据公司、物资设施部要求,每月按时上报故障情况分析月报表,每年上报年度事故统计表。

⑦其他参见信号安全规则。

(2) 维修计划管理

根据公司的相关标准,制订相应的年度维修计划、月度维修计划、临时维修计划(包括委外维修计划)。

设备年度检修计划应均衡安排,年底留有一定的余地,下一年度检修计划应由通号中心在本年度规定时间内(公司及物资设施部的有关规章制度)完成编制、报批工作,待批准后执行。

设备月度检修计划应由工班长根据公司及物资设施部的有关规定按时完成编制工作,由部门审核,经分公司批准后执行。

年度、月度检修计划应严格认真执行,未经批准不得擅自更改。因客观原因计划变更,应按有关规定执行。

(3) 维修技术管理

①通号中心根据公司的技术管理规定进行相应的维修技术管理工作。加强对技术文件、技术资料的管理,确保维修工作的需要。维修班组配备必要的技术资料,其中 ATS 系统操作维护资料放置于 ATS 维护组,由 ATS 维护组负责管理;SICAS 系统操作维护资料放置

于正线工班,由正线工班负责管理;计算机联锁系统操作维护资料放置于计算机联锁工班,由计算机联锁工班负责管理。

及时解决维修工作过程中出现的技术问题,并积极配合技术部门解决部门间的技术接口。

②通号中心应建立、完善信号系统设备档案。

③所选用的维修材料、备品备件等应是国家标准器材或公司技术部门统一要求的器材。

④信号班组应按信号系统设备的技术要求定期对系统设备进行全面测试,应使设备所有技术性能与机械性能符合原设计或公司技术部门的要求。

⑤信号班组应做到系统设备的技术资料、图表等与实际情况相符,并妥善保管有关资料。

⑥信号设备检修要求具体见信号设备检修标准。

⑦通号室应具备技术资料与图表如下:信号系统全线各联锁区国内配套部门图册;信号合同技术附件;信号各子系统的安装手册;信号各子系统的维护手册;信号各子系统的操作手册;信号各子系统的竣工资料;信号系统安装调试验交手册;信号系统安装调试验交手册(附件);信号系统站场平面布置图;信号系统系统原理图。

⑧信号各班组应具备技术资料与图表如下:信号合同技术附件;班组所管辖子系统的安装手册;班组所管辖子系统的维护手册;班组所管辖子系统的操作手册;班组所管辖子系统的竣工资料和图纸;班组所管辖子系统安装调试验交手册;班组所管辖子系统安装调试验交手册(附件);班组所管辖子系统的系统图;班组所管辖子系统的培训手册。

(4)维修质量管理

班组应每月对维修工作质量进行检查,并做好记录。通号中心信号工程师应定期对各设备维修质量进行检查与鉴定,并做好记录。通号中心、各班组应积极配合公司技术部门组织进行的各类检查、鉴定、验收工作。

(5)设备管理

应建立所辖系统设备完整的台账,并保证固定资产的完好;应根据公司、物资设施部的规定对系统设备进行管理;应建立定期核查设备台账的制度及相关要求。对于设备故障进行统计分析,并建立相应的设备故障统计报表。各类试验、测试所应达到的目的及相关的技术要求,详见信号设备检修标准。未经公司批准,不得移动设备的安装位置,不得修改系统(设备)软件,不得在设备上添加其他设备。

(6)日常保养(一级维修)

①日常保养(一级维修)的基本要求。检查设备外观是否良好,基础是否稳固,螺钉是否紧固,箱体、加锁装置是否完好。

检查设备外部连接杆、件、管线是否完好,动作是否灵活,设备运行是否正常、平稳,有无噪声,温升是否正常等。

对设备运行状态、指示、表示进行监测、记录;检查指示是否超标,发现异常及时调校、排除。

对设备表面进行清洁,按要求加注润滑油,并保证设备周围环境良好。

②信号班组正线工班、计算机联锁工班、ATS 维护组实行,每班 1～2 人值班,负责正线、车辆基地、ATS 设备的日常保养与当值期间的故障处理。

③值班人员应对所管设备进行巡视、检查,认真填写值班日志和巡视、检查记录表,监视设备运行状态。在不影响设备运行情况下或在运营停止后进行设备日常保养,参加计划性检修。

④值班人员在当值期间接报设备故障时,应立即按相应设备故障处理程序尽快进行故障抢修,以尽可能减少故障延续时间。当故障不能马上修复时,应上报维调。在维调的允许下采取降级模式或停运设备,以免故障扩大影响运营。

⑤当行车设备发生故障时,在处理故障前,应首先与车站值班人员联系,在取得车站值班人员同意后方可进行故障抢修。故障处理完毕后,应通知车站值班人员确认,并在行车设备故障登记簿上登记,写明设备故障原因及修复、停用时间等。

⑥信号班组实行岗位责任制,值班人员在当值期间对所管辖设备的运行质量与运行安全负责。

(7) 二级保养(二级维修)

①二级保养(二级维修)的基本要求。对设备定期开盖、开箱检查,进行设备内、外部清洁,理顺引出(引入)线、检查接线端子,紧固各部螺钉。

测试送、受电端电压、电流,绝缘检查或测试。

对设备关键、主要部件进行测试、调整。

紧固动作部分杆件、塞钉、螺钉,清洗磁头、传感器等,内部加注润滑油。

②信号设备的月检与季检都属二级保养。季检应纳入年度检修计划中。

③信号月检与季检重叠时一并进行,检修内容应包括月检、季检的全部内容。

④二级保养计划应严格按照年度检修计划进行。因故不能按照计划日期进行,需要延期变更时,不得超过一周;超过一周时,需报物资设施部批准。

⑤在进行二级保养的同时,应定期测试信号设备的电气特性,及时填写测试记录,掌握设备的电气特性变化。

⑥对关键、重要设备的二级保养,班组长、信号工程师应参加,进行技术支援,确保设备检修质量。

⑦班组每季应对所管辖设备质量和运用质量检查一次,通号中心每半年应对所管设备质量与运用质量检查一次,并对检查结果作出评语和记录,分析总结上报,以保证设备质量符合检修标准。

⑧通号中心应定期召开班组长会议、设备维修技术讨论会,分析安全生产情况与设备故障原因,解决设备疑难问题,进行技术讨论和交流,总结维修经验,找出设备的薄弱环节,制订技术和安全措施。

(8) 小修(三级维修)

①小修(三级维修)的基本要求。对设备的机械特性与电气特性进行全面测试,引入线对地绝缘的测量。

对设备主要、关键部位、部件进行分解、检查、调整,更换易损部件与零小配件。

对曾发生故障的设备进行重点诊断、分析,消除故障隐患。

对设备基础、箱体进行平整、调整、稳固,清理设备表面油蚀。

②信号设备的小修指设备的年检,属三级维修,纳入年度检修计划中。

③三级维修计划应严格按照年度检修计划进行,因故不能按照计划日期进行,需要延期变更时,不得超过两周;超过两周时,需报物资设施部批准。

④年检与月检、季检重叠时应一并进行。年检的内容应包括月检、季检的全部内容。

⑤在进行三级维修的同时,定时测试信号设备的电气特性,及时填写测试记录,掌握设备的电气特性变化。

⑥对信号设备的小修应严格按照设备检修标准全面认真地进行,确保检修质量,使经过小修后的设备完全符合检修标准,达到原设计的技术标准和要求。

⑦结合设备的小修,通号室每年应对所管设备进行一次设备质量大检查,按设备质量"良好、合格、不合格"对设备质量进行评估、统计、分析,并将结果上报物资设施部。

(9)中修(四级维修)

①中修(四级维修)的基本要求。对现场可拆卸、替换的设备中修可采用运回通号中心进行;对不易拆卸、替换的设备中修可采用现场集中维修的方法进行。

信号设备的中修要对设备进行全面分解、整修、补强、调整。

对关键、主要部件进行修复、更换,对淘汰的设备、器材进行更换。

对系统进行全面测试、调整,以保证设备的机械特性与电气特性符合检修标准,达到原设计的技术标准与要求。

②信号设备的中修是按照设备的使用周期对信号设备进行整修、补强和恢复工作,以保证电气特性和机械强度符合规定标准,安全可靠地使用到下一次中修或大修。

③信号设备的中修周期可根据设备运用情况、设备质量及供货商提供的检修周期确定,也可参考国铁同类设备的中修周期而定,一般5~8年进行一次中修。

④信号设备的中修计划应提前一年上报物资设施部、公司。经批准后,方可在下一年安排中修计划,以便提前申报费用,采购设备备件与材料,保证中修任务的顺利完成。

⑤为了保证中修的质量,通号中心应加强对中修人员的专业技能培训,同时应配备有专用仪器仪表与检修测试设施。

⑥中修所用的设备、器材与材料应是标准设备、器材、材料,并经过测试、检验完全符合要求方可使用。

⑦经中修后的设备应经过全面系统的测试与试验,各项功能与技术指标完全达到检修标准和原设计的技术要求后方可正式投入使用。

⑧信号设备的中修一定要保证检修质量与设备质量,以保证中修后的设备工作状态良好,安全运行到下一次中修。

(10)大修(五级维修)

①在设备机械磨耗超限、强度不足,电气特性不合标准,电缆、配线老化,设备质量下降而不合格,系统设备不合格达一定比例时,应对系统设备进行大修。

②设备大修应与改变设备制式、技术改造相结合进行。

③大修设备应采用标准设计、标准定型器材,经大修的系统设备应在竣工验收完成后方可投入使用。

④信号班组目前对所辖各系统设备不具备大修能力。但在设备大修工作进行时,应按照公司、物资设施部的有关规定积极参与、配合大修工作的开展。

(11)故障处理(故障维修)

①对发生故障的信号设备,应尽快组织对故障设备进行测试、诊断、分析,找出故障原因修复故障,恢复设备使用。

②在故障修复时,应详细记录故障现象及处理修复过程,以备分析故障及在其他修程开展时作出进一步的处理与修复。

③在故障处理后,应能保证设备恢复使用功能,正常投入运行。如无法达到时,应采用降级模式使用或停用该设备,不能使设备带病运行,以防故障扩大。

④信号设备的故障处理,要严格执行公司的有关规定。

5.4 城市轨道交通线路维护管理

一、线路与道岔

1. 线路

线路包括正线、配线、折返线和存车线等。正线是列车在站内到发、通过及停留的线路。配线是供列车待避、越行的线路。为了降低工程投资,轨道交通车站一般不设置配线。折返线是供列车折返的线路。折返线的布置应尽可能保证线路最大通过能力的实现。存车线是临时停放列车的线路。存车线的设置应兼顾运营功能需要及车站造价控制。车站辅助线的长度一般按远期列车长度加 30m 设计。

地下车站的线路通常采用"高站位、低区间"设计,如图 5-17 所示。列车在进站前上坡缓行、出站后下坡加速。这种凸形纵断面设计对行车安全、节约电能、减少加减速时间、降低乘客出入站升降高度、降低造价和缩短工期都是有利的。

地下车站的线路坡度,考虑排水因素与防止列车溜逸,一般设计为 2‰。地面车站与高价车站的线路一般设置在平道上。

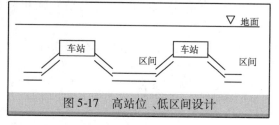

图 5-17 高站位、低区间设计

2. 道岔

(1)道岔的组成

道岔是使列车、车辆由一条线路转入另一条线路的连接设备,通常设置在车站上和车辆段内,是轨道的组成部分。道岔有单开道岔、双开道岔和交分道岔等类型。其中,单开道岔是最常用的道岔。

单开道岔由转辙器(包括尖轨、基本轨和转折机械)、连接部分(包括直轨和导曲线轨)、辙叉及护航(包括辙叉心、翼轨和护轮轨)三部分组成。

道岔号数以辙叉号数 N 表示($N = \cot\alpha$),辙叉角 α 越小、辙叉号数 N 越大,列车通过道岔的速度、尤其是侧向通过道岔的速度也越高。轨道交通正线和辅助线一般采用9号道岔，车辆段线路一般采用7号道岔。

（2）道岔的使用

正常使用下采用遥控操作、电气锁闭。在故障情况下，道岔采用现地手摇、人工锁闭。一般来说道岔的操作由扳道员专人负责，在没有扳道员的车站可以由站长指定可以胜任该工作的其他人员进行操作。具体操作见表5-18。

扳道员手摇道岔一次作业标准 表5-18

作业内容	行车值班员	扳道员	附注
（1）布置进路（准备工作）	布置扳道员："准备××次×道至×道进路"	复诵"准备××次×道至×道进路"	扳道员携带套筒、手摇柄、锁头、钥匙及对讲机至现场，根据值班员的指令，确认道岔位置并向行车值班员汇报。扳道员根据车站值班员的命令，将需手摇的道岔套筒锁打开，打开开闭器，将道岔手摇至规定位置，用钩锁器锁闭，然后将进路上所有道岔检查一遍，确认所有道岔开通位置正确
（2）听取汇报	复诵："××次×道至×道进路好"	向行车值班员汇报："××次×道至×道进路好"	值班员再次与扳道员核对进路上所有道岔开通位置是否正确
（3）布置接车	行车值班员在收到邻站报来的列车开点后布置扳道员："××次开过来了，×道接车"	复诵："××次开过来了，×道接车"	扳道员在接车位置，面向来车方向，显示红色停车信号接车，确认列车整列到达后，回收信号，向行车值班员汇报
（4）听取汇报	填写行车日志		

在进行人工操作道岔时应严格按照一看、二扳、三确认、四显示的要求操作道岔：一看现场情况、位置、尖轨与基本轨有无异味；二根据车站值班员布置将道岔手摇到所需位置；三确认道岔操作到位并锁闭；四根据车站值班员命令向司机显示信号。

此外，手摇道岔必须确认锁闭。确认锁闭的常用方式如下：

①尖轨密贴。尖轨与基本轨间，顶端4cm以内无大于2mm的间隙。

②手摇操作到位。以听到电动转辙机箱内动接点与静接点接触后发出的"咔嚓"声为准。

③其他特殊情况时，由行车值班员下达命令才进行。

二 线路检修规程

为保证城市轨道交通工务中心维修人员能按期、按项目、按内容对线路设备进行检修，特制订本规程。本规程规定了城市轨道交通正线、车辆段基地及停车场线路设备检修周期、项目、工作内容和检修要求。本标准适用于城市轨道交通1435mm标准轨距轨道线路和最高行车速度小于或等于80km/h的线路。

1 线路设备的检修周期与工作内容

线路设备的检修周期与工作内容见表5-19。

线路设备的检修周期与工作内容　　　　　表 5-19

序号	设备	修程	主 要 内 容	周 期
1	路基	日常养护	1. 路基土质是否牢固,有无松塌现象 2. 防护与加固设备进行检查,并根据设备状态度维修 3. 查看路基泥土流失情况,并及时维修 4. 检查路基排水沟的排水情况,并疏通	每半年
		维修	1. 对路基的整体情况进行检查 2. 全面清理路基排水沟 3. 清除路堑边坡上的弃土 4. 铲低或填补路肩,整修路面排水坡	每年(雨季时每月检查)
		大、中修	1. 测量及理顺路基侧沟 2. 全面清理路基排水沟 3. 改善易滑地段的土质 4. 全面整治路基边坡 5. 路基防护及加固设备修补与完善	根据设备损耗情况确定
2	碎石道床	日常养护	道床的外观整理	每半年
		维修	1. 检查道砟的增补,并做好计划	每年
			2. 处理零星翻浆冒泥地段	每月
		大、中修	1. 原铺碎石道床全面清筛(含道岔侧线长岔枕范围内道床),补充道砟,改善道床断面 2. 对基床冒浆进行整治 3. 处理基床沙子的流失 4. 清筛枕盒内不洁道砟	根据设备损耗情况确定
3	整体道床	日常养护	1. 清理道床排水沟	每半年
			2. 检查道床	每季
		维修	1. 对道床的裂纹进行监测并处理 2. 全面清理水沟与破损部位的修复	根据设备损耗情况确定
		大、中修	1. 成段修整水沟 2. 成段修理破损的承轨台	根据设备损耗情况确定
4	浮置板道床	日常养护	1. 检查混凝土短枕槽是否有损坏 2. 浮置板有无裂纹 3. 检查板缝间是否有渗水 4. 查看板缝间有无垃圾并清除	每季
			5. 水沟的清理	每半年
		维修	全面整修覆置板道床	每两年
		大、中修	1. 大量的更换损坏的部件 2. 全面更换浮置板道床	根据设备损耗情况确定

续上表

序号	设备	修程	主 要 内 容	周 期
5	轨枕	日常养护	1. 检查轨枕的使用情况,并做好更换计划	每两个月
			2. 处理吊板枕木和扣件、道钉松脱浮起但不明显的枕木	
		维修	1. 检查并方正轨枕	每年
			2. 对失效枕木进行更换	
			3. 全面更换和修理失效的螺栓	根据设备损耗情况确定
		大、中修	全面更换失效轨枕	根据设备损耗情况确定
6	钢轨	日常养护	1. 检查正线钢轨表面是否有伤、掉块及裂纹	每两个月
			2. 检查正线钢轨有无折断,并做好记录	
			3. 检查基地钢轨表面是否有伤、掉块及裂纹	每半年
			4. 检查基地钢轨有无折断,并做好记录	
			5. 正线钢轨常规探伤	每年八遍
			6. 基地钢轨常规探伤	每年两遍
			7. 钢轨焊缝接头探伤	每年两遍
			8. 整治接头错牙	每季
			9. 有缝线路检查两钢轨接头的对接情况及相错量	
			10. 对已发现的轻伤及有发展的伤轨进行观察	每两天
			11. 对发现疑点及时探伤确认并做好记录	根据设备损耗情况确定
			12. 临时处理伤损钢轨	
		维修	1. 利用打磨车对波磨和侧磨钢轨进行打磨	根据设备损耗情况确定
			2. 处理钢轨的串动、爬行情况	
			3. 对钢轨飞边、接头凸出的进行打磨	每年
			4. 对钢轨硬弯进行处理	
			5. 调查及调整轨缝	每半年
		大、中修	1. 成段更换伤损钢轨	根据设备损耗情况确定
			2. 全面调整轨缝	
7	连接零件	日常养护	1. 检查接头螺栓是否松动	每两天
			2. 接头夹板连接是否正常	
			3. 补齐折断或失去弹性的弹簧扣件	每月
			4. 补齐所缺及失效的道钉	每两个月
			5. 处理各种伤损的垫板	每季
			6. 更换已失效的扣件	
			7. 处理变形及伤损接头夹板	根据设备损耗情况确定
		维修	1. 对高架桥和地面线路的螺栓、铁垫板、各类扣件螺栓进行涂油	每两年
			2. 对隧道内线路的螺栓、铁垫板、各类扣件螺栓进行涂油	每三年

续上表

序号	设备	修程	主要内容	周期
8	线路	日常养护	1. 检查正线碎石道床线路的几何状态及消灭	每月
			2. 使用轨检车进行检查	
			3. 检查正线碎石道床地段钢轨爬行并记录情况	
			4. 检查基地线路的几何状态及消灭	每两个月
			5. 检查基地碎石道床地段钢轨爬行并记录情况	
			6. 检查正线整体道床线路的几何状态及消灭	每季
			7. 检查焊缝有无低接头	
			8. 检查正线整体道床地段钢轨爬行并记录情况	
		维修	1. 线路维修	每三年
			2. 全面改善线路的几何状态	根据设备损耗情况确定
			3. 整正曲线	
		大、中修	1. 在曲线上发现混凝土枕挡肩破损、钢轨不正常磨耗等,应实测车速,进行计算和调整超高	根据设备损耗情况确定
			2. 按设计校正或改善线路平、纵断面	
			3. 对原有无缝线路进行应力放散和重新锁定工作	
			4. 对有胀轨跑道地段线路进行调整	
9	道岔	日常养护	1. 基地咽喉道岔、车辆站和道岔群滑床台涂油	每周
			2. 检查正线正常折返道岔几何状态及消灭	每两周
			3. 检查车辆基地咽喉道岔几何状态及消灭	
			4. 检查正线正常折返道岔连接零件作用是否良好,更换失效的部件	
			5. 检查车辆基地咽喉道岔连接零件作用是否良好,更换失效的部件	
			6. 基地除咽喉外道岔、道岔群滑床台涂油	每月
			7. 检查正线其余道岔几何状态并消灭	
			8. 检查正线其余道岔连接零件作用是否良好,更换失效的部件	
			9. 正线其余道岔滑床台涂油	
			10. 检查车辆基地除咽喉外的道岔几何状态并消灭	每两个月
			11. 检查车辆基地除咽喉外的道岔连接零件作用是否良好,更换失效的部件	
			12. 钢轨肥边打磨(尖轨非工作边、叉心等)	
			13. 更换道岔伤损钢轨	根据设备损耗情况确定
		维修	1. 道岔连接零件涂油	每年
			2. 基地咽喉道岔、正线道岔维修	
			3. 基地其余道岔维修	每两年
		大、中修	1. 成组更换道岔	根据设备损耗情况确定
			2. 成组更换岔枕	
			3. 整组道岔清筛	

续上表

序号	设备	修程	主要内容	周期
10	道口及标志	日常养护	1. 道口板及设备是否侵入限界	每两个月
			3. 道口轮缘槽的清理	
			4. 检查道口板、护轮轨是否损坏	
			5. 道口板的更换	根据设备损耗情况确定
		维修	1. 标志、标记的刷新	每年
			2. 补齐缺损标志、标记	
			3. 平交道口下沉的整治	根据设备损耗情况确定
			4. 对道口护木更换	
		大、中修	1. 道口更换轨枕、清筛道床	根据设备损耗情况确定
			2. 全面更换道口板	
			3. 整修道口下沉抬高线路	

注:1. 日常养护指日常所能完成工作的内容。
  2. 维修指每月必须完成的重点工作。
  3. 大、中修指根据运营需要及设备损耗规律进行大型维修工作。
  4. 维修作业内容除表中所列项还包括日常养护的内容,是标准超出日常养护的修理工作。

2 检修要求

(1)日常养护

①必须牢固树立"安全第一、预防为主"的思想,掌握、严守分公司制订的有关安全法规、行车组织规定等安全守则。

②在进行日常巡检时,巡检人员按照巡检规则及技术要求进行,并应接受技术培训,具有相应的上岗证书。

③按本标准日常养护内容对设备(设施)进行认真巡检与维修。发现不正常现象能及时处理的,应立即处理并记录;暂不能处理的,应上报并记录。

④保持设备(设施)的清洁,使工作环境符合要求,进行简单的修补或更换易损件,使设备处于良好的工作条件。

⑤巡检与维修人员对巡检的安全过程应按要求做好巡检与维修记录。记录内容包括:巡检与维修人员、巡检与维修时间、巡检与维修项目(内容)、设备(设施)的使用状况、保养内容、故障情况、维修情况、消耗材料记录、维修工时记录、故障原因分析。

⑥日常养护按计划进行,维修时应遵守《线路维修规则》的相关要求。

(2)维修

①根据日常巡检记录,安排计划进行维修保养。

②维修保养是对设备的主要功能及主要部位进行检查、维修、局部解体、清理或更换零配件、加润滑油,及时修整超限或不良处所,以确保线路质量经常处于均衡状态保证行车平衡和安全。

③做好维修记录。其内容包括:维修人员、维修时间、故障发现时间、材料记录、维修工

时记录、故障原因分析。

④维修时按计划进行,应遵守《维修规则》的相关要求。

(3) 大、中修

①中修是对日常巡检、维修的故障进行结构性分析、诊断,对较大工程量及维修周期长的故障进行计划维修。通过中修,可以改善轨道弹性,调整轨道几何尺寸,整修和更换设备零部件,以恢复线路完好技术状态。

②对中修的情况进行综合分析总结。

③大修是对轨道系统进行改造与全面整治,使线路恢复到最佳状态,以保障线路的完整,列车安全、平稳地运行。

④对大修的情况进行综合分析总结。

⑤做好大、中修记录。

三 道岔的维护保养

1 道岔的日常维护保养规定

(1) 车站内道岔由行车值班员在运营结束后负责清洁保养。正常情况下,每个夜班当班的值班员都要对所包干的道岔(定、反位)保养一次,如遇雨雪、冰冻天气视情况及时擦拭上油,确保正常运转。

(2) 行车值班员擦拭道岔必须在运营结束后,经当班行车调度同意,得到允许擦拭的施工信号方可进行。首先,应在操纵台对将擦拭道岔进行单锁,确认所携带的对讲机与行车调度员通话正常后方可离开车站控制室。擦拭工作必在行车调度员给定的时间内完成,不得影响其他施工作业。如果夜间施工、调试任务较忙,行车调度员一时难以安排时,可在巡道时间内完成,但不得影响巡道人员的正常登记与注销。

(3) 道岔擦拭完毕后,值班员应对所擦拭道岔检测一次,确认正常后方可向行车调度申请注销,将站控权上交,每次擦拭完毕做好记录备查,因故不能擦拭或只能擦拭某一状态(定位或反位)的,均应在登记本上注明。在日常检查保养中发现道岔有不同程度的损坏或其他异常情况时,值班员应立即向有关部门报修。

(4) 车站要制订《道岔清扫制度》,对站内所有道岔落实包干,确保每个道岔(定位或反位)至少每周上油一次,每半月擦拭一次。

2 道岔日常维护保养方法(擦拭道岔)

在确认线路空闲,道岔状态良好的情况下,先用钢丝刷、沙皮等工具将杂物、铁锈铲除干净,再用抹布将滑床板表面清理干净,用铲子彻底清洁;用抹布再次将滑板床清理干净;将机油用油刷均匀地涂刷在滑床板上。

道岔擦拭作业完毕后还需确认道岔滑床板板面无油污;尖轨、辙叉部分干净无油污,护轮轨槽内无杂物;道岔连接杆与道床之间留有约两字指宽间隙;道岔区内无杂物、无脏物;上油不能上在尖轨、护轮轨、基本轨、翼轨及撤叉心上;确保表示器、标志灯、矮型信号机清洁、无积灰。道岔清扫保养及检查的操作见表5-20。

道岔清扫保养及检查的操作　　　　　　　　　表5-20

顺序	操作要求		
1	联系行车调度员		站控(放权)
2	确认道岔		定(反)位锁闭
3	现场作业	顺序	物品(备品)
		(1)垫木	木块
		(2)铲油污	铲刀
		(3)擦清滑板	棉纱
		(4)磨锈斑	铁砂皮
		(5)擦清滑板	棉纱
		(6)涂油	机油
		(7)整理清扫工具	清点物品
		(8)按技规规定检查道岔状态	
4	确认道岔位置		定(反)位解锁
5	试排进路(单操)		道岔定(反)位
6	汇报行车调度员		遥控(收权)
要求	道岔滑板光亮无锈斑,面板有油		

 复习与思考题

1. 城市轨道交通车辆的运用和检修工作的管理模式有哪几种？它们各有什么优、缺点？
2. 城市轨道交通车辆的检修工艺有哪些主要内容？
3. 接触网检修作业制度有哪些？
4. 简述接触网检修的作业方式与作业特点。
5. 简述无线通信系统终端设备。
6. 信号维修执行的"三不动"、"三不离"、"四不放过"、"三级施工安全措施"等基本安全生产制度分别指什么？
7. 如何做好线路的日常维护保养？
8. 如何做好道岔的日常维护保养？

第三篇
城市轨道交通安全管理

单元 6

城市轨道交通安全管理规则

 教学目标

1. 了解安全管理的发展进程以及安全、事故、危险、隐患的含义;
2. 明白城市轨道交通系统安全工作的地位和作用;
3. 掌握城市轨道交通系统安全管理途径;
4. 了解城市轨道交通安全管理的有关规则。

 建议学时

8学时

6.1 城市轨道交通安全管理概述

城市轨道交通系统安全管理是指管理者按照安全生产的客观规律,对轨道交通系统的人、财、物、信息等资源进行计划、组织、指挥、协调和控制,以达到减少或避免轨道交通系统运输事故的目的。本单元围绕城市轨道交通系统安全防护管理这一核心主题,分析安全观念的发展历程、安全及事故的内涵、安全管理在城市轨道交通系统中的地位与作用,阐述城市轨道交通安全管理的各种方法、指导方针及途径。

一 安全、事故、危险、隐患的内涵

1 安全

安全是指在生产活动过程中,能将人或物的损失控制在可接受水平的状态。换言之,不管事故是否发生,只要人或物的损失是在人们可以接受的范围之内,就称之为安全,反之为不安全。其具体内涵包括以下几点:

(1)这里所讨论的安全指的是生产领域中的安全问题。
(2)安全不是瞬间的结果,而是对系统在某一时期、某一阶段过程状态的描述。
(3)衡量系统是否安全的标准在不同的时代、生产领域是不相同的。
(4)安全是在具有一定危险性条件下的状态,安全并非绝对无事故。其矛盾双方为安全与危险。
(5)没有绝对的安全,安全只是相对的。

2 事故

事故是指在生产活动中,由于人们受到主、客观条件的限制(科学知识和技术力量的限制或者由于认识的局限),突然发生的违背人们意愿的事件。其内涵具体包括以下几点:

(1)事故是违背人的意愿的一种现象。
(2)事故是隐患突变、失去控制的外在表现。
(3)事故是不确定的事件,既受必然性支配,又受偶然性影响。
(4)事故可以预防、减少,但是不能消灭。
(5)事故只要发生,就会给人或物造成损失。

3 危险

危险是指在生产活动过程中,人或物遭受损失的可能性超出了可以接受范围的一种状

态。危险与安全一样,是与生产过程共存的过程,是一种连续性的过程状态。危险包含了尚未为人所认识的以及虽为人们所认识但尚未为人所控制的各种隐患。

危险性与安全性的对比如图6-1所示。

(1) 危险性(R):即风险,是衡量系统危险程度的客观量。

(2) 安全性(S):是衡量系统安全程度的客观量。

(3) 安全与风险相对应:$R = 1 - S$。

图6-1 危险性与安全性的关系

❹ 隐患

隐患指在生产活动中,由于人们受到科学知识和技术力量的限制或者由于认识上的局限,而客观存在的可能对系统造成损失的不安全行为或不安全状态。隐患是事故发生的必要条件。

例如,身边常见的安全隐患有:

(1) 最大的心理隐患,如惰性心理、侥幸心理、麻痹心理、逞能心理。

(2) 最直接的人为隐患,如违章、违纪、违标。

(3) 最根本的管理隐患,如官僚主义、形式主义、好人主义。

二 城市轨道交通系统安全工作的地位和作用

❶ 安全是城市轨道企业的头等大事

(1) 企业生产和经营性质决定了安全是头等大事。城市轨道交通行业属于运输业,但又有别于普通运输业。它只实现人的"位移",不实现物的"位移"。另外,在社会主义背景下,作为城市的一种重要交通运输方式,它已然成为社会的公益事业,政府在行业中起着非常重要的作用。所以,一旦发生重大事故,不仅意味着城市轨道交通沿线的交通瘫痪,而且也使得当地人民群众的生命及财产受到威胁,并直接影响政府在人民群众中的形象。

(2) 城市轨道交通在城市大的交通体系中所占有的作用决定了安全是头等大事。目前,我国拥有城市轨道交通的大多数城市都或多或少地出现了交通堵塞、拥堵的问题,而城市轨道交通系统成为解决这些城市交通问题的重要办法之一。一旦城市轨道交通系统出现事故,将直接导致城市沿线交通出现严重瘫痪。

❷ 安全是实现社会效益和企业效益的保证

(1) 城市轨道交通系统安全为提高社会效益提供保证。城市轨道交通是广泛的社会分工中的一个分支,也是社会化大生产的重要组成部分。整个社会城市为轨道交通系统提供生产对象——旅客,而城市轨道交通系统则通过保证人员流通,为各行业和旅客群众服务,使社会效益得到保证。只有保证城市轨道交通系统安全,才能吸引更多的客流,更大范围地解决城市中的交通拥堵,更加便利地增加城市内人员的流动;也只有使城市轨道交通系统更加安全,才能使社会效益更上一个台阶。

(2) 城市轨道交通系统安全直接影响企业自身的经济效益。城市轨道交通企业运输生产不能创造出新的产品,只是实现劳动对象的位移。所以,提高城市轨道交通系统企业的经济效益,首先就要保证所运输的乘客的乘车安全,使其能安全地到达目的地,以满足社会的不同需求。如果在运输过程中发生了事故,不仅减少收入,而且将给企业带来一系列的问题:停运将减少企业收入;维修事故中受损的器材需要资金;赔偿受伤乘客也需资金等。

③ 安全在全球城市轨道交通行业内部都受到普遍重视

新加坡的城市轨道交通是世界上屈指可数的几家能赢利的城市轨道交通,而负责运营的新加坡城市轨道交通公司非常重视安全工作。在该公司成立的四大机构中,安全机构就成为其中之一。可见,新加坡城市轨道交通公司对安全工作非常重视。

④ 安全是法律赋予轨道交通系统的义务和责任

《中华人民共和国安全生产法》、《城市轨道交通运营管理办法》、《北京市城市轨道交通安全运营管理办法》等国家和地方法律、法规都明确规定了城市轨道交通行业必须严抓安全,把安全放在第一位。

6.2 城市轨道交通运输安全管理的途径

一 安全的影响因素分析

虽然安全是相对的,绝对的安全是不存在的,但这并不意味着在事故面前我们就无能为力。把理论与实际联系起来,我们完全可以在预防事故方面大有作为,有效地预防事故,减少事故的发生。

从系统论的观点出发,影响安全的诸多因素可以归结为人、机、环境和管理。早在 20 世纪 40 年代后期,美国康奈尔(Cornell)大学的 T. P. Wright 就提出,按人、机、环境分类是检查事故起因和事故预防机理的理性模型。1976 年,纽约工业学院的 E. J. Cantilli 等人揭示了以管理为边界的人、机、环境之间的关系,如图 6-2 所示。

由图 6-2 可知以管理作为约束的系统各要素(人、机、环境、管理)之间的相互关系及相互作用。安全科学的理论和实践都指出,在人－机－环境系统中,影响安全的因素有人、机(设备)、环境和管理四大要素,城市轨道交通运输系统也不例外。

城市轨道交通系统可视为由人员、设备、环境和管理四大要素构成,在系统安全的运作层次,人的安全技术和素质、设备的安全性能、环境的安全质量以及三者的匹配程度和质量,单独或者综合地影响系统安全。而系统安全的运作层次效能的发挥,则取决于系统安全地管理层次的效能,即系统的安全管理水平。安全管理担负监督人、机、环境的动态变化,调节和控制三者及其组合的状态,保证系统安全运作的连续、良性和有序的任务。因此,需要运用各种有效的组织管理手段,采取各种必要的安全技术措施,调动一切积极的因素,形成强大有力、稳妥可靠的安全保障壁垒。

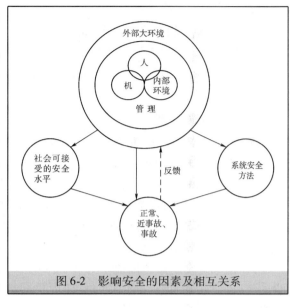

图6-2 影响安全的因素及相互关系

① 人的影响因素

对于人的因素,要从行车系统人员、其他运输部门人员、基层人员和系统外人员分别进行分析,而对最重要的行车系统人员,则从思想素质、技术业务素质、生理心理素质和群体素质等方面进行详细分析。对于系统外人员,一般导致城市轨道交通突发事件发生的因素有:未遵守乘客守则、人为故意破坏及无应急技能。

② 设备的影响因素

对于设备因素,按具体设备和总体设备两方面分别进行分析,前者从可靠性、先进性、操作和维修方便性等方面衡量其设计的安全性,从运行时间、故障及维修保养确定其使用的安全性,后者则从设备的布局、配合性、作业能力和固定资产含量等方面分析设备的总体安全性。具体而言,设备包含供电系统、通信系统、信号系统、通风排烟系统、车辆系统以及其他辅助设备系统中的所有设备,这些设备在运营过程中都存在一定的风险。

③ 环境的影响因素

对于环境因素,按内部环境和外部环境分别进行分析,前者侧重作业环境(温度、湿度、照明、噪声、振动等)和内部社会环境分析,后者侧重自然环境(地理、气候、季节、时间、自然灾害等)和外部社会环境(政治、经济、技术、社会、家庭、法律和管理等)的分析。需要强调的是人们通常对于一些自然灾害会引发城市轨道交通灾害存在认识误区,其实自然灾害会对城市轨道交通运营造成影响,并引发次生灾害,从而造成更大的危险。

(1)台风。根据国内外城市轨道交通事故的分析,台风对城市轨道交通上面的建筑物有一定的影响,并且其破坏程度较高。

(2)水灾。城市轨道交通车站与隧道大都处于地面高程以下,一方面受到洪涝灾害积水回灌危害,另一方面受到岩土介质中地下水渗透浸泡危害。地下水或地表水进入城市轨道交通车站和隧道可以使装修材料产生霉变,电气线路、通信元件受潮浸水以致损坏失灵,造成事故。

(3) 地震。城市轨道交通车站和隧道包围在围岩介质中,地震发生时地下构筑物会随围岩一起运动。与地面结构不同,围岩介质的嵌固改变了地下构筑物动力特征。一般认为地震对地下结构影响较小,但1995年阪神地震后,人们才改变了以往看法,地下结构存在地震破坏的可能性。

④ 管理的影响因素

如果管理上存在缺陷,同样会导致突发事件的发生。一般而言,按照社会可接受的安全水平,可将系统状态分为正常状态、近事故状态或事故状态。系统无论处于哪种状态,均可以将系统状态的数据反馈给管理系统,通过管理改变系统行为,产生不同程度的安全接受水平和系统状态。系统状态数据还可用于改进系统安全管理方法,从而得到更为安全的系统。由此可以看出管理的重要性。对管理因素而言,主要从组织管理、法制管理、技术管理、教育管理、信息管理和资金管理等方面进行分析。

总之,运输安全的水平取决于人员、设备、环境和管理的本质安全化水平,其中人是系统安全的核心,设备是系统安全的基础,环境是系统安全的外部条件,而管理则是在一定技术经济和社会条件下系统安全的关键。

二 城市轨道交通系统安全管理方针

根据我国相关的法律、法规,"安全第一、预防为主"是我国城市轨道交通系统运营的安全管理方针。

① 安全第一

安全生产工作方针,是经过不断地经验总结,经历了较长的历史时期而逐步形成和确定的。《中华人民共和国安全生产法》等法律都以法律的形式明确了安全生产工作中必须坚持"安全第一、预防为主、综合治理"的方针。

在城市轨道交通系统中,"安全第一"就是把安全工作放在第一位。安全生产的责任人必须亲自抓安全工作,确保安全工作列入本单位的议事日程。"安全第一"就是要求运营单位在组织、指挥生产时,坚持把安全生产作为企业生存与发展的第一要素和保证条件,具体体现在当安全与其他工作出现矛盾时,应首先服从于安全。

② 预防为主

"预防为主"是安全生产方针的核心和具体体现,是实施安全生产的根本途径。安全工作必须始终将预防作为主要任务予以统筹考虑。除了自然灾害造成的事故以外,任何事故都是可以预防的。城市轨道交通运输企业必须将工作的立足点纳入以预防为主的轨道上去,把可能导致事故发生的所有机理或因素消除在事故发生之前,做到防患于未然。

③ "安全第一、预防为主"两者的关系

"安全第一、预防为主"是相辅相成、辩证统一的关系。只有重视安全,才会去做预防工作;只有做好预防工作,才能实现安全。

综上所述,预防在进行安全管理时占据重要的地位。其实,分析国内外发生过的城市轨

道交通事故,足以证明预防的重要性。例如,2006年7月13日美国芝加哥地铁发生列车脱轨事故,事故导致至少152人被送往医院接受救治,列车被严重损坏,地铁线路被迫封闭数个小时,事故现场惨不忍睹。救援现场如图6-3所示。

图6-3 芝加哥地铁脱轨事故救援现场

三 安全生产管理目标与原则

1 安全生产管理目标

安全生产管理就是针对人们在生产过程中的安全问题,运用有效的资源,发挥人们的智慧,通过人们的努力,进行有关决策、计划、组织和控制等活动,实现生产过程中人与机器、物料、环境的和谐,达到安全生产的目标。

安全生产管理的目标是:减少和控制危害,减少和控制事故,尽量避免生产过程中由于事故所造成的人身伤害、财产损失、环境污染及其他损失。安全生产管理包括安全生产法制管理、行政管理、监督检查、工艺技术管理、设备设施管理、作业环境和条件管理等。

安全生产管理的基本对象是企业的员工,同时还涉及企业中的设备设施、物料、环境、财务、信息等各个方面。安全生产管理的内容包括:安全生产管理机构的设置与运作、安全生产责任制、安全生产管理制度、安全生产策划、安全培训教育、安全生产档案。

2 安全生产管理的原则

(1)"管生产必须管安全"的原则

安全寓于生产之中,并对生产发挥促进与保障作用。因此,安全与生产虽有时会出现矛盾,但从安全、生产管理的目标来看,它们却表现出高度的一致和完全的统一。安全管理是生产管理的重要组成部分,安全与生产在实施过程中存在着密切的联系及进行共同管理的基础。

"管生产同时管安全",不仅是对各级领导人员明确安全管理责任,同时也向一切与生产有关的机构、人员明确了业务范围内的安全管理责任。由此可见,一切与生产有关的机构、人员,都必须参与安全管理并在管理中承担责任。"安全管理只是安全部门的事",是一种片面的、错误的认识。各级人员安全生产责任制度的建立、管理责任的落实充分体现了管生产同时管安全。

(2)"安全具有否决权"的原则

安全生产关系到企业生存与发展。安全具有否决权的原则是指安全工作是衡量企业经营管理工作好坏的一项基本内容。该原则要求,在对企业各项指标考核、评选先进时,必须要首先考虑安全指标的完成情况。安全生产指标具有一票否决的作用。

(3)"三同时"原则

"三同时"原则是指基本建设项目中的职业安全、卫生技术和环境保护等措施和设施,必须与主体工程同时设计、同时施工、同时投产使用。

(4)"五同时"原则

"五同时"原则是指企业的生产组织及领导者在计划、布置、检查、总结、评比生产工作的同时,也要计划、布置、检查、总结、评比安全工作。

(5)"四不放过"原则

"四不放过"原则即事故原因未查清不放过;当事人和群众没有受到教育不放过;事故责任人未受到处理不放过;没有制订切实可行的预防措施不放过。"四不放过"原则的支持依据是《国务院关于特大安全事故行政责任追究的规定》(国务院第302号令)。

(6)"三个同步"原则

"三个同步"原则是指安全生产与经济建设、深化改革、技术改造同步规划、同步发展、同步实施。

四 安全生产要素分析

1 安全生产要素

企业要建立安全生产长效机制,实现安全生产长治久安,全面推进安全生产五要素。安全生产要素包括以下内容。

(1)安全文化

安全文化是企业在实现企业宗旨、履行企业使命而进行的长期管理活动和生产实践过程中,积累形成的全员性的安全价值观或安全理念、员工职业行为中所体现的安全性特征以及构成和影响社会、自然、企业环境、生产秩序的企业安全氛围等的总和。

(2)安全法制

要建立企业安全生产长效机制,必须坚持"以法治安",用法律法规来规范企业领导和员工的安全行为,使安全生产工作有法可依、有章可循,建立安全生产法制秩序。

(3)安全责任

安全责任主要指企业的各级领导、职能部门和在一定岗位上的劳动者个人对安全生产工作负责任的一种制度,也是企业的一项基本管理制度。

(4)安全投入

安全投入指安全活动的一切人力、物力和财力的总和。人员、技术、设施等的投入、安全教育及培训、劳动防护及保健费用、事故援救及预防、事故伤亡人员的救治花费等均视为安全投入。

(5)安全科技

安全科技是实现安全生产的技术手段。生产的稳定持续运行必须依靠建立在先进的科学理论发现和技术发明基础上的安全科学技术。先进的安全装置、防护设施、预测报警技术都是保护生产力、解放生产力、发展生产力的重要物质手段和技术支持。

② 安全生产五要素之间的关系

安全管理工作体系主要由源头控制、过程管理、应急救援和事故处理四个方面构成。而每个方面都离不开安全文化、安全法制、安全责任、安全投入和安全科技这五个安全生产关键要素,我们日常的安全管理工作也是紧紧围绕这五大要素进行的。这五个要素既相对独立,又相辅相成,甚至互为条件。

在这五个要素中,安全文化起到灵魂和统帅的作用,是安全生产工作的精神指向,其他的各个要素都在安全文化的指导下展开。安全文化最基本的内涵是职工的安全生产意识,只有加强安全生产宣传教育培训,逐步提高职工的安全意识,把安全工作始终抓在手上、放在心中,做到警钟长鸣、居安思危、言危思进、常抓不懈,在其他要素健全和成熟的前提下,才能形成不伤害自己、不伤害他人、不被他人伤害的安全理念,培育出深入人心的"以人为本"的安全文化。

安全法制就是安全规章制度的建立和执行,是保障安全生产最有力的武器,是开展其他工作的保证和约束,也是安全生产管理实现规范化、制度化的必要条件。只有建立健全科学完善的制度、规程、标准,并严格做到有章可循、有章必循、违章必究,才能体现安全管理的严肃性和权威性。

安全责任,简而言之,就是安全责任心和责任制。安全责任心是每个职工对自己、对家庭、对单位所要确认的一种良心、一种道德要求,特别是对专职安全管理干部来说,更为重要。安全责任制的实质就是安全生产人人有责,这是落实安全法制的手段,也是安全法律法规的具体化。落实安全责任制,不仅要强化行政责任问责制度,更要执行安全生产行政责任追究制度,做到谁违章谁负责,谁渎职谁负责。

安全投入是指必须保证安全生产所必需的经费。它是其他要素的物质支持。安全也是生产力,安全生产的实现要靠投入的保障作为基础。提高安全生产的能力,需要为安全付出成本。安全的成本既是代价,也是效益。因此,建立多元化的安全生产投入机制既是安全责任使然,也是安全发展要求。

安全科技就是要科技兴安,它是实现安全生产的重要手段和措施,也是安全生产的最基本出路,决定着安全生产的保障和事故预防能力。安全工作需要科技的支撑,只有充分依靠科学技术的手段,生产过程的安全才有根本的保障,才能实现真正意义上的本质安全。

五 城市轨道交通系统安全管理途径

① 建立完善安全规章,使安全生产有章可循

完善安全规章制度是抓好运营安全工作的保障。规章制度是管理工作的基础,建立科学、完善、全面的安全生产管理制度,使安全生产有章可循,是非常重要的。在城市轨道交通开通运营前狠抓安全规章制度的建设,用规章制度约束员工的工作行为,为员工提供安全生产指引。在严格执行国家、省、市各项安全法律法规的同时,建立健全《安全生产管理办法》、

《安全奖惩办法》《行车组织规章》等制度和各类操作规程,涵盖公司的各个专业、运营生产环节,使各专业的安全生产管理都有章可循,促进公司的安全生产工作向规范化、制度化迈进。

目前,国内许多城市轨道交通都开展了 ISO 9001 质量体系和 OHSMS 18000 职业健康安全管理体系认证工作,国家也出台了《城市轨道交通运营安全评价标准》(GB/T 50438—2007),为规范运营安全生产工作提供了依据和标准,我们应不遗余力地宣传贯彻。

② 建立三级安全网络,落实安全生产责任制

坚持"安全第一、预防为主"的工作方针,全面贯彻《安全生产法》,强化制度化、规范化、科学化的安全管理。坚持"管生产必须管安全、安全生产各级主要负责人亲自抓"的原则,有效发挥"纵管到底、横管到边、专管成线、群管成网"的安全管理网络作用,形成安全工作一级抓一级、一级保一级、一级监督一级的网络化安全监督管理体系;狠抓安全生产责任制的落实,上自总经理,下至基层员工,逐级签订安全生产目标责任状和社会综合治理目标责任状,将安全生产目标纳入考核内容,明确各层级的安全职责和安全生产目标,有效落实安全生产责任,形成安全生产、人人有责的良好氛围。

③ 建立安全检查制度,预防运营事故发生

加强监督检查机制是抓好运营安全工作的关键。安全检查是对安全工作实施有效管理的一项重要内容。学习运用"破窗理论"抓隐患、抓漏洞,漏洞不补必酿大祸。建立班组每周一查、中心每旬一查、专业管理系统每月一查、公司每季度一查的制度,采取定期检查与不定期抽查相结合、综合检查与专项抽查相结合的形式,坚持安全检查以自查自纠为重点,自下而上查找不足。严抓隐患整改,按照"五个落实",即任务落实、人员落实、经费落实、质量落实、时间落实,按期整改完成。在做好安全检查工作的同时,逐步建立安全隐患管理机制,将安全检查和隐患管理统一起来,并落实到工作制度中,形成健全的检查网络,实施有效监控。

④ 建立安全培训制度,营造安全文化氛围

提高员工安全意识和技能是抓好运营安全工作的基础。认真开展安全生产知识培训教育工作,组织各单位负责人和安全生产管理人员参加《安全生产法》培训,取得安全生产资格证;对新进员工实行三级(公司级、中心级、岗位级)安全教育;除国家规定的特殊工种外,规定内部特种作业项目,如 LOW 操作、列车司机证等;制订特种作业人员安全管理办法和特种作业人员培训持证上岗制度;利用安全宣传月、119 消防日等活动,在车站、列车等宣传阵地向市民派发安全实用手册,不断提高员工和市民的安全意识。通过广泛开展各类安全生产培训教育活动,有效地提高干部职工的安全文化素质。

⑤ 建立应急救援体系,增强应急处置能力

根据国内外城市轨道交通运营救援抢险的经验和突发事件的特点,建立健全应急预案体系。针对城市轨道交通运营线路发生火灾、列车脱轨、列车冲突、大面积停电、爆炸、自然灾害以及设备故障、客流冲击、恐怖袭击等其他异常原因造成影响运营的非常情况制订相应的应急预案。在国家和地方发生紧急事件、疫病传播情况时,制订相应的应急预案。另外,还要针对部分预案经政府组织相关部门、专家进行评审,报市政府。

组织员工对各种预案进行学习,按计划进行演练,演练的方式包括培训式、桌面式、突发式。在演练的过程中,每个安全点都安排评估人员把关,使演练活动有序、安全地进行。定

期的实战演练可以及时暴露预案的缺陷,发现救援设备是否足够、运营设备是否完好以及员工是否熟悉掌握各种规章,改善各部门间的协调作战的能力,增强员工的熟练程度和信心,提高员工的安全意识。通过演练检验规章、设备和预案,提高员工的业务技能,增强员工对事故事件的应急处理能力。

⑥ 建立事故处理机制,落实责任追究制度

建立健全事故处理机制,按照"四不放过"原则和安全奖惩办法,定因、定性、定责,严格惩处,通过教育和处罚使员工吸取教训,提高认识,增强岗位意识、责任意识和纪律意识;将"降低故障率事件率"作为一项长效工作机制专题研究,开展城市轨道交通事故案例研究,学习先进一流的运营安全管理,博采众长、取长补短,用"投石头原理"防止员工思想麻痹,让每个员工认识到任何时候都不要把安全生产形势估计得过好,要始终保持一种危机感和忧患感。同时,转变观念,对发生的事故由此及彼、由表及里,透过现象看本质,从领导层、管理层上剖析深层次原因,从加强管理上,研究制订有针对性的措施,解决安全工作中的问题,变被动管理为主动管理,变事后惩处为事前预防,不断提高事故分析处理能力。

⑦ 建立警地联动机制,共保城市轨道交通一方平安

目前,国内城市轨道交通都建立了相应的公安部门,城市轨道交通运营单位要加强与城市轨道交通公安的合作,充分依靠公安力量,保障城市轨道交通的平安秩序,建立警地联动工作实施办法,明确联动例会制度,工作联系机制及联动应急机制。通过双方精诚合作,共保城市轨道交通平安。

6.3 城市轨道交通安全规则

为保证城市轨道交通设备设施的正常运转,对设备维护人员提供作业指导,城市轨道交通企业制订了《线路安全规则》、《信号安全规则》、《通信安全规则》、《机电和自动化安全规则》、《接触网安全工作规程》(已在单元5中介绍)等安全规则规程。本节内容主要选取《线路安全规则》与《信号安全规则》两个规则进行介绍。

一 线路安全规则

《线路安全规则》一般有总则、基本安全生产制度和作业纪律、请点登记封锁线路和销

点、线路故障和事故分类、线路故障报告、处理与方法、技术作业、设备与人身安全等几部分构成。它规定了线路设备的维护标准、施工作业与线路故障管理中必须遵循的安全生产制度和作业纪律。其主要内容如下。

① 基本安全生产制度和作业纪律

(1)安全生产制度

线路作业人员必须认真执行"三不动"、"三不离"、"四不放过"、"四级施工安全措施"、"三级检查制度"等安全制度。

三不动：未联系登记好不动；对设备性能、状态不清楚不动；正在使用中的设备不动。

三不离：检修完不复查试验好不离开；发现故障不排除不离开；发现异状、异味、异声不查明原因不离开。

四不放过：事故原因没有查清不放过；事故责任者没有严肃处理不放过；广大职工没有受到教育不放过；防范措施没有落实不放过。

四级施工安全措施：施工前的准备措施；施工中单项作业措施；施工后检查措施；预防人为故障措施以及发生故障时的应变措施。

三级检查制度：工务室每季度对工区管理范围内的固定资产、主要线路、设备的性能、状态及安全运行条件检查一次；工区每月对管内设备全面检查一次（探伤工区按计划检查）；巡道人员每日有计划地对管内线路、道岔进行巡查。

(2)作业纪律

进行线路等设备施工作业时，应根据工作性质和影响行车安全的程度，按下列规定指定专人担任施工领导。

①办理封锁手续，设置移动停车信号防护，施工完毕后需限制列车速度的工作，由职务不低于工程师的人员领导施工。

②办理封锁手续，设置移动停车信号防护，施工完毕后不需限制列车运行速度的工作，即在区间卸砂石料，由职务不低于工长的人员领导施工。

③办理慢行手续，设置移动减速信号防护，由不低于工长的人员领导施工。

④车辆基地施工作业时，用对讲机等进行联系，掌握列车运行情况，利用列车间隔时间，设置移动停车信号牌防护，不限制列车运行速度的工作，可由带班负责人领导施工。

② 请点登记、封锁线路和消点

(1)凡在正线上进行施工作业、轨道探伤、线路巡视的，需中断线路使用，应列入周计划与日计划，施工前应按照调度命令，向有关车站要点登记，办理封锁线路手续。

(2)在车辆基地线路上成段更换钢轨及枕木、更换和调整道岔、成段鱼尾板螺栓涂油、整治钢轨接头、线路大起大拨或用捣固机作业等施工作业，需中断线路使用，应列入周计划与日计划，施工前应按照调度命令，向车辆基地值班员要点登记，办理封锁线路手续。

(3)在进行下列线路(表6-1)的日常维护作业时，可不办理要点、封锁线路。但应列入周计划与日计划，施工前应按照调度命令，与车辆基地控制室联系，办理线路维修作业登记手续。

(4)以上工作应在施工地点设专人防护，用电话或对讲机与车辆基地控制室联系，掌握列车运行情况,利用列车间隔施工,设停车手信号防护,放行列车或工程车时不限速。车辆基地控制室要掌握好列车进、出库的时间,在进出库10min前通知现场施工防护人员及负责人。施工负责人接到通知后必须在10min内恢复线路,保证列车安全通过作业区。

(5)要点、封锁线路作业时的安全防护

在地面正线、地下站内、区间封锁线路施工时,由施工负责人向相关车站控制室请点并确认区间,待车站控制室统一后,施工人员方可进入作业区作业。

在基地线路或道岔上封锁线路施工时,将施工线路两端道岔扳向不能通往施工地点位置,并加锁后,可不再设置移动停车信号牌。如道岔不能加锁时,在施工地点两端各50m的线路中心设置移动停车信号牌防护。如施工地点距离道岔少于50m时,将该道岔扳向不能通往施工地点的位置,并加锁。如不能加锁或钉固时,在警冲标相对处的线路中心,设置移动停车信号牌防护。

(6)联系、登记的安全防护

在车辆基地线路利用列车间隔施工,办好联系登记手续后的安全防护措施:在施工地点分别设工地防护员和停车信号牌防护;工地防护员应加强警戒、注意瞭望、监视来车与工地情况。本线及邻线过车必须及时下道。

日常维护作业项目 表6-1

序号	工作项目名称	备 注
一	线路日常维修、保养	车辆基地
1	轨距方向——拨道量40mm以内	
2	水平——起道量30mm以内	
3	小范围的人工补充道砟、清筛	
二	工务设备的保养	车辆基地
1	扣件涂油	
2	各种标志的修复、更换	
3	平交道口或人行过道的杂物清理	
三	基本作业	车辆基地
1	个别更换夹板	
2	开挖侧沟或基坑时(限于不影响路基稳定的范围)	
3	个别增加,更换或方正轨枕	
4	个别整修轨底坡	

(7)施工作业结束后的线路出清检查

施工负责人经检查确认线路达到放行条件,作业人员、机具已下道。基地作业必须撤除施工地段两端的移动停车信号牌。正线到车站、基地到基地控制室办理消点手续,并确认开通线路条件。

(8)施工负责人必须遵守的规定

指派的防护员必须是经过考试合格的员工。

施工前应充分做好各项准备工作,向施工人员进行安全教育,落实安全措施,并确认信号备品、机具、材料齐全完好,作业命令无差错,防护已设好,方可发布施工命令。

在施工中,要随时掌握进度与质量,消除不安全因素,并经常保持与防护员之间的联系。

在开通线路前,要认真进行质量检查,做好记录。在确认线路设备状态达到放行列车条件、材料机具无侵入限界后,方准撤除防护。

③ 线路故障和事故分类

线路的故障和事故分为设备事故、工务惯性事故、线路其他事故和线路故障。

④ 线路故障报告、处理与方法

故障处理必须本着"先通后复"的原则。在任何时间、地段发生的故障都必须用最快的度进行处理,不得以任何理由拖延时间。

(1)故障的报告、处理

原则上所有故障由报告者报设施中心维修调度,由维修调度统一安排维修人员对故障进行处理。如果可以直接报各工区的,就直接报工区处理。

(2)线路故障的处理方法

①巡道人员发现故障时,应立即进行现场处理。如不能现场处理的故障,必须马上进行汇报,并在故障地点设置停车信号进行防护。

②无缝线路长钢轨(含焊缝)折断时,应按规定设置停车信号防护。断轨处理后的列车放行条件为:

a. 在断缝处上好鼓包夹板和急救器加固,派人看守,限速 5km/h。随即在断缝两端各 50m 范围内拧紧扣件,如断缝不大于 30mm,限速可提高 15~25km/h。

b. 在钢轨上钻孔,上好夹板和拧紧螺栓,可根据具体情况适当提高限速或不限速。

c. 锯掉断缝前后各一段钢轨,插入 4.5m 短轨,上好夹板和拧紧螺栓,可恢复正常行车速度。

d. 如钢轨折损严重或断缝拉开大于 50mm,不得放行列车,应按前项规定办理。

③无缝线路发生胀轨跑道时,应按下列方法处理:

a. 当线路方向显著不良时,应加强巡查或派人监视。必要时,应设置减速或停车信号防护。

b. 维修作业中或作业后,发现线路方向、水平显著不良,有胀轨预兆时,应立即停止作业。必要时,通知有关部门,设置减速或停车信号防护,迅速采取覆盖钢轨浇水降温等有效措施,防止跑道。

c. 困难条件下处理跑道,可用乙炔切断钢轨,松开扣件放散应力,然后用夹板和急救器加固,限速 5km/h 开通线路。

⑤ 技术作业

(1)施工防护

①正线夜间(包括隧道、桥梁)施工作业一律采用移动红闪灯进行防护。

②正线隧道白天(不包括地面线)施工作业一律采用移动红闪灯进行防护。

③桥梁、正线地面线白天施工作业一律采用停车信号牌(图 6-4)与减速及防护地段终端信号牌(图 6-5)进行防护。

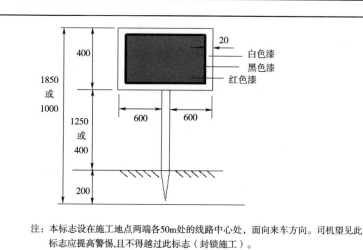

图6-4 停车信号牌(尺寸单位:mm)

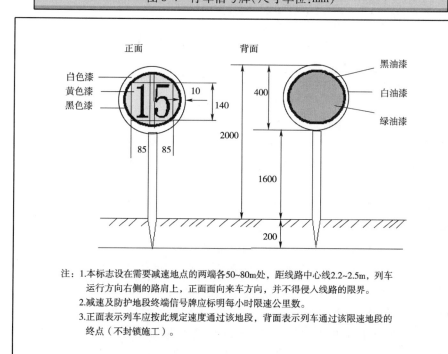

图6-5 减速及防护地段终端信号牌(尺寸单位:mm)

④车辆基地内(不包括试车线)施工作业一律采用施工作业标(图6-6)进行防护。
⑤除个别作业外,车辆基地内试车线施工作业一律采用移动停车信号牌进行防护。
(2)施工作业
①凡未办理验交的线路等设备,由施工单位负责巡查养护,保证行车安全。
②在运营线施工或影响运营线安全的施工中,施工单位必须事前取得设施中心审核批准,并与设施中心签订施工安全协议书后方准施工。
③在线路、道岔上施工,涉及供电、信号或通信设备的正常使用时,必须事前通知供电、

通信、信号部门派员参加,配合施工。

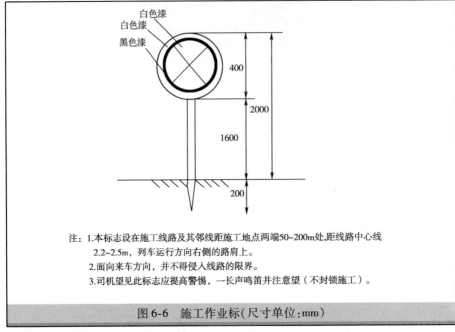

图6-6 施工作业标(尺寸单位:mm)

④在轨道电路区段施工时,应严格执行下列规定:

a. 使用的养路机具(如扒渣机、捣固机、捣固架等)及万能道尺、各种轻型车辆的车轴等,都必须有绝缘装置。

b. 撬棍、起道机、拨道器及单轨小车手柄等,均要安装绝缘套管。

c. 取放工具、抬运钢轨、辙叉及金属料具,不得搭接两股钢轨及绝缘接头、引入线及轨距杆上。

⑤在电气化铁路的线路上,禁止人员直接或间接地(通过任何物件,如棒条、导线、水流等)与接触网的各导线及其相连部件接触。

⑥当接触网的绝缘不良时,在回流线与钢轨的连接点上,都可能出现高电压,故应避免与支柱、支撑结构及其金属结构相接触。当接触网绝缘损坏时,严禁与之接触。

⑦在电气化铁路的线路上进行作业,应遵守以下规定:

a. 起道高度单股不得超过30mm。

b. 拨道作业,线路中心位移不得超过±30mm,一侧拨道量年度累计不得大于120mm(并不得侵入限界)。

c. 无论起道还是拨道,其作业量超出上述规定标准时,均须事先通知供电部门进行配合。

d. 爆破作业有碍接触网及行车安全时,则应采取先停电、后作业的方式。

⑧在电气化区段上更换钢轨时,应遵守下列规定:

a. 禁止同一地点将两股钢轨同时拆下。

b. 换轨前应由供电部门在被换钢轨两端的左右轨节间各安设一条横向连接电线(即轨道电路短路线),连接电线用截面不小于70mm^2的铜线制作,用夹子紧夹到轨底上。该连接线要在换轨作业完毕后方可拆除。

c. 更换带有轨端绝缘的钢轨及在道岔上换轨时,均应有信号人员在场配合。

d. 换轨如需拆开回流线,必须由供电人员在场紧密配合并负责监护。

e. 在未设好可靠的分路电线之前,不得将回流线从钢轨上拆开。拆装回流线的工作,由供电人员负责完成。

f. 在隧道内更换钢轨或夹板时,其钢轨连接电线的连接方法,须考虑轨道电路和车站作业的要求。

⑨在电气化区段上,如需在同一地点将两股钢轨同时拆下时,必须对该供电区段实行线路封闭,不准电力机车行驶。

⑩更换钢轨、道岔及其连接零部件,遇有下列情况之一时,须事先通知供电部门采取安全措施后,方准开始作业。

a. 更换带有回流线的钢轨时。

b. 更换牵引变电所岔线和通往岔线线路的钢轨及其主要连接零部件(如夹板等)。

c. 在有接触网的线路上,于同一地点同时更换两股钢轨及两股钢轨上的夹板。

d. 更换整组道岔。

e. 更换工作完毕,须经供电人员检查合乎供电要求后,方准撤除安全措施。

⑪当线路养护维修需拉开钢轨调整轨缝时,由供电部门在拉开的轨缝间先装设临时连接线,临时连接线的长度应使钢轨接头间可能拉开200mm。如使用单轨小车,其车轮不得接触到轨端连接线。

⑫当进行抽换轨枕、找小坑、改轨距或其他养路作业时,对于电气化及信号装置的接地线及轨端连接线,必须保持其正常连接。如需临时拆除接触网接地线时,施工单位应与供电部门密切配合,采取相应的安全措施后方准开工。作业完毕后应及时恢复接地线,紧固螺栓并经供电部门检查合格,方可结束施工。如接地线需焊接时,由供电部门负责完成,作业时禁止在钢轨上焊接。

⑬线路大、中修及技术改造,需起道或拨道时,施工单位需事先与供电部门联系,相互协调配合,必要时上述单位应派人员到场监护。每次起道和拨道后,需测量支柱内侧与轨道中心的距离及接触网导线距轨面的高度,使其符合界限的规定。检查建筑接近界限时,接触网必须停电。

⑭线路大、中修施工地段开通线路后,列车限速应逐步提高。坡底清筛道床地段,在线路不稳定或缺渣的情况下,列车运行应限速,限速的时间和速度由施工单位负责人决定。

⑮线路大、中修,在封锁施工前的慢行时间内,允许每隔6根轨枕(板结地段4根)挖开一根轨枕底的道砟至计划深度,但必须保持两侧轨枕底下的道砟不松动。

⑯改道、更换铁垫板时,在一股钢轨上一处连续起下道钉或卸开扣件的数量:50kg/m及以上钢轨不得超过7个轨枕头。遇来车作业未完时,准许每隔两根轨枕有一个轨枕头不钉或不上。

⑰维修单根抽换轨枕时,应掌握好列车运行时间,来车前把新轨枕穿进去;来不及穿入时,允许每隔6根轨枕有一根轨枕头不穿入。

⑱施工作业完毕或故障处理后,放行列车条件除表6-2规定外由工务室决定。

放行列车条件　　　　　　　　表6-2

项　目	列车减速	列车不减速
轨枕盒内及枕头道砟	不少于1/3	填满;但大修整理作业及维修捣固作业扒开道床不在此限;而炎热天气应严格控制扒道床长度,午休时应全部回填;无缝线路应严格控制,按其作业轨温条件办理
轨枕间隔	每隔六根可空一根	均匀不缺
轨底道砟	串实	捣固密实
道钉或扣件	半径小于800m曲线地段,接头两根轨枕和桥枕上应钉齐或上齐 其他准许每隔一根钉一根或每隔两根上紧一根	每个枕木头(桥枕)里外侧各钉一个,混凝土轨枕扣件应上齐
接头螺栓	每个接头至少上紧四个(每端两个)	同左
起道顺坡	不小于200倍	不小于200倍;收工时不小于400倍

❻ 线路设备的安全

(1)单位或个人不得擅自动用工务设备(钢轨及配件、轨枕、道床、路基、隧道、各种标志等)。如有特殊需要动用工务设备时,必须征得工务部门的同意。

(2)铁路电气化工程利用无缝线路轨道为支点进行接触网电杆整正时,必须遵守以下规定:

①整正接触网杆的作业时间,应避开高温季节,直线地段应不超过实际锁定轨温10℃,曲线地段上股不超过实际锁定轨温5℃,一处曲线不要同时有两处施工作业。

②进行作业时的防护工作和行车由施工单位负责。作业结束后,经工务部门检查,确认线路无横向和纵向的位移,道床恢复原状并经夯实后,方准线路开通。

③工务部门指派一名员工协助施工单位,介绍施工地段无缝线路情况,检查线路状况。如发现施工不符合有关规定,有权制止作业。

(3)严禁任何单位或个人擅自在城市轨道交通线路铺设道口与人行过道。

(4)禁止在影响路基稳定的范围内挖沟、引水、种植、取土和开采砂石等,在路基内埋设电缆时,必须遵守有关规定,并保证路基及其排水、防护和加固设备的稳固和完好。

(5)铺设与更换钢轨和道岔时,必须确认钢轨长度,准备好配轨,切实掌握轨温,周密组织施工。需要截断和钻螺栓孔时,应全断面垂直锯断,用钢轨钻钻孔,严禁使用乙炔切割、烧孔。

(6)处理线路故障,只有在特殊困难条件下(如无缝线路胀轨跑道、断轨),才允许个别采用乙炔切割或烧孔,但更换钢轨前应派人昼夜监视,限速不超过45km/h,并尽快换下。

❼ 人身安全要求

(1)单位的各级负责人,应经常对员工进行人身安全的思想教育,组织学习安全规章及有关安全操作技术。新员工未经安全技术教育,不得上道作业。作业时,应按规定使用劳动保护用品。

(2)对机具设备,要严格管理,经常检修,精心使用。动力机械必须由考试合格且领导批准的司机操作。

(3)对易燃、易爆及有毒物品,必须由专人保管,储藏时应与建筑物、烟火及水源隔离。搬运装卸及使用时,应慎防起火、爆炸和中毒等。

(4)野外作业遇雷雨时,作业人员应放下手中的金属器具,迅速到安全处所躲避,严禁在大树下、电杆旁或涵洞内躲避。酷暑、严寒季节,应采取切实措施,防止作业人员中暑、冻伤等。

(5)上班前,施工负责人和兼职安全员要对各种机具机械检查,不得将有碍安全的机具带到工地使用。

(6)在步行上下班时,应在路肩或路旁走行。在通过道口或横越线路时,应做到"一站、二看、三通过",严禁来车时抢越。

(7)在车场线内作业时,应设专人防护并按规定请点上道。作业中来车时,应及时下道避车。下道后要站在限界以外,面向列车尾部,防止车上的车门或堕落物等伤人。

(8)休息时不准坐钢轨、枕木头及道床边坡上。绕行停留车辆时其距离应不少于5m,并注意车辆动态和邻线上开来的列车。

(9)线路施工作业时,须在符合规定的施工负责人领导下进行。施工负责人应根据人员作业项目、天气等情况,具体布置安全注意事项。

(10)施工作业时,作业地段不宜安排过长,严禁指派任何人到作业范围以外的线路上进行作业。

(11)在线路上作业时,应注意以下事项:

①多人在一起作业时,相互间应保持一定安全距离,防止工具碰撞伤人。

②起道——使用起道机应由操作熟练者担任,并不得兼作其他工作,来车时不得抢道。

③捣固——多人分组捣固时,其前后距离应不少于3根轨枕,作业人员前脚不得伸出轨枕边缘。

④拨道——使用撬棍拨道时,撬棍要插牢,听从指挥,统一行动,不准骑压或肩扛撬棍拨道。

⑤改道——打道钉要稳,新枕木要先钻孔,不准用捣稿打道钉,防止飞钉伤人。分组打道钉时,其距离应不少于6根轨枕。

(12)使用撬棍翻动钢轨时,应组织有经验人员操作,其他人员应远离撬棍和钢轨翻动方向,禁止用手翻动钢轨。

(13)剁除钢轨肥边时,要戴好护目眼镜,禁止面对面作业,并注意来往机车车辆。

(14)硫黄锚固作业,应遵守下列事项:

①溶制硫黄锚固材料时,应戴好防护用品,火源要设在离开钢轨5m以外的下风方向,人员应站在上风方向操作。

②溶制时应按比例先放沙子、水泥,后放硫黄、石蜡。当溶化成浆糊状时,不准再填入硫

黄,以免起火。

③向轨枕孔内灌注溶液时,应使用专用器具,要端稳、灌准、适量,防止溅洒烫伤。

(15)在电气化铁路进行线、桥、隧和路基作业,应遵守下列事项:

①维修作业人员所携带的工具、材料等与牵引供电设备的带电部分需保持1m以上的距离。

②在离接触网带电部分不到1m的建筑物上作业时,接触网必须停电、挂接地线,并按规定办理停电手续,得到许可后由供电部门派人安设临时接地线后,方能开始施工。

③在距离接触网带电部分1~2m的导线、支柱、房顶及其他建筑物上施工时,接触网必须停电可不挂接地线,并按规定办理停电手续由接触网工或专门训练的人员在场监护。

④发现接触网断线及其部件损坏或在其上挂有线头、绳索等物时,均不准与之接触,在接触网检修人员未到达前,应对该处设置防护,人员应距断线接地处10m以外。

⑤发现接触网支柱及接触网带电部分5m范围以内的金属结构均须接地,在与接触网相连的支柱及金属结构上,若未装设接地线或接地线已损坏时,禁止与之接触。接地线应由供电部门负责装设。

(16)搬运及装卸重物时,应尽量使用机械作业,人力操作时,要统一指挥、动作一致;夜间要有充足的照明。用滑行钢轨装卸钢轨及其他重型机械设备时,滑行钢轨应支撑牢固、坡度适当,滑行前方禁止站人,后方应有保险缆绳。

(17)装卸长钢轨时,钢丝绳与挂钩、固定器等要连接牢固,人员不得站在移动前方和钢丝绳附近。装车时,轨端要平齐,伸出承轨横梁0.5~1m,未装妥加固、锁定设备,不得开车。运行中禁止在长轨上走动,并离开轨端3m以外。卸轨时,撬棍不得插入长轨移动方向的横梁后面,前一根长轨通过本车后才能拨动后一根就位,严禁在悬空的长轨下作业,并注意防止长轨尾端落下时摆动伤人。

(18)运料列车在开车前,负责人应确认有关人员已上车坐稳,方准通知司机开车。在列车未停稳前,卸车人员不得打开车门及做其他影响安全的准备工作。开车门时,车上人员应离开车门附近,车下人员不得站在车门下面。

(19)机车随乘人员应坐稳扶牢,不准坐在堆放较高的物体上和车体连接之处。车未停稳时,人员不能上下,装载路料、机具的机车平板,不准搭乘人员。确因工作需要乘坐人员时,必须安装围栏及扶手。单轨小车禁止搭坐人员。

(20)搬运、装卸有毒、有害物品时,必须按规定穿戴防护用品。

二 信号安全规则

《信号安全规则》规定了信号设备的维护检修,施工作业与信号故障管理中必须遵循的安全生产制度和作业纪律,一般包括通则,基本安全生产制度和作业纪律,联系、要点和登记,信号故障分类,信号故障处理,信号故障管理与考核,技术作业安全,安全管理职责,安全例会制度等内容。

通则部分主要规定了有关注意要求、必须遵守的制度、不准与严禁的作业事项。

基本安全生产制度和作业纪律部分主要规定了检修作业及处理故障时的基本安全生产制度以及有关安全规章制度。

联系、要点和登记部分主要规定了信号维护作业程序以及检修作业的联系、要点、消点和登记的要求。

信号故障分类部分主要说明了由于信号设备自身原因导致的设备功能失效或影响正常行车。其中，信号故障分为缺陷、故障、障碍和事故。

信号故障处理部分主要规定了信号设备发生故障时，有关人员的处理要求。

信号故障管理与考核主要说明信号故障时的责任认定、发生信号故障时的汇报制度，信号故障的登记、统计、分析报告制度以及通号中心每月对管内信号故障进行综合分析，总结经验教训，提出防范措施。

技术作业安全主要规定了工作人员作业时的技术要求。

安全管理职责部分明确了通号中心主任、通号中心工程师与班组安全员的职责。

安全例会制度部分规定了学习有关安全生产和消防工作的方针政策、法律法规和各项规章制度，贯彻上级安全生产和消防安全的指示的要求。

 复习与思考题

1. 简述安全观念与安全管理的发展进程。
2. 简述安全、事故、危险、隐患的含义。
3. 分析影响安全的因素，并说明在城市轨道交通中如何避免事故，达到安全的目的。
4. 安全生产管理的目标是什么？
5. 城市轨道交通系统安全管理途径有哪些？
6. 简述《信号安全管理规则》的主要内容。

单元 7

城市轨道交通事故处理规则

 教学目标

1. 能分清城市轨道交通事故与事故等级的确定；
2. 能进行城市轨道交通事故分析；
3. 掌握一般城市轨道交通行车事故的处理措施；
4. 熟悉城市城市轨道交通系统防灾措施；
5. 了解城市城市轨道交通系统事故应急处理预案。

 建议学时

8 学时

7.1 城市轨道交通事故处理规则

一、城市轨道交通事故分类

1. 行车事故

凡在城市轨道交通运营工作中,造成人员伤亡、设备损坏、中断行车、危及运营安全及经济损失等情况的,均构成行车事故,具体包括以下情况:

(1)由于人的行为失误或因轨道交通系统的设备故障而导致产生危及列车在正线上正常运行的事件。

(2)车站、车辆基地内所有与行车、调车作业有关的危及人身安全和设备安全的各类事件。

(3)列车运行过程中(包括运行途中和停车期间)危及乘客安全的事件。

在发生行车安全事故时,除了尽快实施抢险抢修救护等紧急处理外,必须按照行车事故报告程序及内容进行报告,并填写事故报表备案。

2. 客运事故

凡是在车站的站厅(指收费区内)、站台上、客运列车车厢内发生的危及乘客人身安全的事件,均属于客运事故。客运事故主要有列车车门、屏蔽门、自动扶梯、列车停站时站台边缘与列车间的间隙、列车进出站等造成的乘客伤亡。

发生客运安全事故时,应及时救助处理,并填写相关文件备案。

3. 自然灾害引起的事故

由自然因素引进的事故与灾害包括水害、风害、雷击或地震等。对此,城市轨道交通在建设时应有良好的预防监测措施。在遭遇此类事件时,应及时统一指挥组织乘客疏散转移,组织现场抢救。

二、事故等级标准的确定

目前,我国尚未在全国范围内制订城市轨道交通事故等级分类标准。但各拥有轨道交通系统的城市都结合自身的特色,制订了相关的规则和标准。以 A 市为例,在《A 市城市轨道交通行车事故处理规则》中对城市轨道交通运营突发事件进行了等级方面的相关规定。

依据城市轨道交通运营突发事件可能造成的危害程度、波及范围、影响力大小、人员伤亡及财产损失等情况,由高到低划分为特别重大事故、重大事故、大事故、险性事故、一般事故和事故苗头。

1 特别重大事故

列车、工程车辆等发生冲突、脱轨、火灾、爆炸等事故,造成下列后果之一的为特别重大事故。

(1) 死亡30人及其以上。

(2) 事故直接经济损失在500万元及其以上。

2 重大事故

列车、工程车辆等发生冲突、脱轨、火灾、爆炸或由于城市轨道交通设备状态不良等其他原因造成下列后果之一的为重大事故。

(1) 人员死亡3人或死亡、重伤5人及其以上。

(2) 中断正线(上下行正线之一)行车或耽误本列列车180min及其以上。

(3) 事故直接经济损失在300万元及其以上。

(4) 列车中破一辆。

(5) 工程车辆大破一台。

3 大事故

列车、工程车辆等发生冲突、脱轨、火灾、爆炸或由于城市轨道交通设备状态不良等其他原因造成下列后果之一的为大事故。

(1) 人员死亡1人或重伤2人及其以上。

(2) 中断正线(上下行正线之一)行车或耽误本列列车120min及其以上。

(3) 事故直接经济损失在100万元及其以上。

(4) 列车小破一辆。

(5) 工程车辆中破一台。

4 险性事故

凡事故性质严重,但未造成严重损害后果或损害后果不够大事故及以上事故,造成下列后果之一的为险性事故。

(1) 列车冲突。

(2) 列车脱轨。

(3) 列车分离。

(4) 未经批准,向占用区间接入或发出列车。

(5) 未准备好进路或错排进路接入或发出列车。

(6) 列车运行中擅自切除车载安全装置。

(7) 列车错开车门、运行途中开门或车未停稳开门产生紧急制动。

(8) 列车冒进信号或越过警冲标。

(9) 列车夹人或夹物开车,导致乘客受伤或城市轨道交通设备损坏。

(10) 列车、工程车溜入区间或站内。

(11) 未拿或错拿行车凭证发车。

(12)列车运行中,因车辆部件脱落或货物装载不良刮坏城市轨道交通设备。
(13)变电、动力供电、接触网系统操作中发生错送电、漏停电,造成后果的。
(14)接触网塌网、坠落或其他设备部件脱落刮坏列车。
(15)运营线路走行轨由轨头到轨底贯通断裂。
(16)正线各类设施、设备、物资等侵入车辆限界,刮坏列车。
(17)运营线路几何尺寸四级超限。
(18)其他(性质严重的列车事故,经运营分公司安委会决定列入本项的)。

❺ 一般事故

凡事故性质及损害后果不够大事故及险性事故的,为一般事故。
(1)调车冲突。
(2)调车脱轨。
(3)挤道岔。
(4)列车分离。
(5)未经批准,应停列车在站通过。
(6)调车作业碰轧脱轨器或防护信号。
(7)错误办理行车凭证发车或耽误列车。
(8)在运营时间内,因设备故障或其他原因造成正线(上下行正线之一)中断行车或耽误本列列车 30min 及以上。
(9)在非运营时间内,因施工、设备故障或其他原因影响首班车晚开 30min 及以上。
(10)漏发、漏传、错发、错传调度命令耽误列车。
(11)因错发操作命令或人员误操作造成断路器跳闸,或接触网误停电,造成后果。
(12)接地线错挂、漏挂、错撤、忘撤。
(13)其他(经运营分公司安委会决定列入本项的)。

❻ 事故苗头

凡在城市轨道交通运营工作中,因违反规章制度,违反劳动纪律或其他原因造成设备损坏,影响正常行车或危及行车安全,但事故性质或损害后果达不到事故的,为事故苗头。此外,还包括因违章行为性质严重,虽未造成损失,但经安全部门定性为事故苗头的。
(1)在运营时间内,因设备故障或其他原因造成正线中断(上下行正线之一)行车或耽误本列列车 20min 及其以上。
(2)列车车门因故障无法关闭,且无安全措施行车。
(3)列车夹人、夹物开车。
(4)未经批准,通过列车在站停车。
(5)因错办进路造成变更交路或列车错进股道。
(6)在运营期间,列车内灯管、广告牌、镜框等脱落。
(7)车站未按规定时间开、关站,造成不良影响。
(8)在运营期间,设备、设施、广告、备品脱落或掉下站台、隧道,造成停车。
(9)正线作业进入隧道施工未登记或作业结束后未注销。

(10) 运营中,车站正常照明全部停电。
(11) 在运营线上,委外施工无安全协议,现场无甲方(或甲方指定的)安全负责人。
(12) 设备故障情况下,单个道岔的手摇道岔作业时间超过 20min。
(13) 调度电话无录音或未到规定时间录音丢失;中央处理系统未到规定时间数据丢失。
(14) 各类机柜门、检查孔盖未按规定锁闭或设施固定不牢,造成后果。
(15) 列车主风管破裂;工程车辆撞止挡或溜逸。
(16) 无证操作或违章操作相关命令,影响行车安全。
(17) 空调季节,车站环控系统停止运行连续时间超 24h。
(18) 人为失误造成自动消防设施误喷。
(19) 在灾难、险情时,FAS 系统未能正常报警。
(20) 行车指挥无线通信系统故障,造成全线无线中断 20min 及以上、局部无线中断 30min 及以上。
(21) 运营线路几何尺寸三级超限。
(22) 其他(经运营分公司安委会决定列入本项的)。

三 预警级别的确定

事故发生前,应当向社会公布预警级别。以北京市为例,在《北京市轨道交通运营突发事件应急预案》中对预警级别规定如下:依据城市轨道交通运营突发事件的危害程度、发展情况和紧迫性等因素,城市轨道交通运营突发事件的预警由高到低分为红色、橙色、黄色、蓝色四个级别。

(1) 红色预警:预计将要发生特别重大以上城市轨道交通运营突发事件,事件会随时发生,事态正在不断蔓延。
(2) 橙色预警:预计将要发生重大以上城市轨道交通运营突发事件,事件即将发生,事态正在逐步扩大。
(3) 黄色预警:预计将要发生较大以上城市轨道交通运营突发事件,事件已经临近,事态有扩大的趋势。
(4) 蓝色预警:预计将要发生一般以上城市轨道交通运营突发事件,事件即将临近,事态可能会扩大。

四 城市轨道交通行车事故处理规则

各城市轨道交通公司都会根据《中华人民共和国安全生产法》、国务院 34 号令发布施行的《特别重大事故调查程序暂行规定》等法律法规,制订适合本市轨道交通公司的行车事故处理规则。虽然各地的行车事故处理规则有所差别,但其主体内容基本一致,下面以《A 市城市轨道交通行车事故处理规则》为例说明。

1 目的

为规范 A 市城市轨道交通在运营过程中对行车事故定义、事故分类、现场应急处理及指挥抢险、调查和处理、责任判定、统计分析和总结报告等，特制订本规则。

2 范围

本规则适用于运营分公司范围内发生的行车事故管理。

3 职责

(1) 运营事故的抢险指挥组织自低至高分为以下三个层级：事故处理主任、抢险指挥小组、公司抢险指挥领导小组及现场总指挥。运营事故的抢险指挥组织的下一级必须服从上一级的指挥，并向上一级报告抢险工作。

(2) 安保部负责牵头对相关事故进行车调度员查取证，配合城市轨道交通公安分局开展相关工作，并及时报告分公司安委会领导。

(3) 分公司安委会对相关事故定性定责。

(4) 各部门、中心按照本规则的要求制订相应规章制度，并认真落实。

4 质量要求

(1) 对发生的事故进行及时的调查取证。

(2) 对相关责任人、责任单位进行定性定责，并按"四不放过"的原则进行处理，使责任落实到人。

5 工作规范

(1) 相关定义

①行车事故：凡在城市轨道交通运营工作中，造成人员伤亡、设备损坏、中断行车、危及运营安全及经济损失等情况的，均构成行车事故。

②列车：指以运送乘客为目的而按规定辆数编成的车列，并具备规定的列车标志。

③其他列车：指回空列车、工程列车、救援列车及内燃机车单机、轨道车单机等。

④冲突：指列车、工程车辆等相互间或与设备（车库、站台、车挡等）发生冲撞，致使列车、工程车、车辆、设备等破损。

⑤脱轨：指列车、工程车辆、轨道车等车轮脱离钢轨轨面（包括脱轨后自行复轨）。

⑥中断正线行车：指不论事故发生在区间还是车站，造成运营线路上、下行线之一线不能行车，即为中断正线行车。中断正线行车时间由事故发生的时间起至实际恢复通行列车行车条件的时间止。

施工封锁区间发生列车冲突或脱轨等的行车中断时间从事故发生前原计划开通的时间起计算。

⑦未准备好进路。有下列情况之一，属于未准备好进路：

a. 进路上停有车辆或有危及行车的障碍物。

b. 进路上的道岔未扳、错扳、临时扳动或错误转动。

c. 邻线的工程车、车辆等越出警冲标。

⑧占用区间。有下列情况之一，属于占用区间：

a. 区间已进入列车或已停留或溜入机车、车辆等。

b. 封锁的区间（如安排进行施工作业等）。

c. 区间已被列车取得占用的许可。

⑨列车冒进信号。有下列情况之一,属于列车冒进信号:

a. 列车前端任何一部分越过进路防护信号机显示的停车信号或防护人员在规定的地点所显示的停车手信号。

b. 已停车的列车越过信号机或警冲标。

⑩错开车门:指列车未对好站台开启车门(列车至少有一个客室门越出站台头端墙或尾端墙并打开)或开启非站台一侧的车门。

⑪运行途中开门:指在列车运行过程中,因车门故障、操作失误等原因,客室车门打开。

⑫未办或错办行车手续发车:指未与邻站(或相邻闭塞办理站)办理手续或办理手续后的区间,同列车运行的区间不一致。

⑬夹人、夹物开车:指夹住人体任何部位或随身衣物开车,若未造成人身任何伤害,不作事故论。

⑭挤岔:车轮挤上道岔,使尖轨与基本轨离开或挤坏、挤过。

⑮应停列车在站通过:指有关行车人员违反劳动纪律,违反规章制度致使应停列车在站通过。

⑯列车分离:指编组列车因未确认车的连接状态或车钩作用不良而发生的车辆分离(包括车钩缓冲装置破损)。

⑰漏乘:指乘务员在列车开车时,未按规定人数或时间出乘(若有同等职务的人员或能胜任现行职务的高职人员顶替出乘将列车正点开出,不按事故论)。

⑱耽误列车:指列车在区间内停车;通过列车在站内停车;列车在始发站或停车站晚开;超过运行图规定的停车时间;列车因车辆、设备设施等故障限速运行等。

⑲错误办理行车凭证发车:指与邻站(或相邻闭塞办理站)已办妥站间行车法手续,由于未交、错交、未拿、错拿、漏填、错填行车凭证,交于司机后,发现凭证的日期、区间、车次错误。

⑳调车:指除列车在正线运行、车站、车辆基地到发以外的一切机车、车辆或列车有目的地移动。

㉑工程车辆大破。有下列情况之一,属于工程车辆大破:

a. 柴油机破损必须大修修复时。

b. 发电机组破损必须大修修复时。

c. 转向架破损必须大修修复时。

d. 车体破损或凸凹变形达30%(发生火灾或爆炸烧损计算面积时包括地板在内,其他情况不包括地板)。

e. 平板车发生火灾或爆炸烧损面积达90%(包括地板在内)。

f. 中梁、侧梁、端梁、枕梁中任一种弯曲或破损合计够两根(中梁每侧按一根计算)。各梁弯曲和破损限度见表7-1。

各梁弯曲和破损限度 表7-1

类别	弯曲(上、下、左、右)	破损
侧梁	110mm	裂纹破损达到原断面积1/2
端梁	100mm	裂纹破损达到原断面积的1/2或冲击座上部断面全部裂损
中梁	50mm(下垂为60mm)	裂纹破损延伸至垂直面(不包括盖板)
枕梁	50mm	裂纹破损延伸至垂直面(不包括盖板)

g. 牵引梁折断两根,或者牵引梁折断一根加上第 f 项所列各梁弯曲或破损一根。

㉒工程车辆中破。有下列情况之一,属于工程车辆中破:

a. 三台牵引电机、轮对、液力变速器(或液力传动箱)、车载作业设备、车载检测设备任何一项破损必须大修时。

b. 中梁、侧梁、端梁、枕梁中任一种弯曲或破损一根。其弯曲及破损限度见表 7-2。

中梁、侧梁、端梁、枕梁弯曲及破损限度　　　　表 7-2

类别	弯曲(上、下、左、右)	破损
侧梁	110mm	裂纹破损达到原面积 1/2
端梁	100mm	裂纹破损达到原面积 1/2 或冲击座上部段面全部裂损
中梁	50mm(下垂为 60mm)	裂纹破损延伸至垂直面(不包括盖板)
枕梁	50mm	裂纹破损延伸至垂直面(不包括盖板)

c. 牵引梁折断一根。

d. 车体破损或凹凸变形达 15%(发生火灾或爆炸烧损计算面积时包括地板在内,其他情况不包括地板)。

e. 平板车发生火灾或爆炸烧损面积达 50%(包括地板)。

f. 转向架的侧架、摇枕、均衡梁或轮对破损需要更换任何一项。

㉓工程车辆报废。有下列情况之一,属于工程车辆报废:

a. 车体严重变形,并需要更换立柱达 2/3。

b. 中梁、侧梁垂直弯曲超过 200mm 或横向弯曲超过 100mm。

c. 需要解体更换中梁。

d. 两根中梁折损或一根侧梁及两根端梁折损。

e. 车底架扭曲变形。其倾斜度在车底架 1m 以内超过 70mm,或全部车底架超过 300mm。

f. 车底架破损程度较大或火灾事故后严重变形且破损严重,经鉴定无修复价值。

g. 车内设备严重破损,经鉴定无修复价值。

㉔列车中破。有下列情况之一,属于列车中破:

a. 车辆底架模块中的边梁、主横梁和端部组件中任何一种弯曲或破损。弯曲及破损限度见表 7-3。

边梁、主横梁和端部组件弯曲及破损限度　　　　表 7-3

类别	弯曲(上、下、左、右)	破损
边梁	30mm	裂纹破损达到原面积 1/3
端部主件	20mm	裂纹破损达到原面积 1/3
主横梁	20mm	裂纹破损达到原面积 1/3

b. 转向架的构架或轮对破损需要更换任何一项。

c. 火灾或爆炸内部烧损需要换修的面积达 $10m^2$ 以上。

d. 三台及以上牵引电机破损需要大修修复。

㉕列车小破。有下列情况之一,属于列车小破:
a. 主蓄电池箱或蓄电池充电机破损需要大修修复。
b. 三台以下牵引电机破损需要大修修复。
c. 车钩缓冲装置中的可压溃管破损变形。
d. 转向架的构架或轮对破损需要入库维修。
e. 车辆底架模块的边梁、主横梁和端部组件中任何一种弯曲或破损。弯曲及破损限度见表7-4。

车辆底架模块的边梁、主横梁和端部组件弯曲及破损限度　　表7-4

类　别	弯曲(上、下、左、右)	破　损
边梁	15～30mm	裂纹破损达到原面积的1/6～1/3
端部主件	10～20mm	裂纹破损达到原面积的1/6～1/3
主横梁	10～20mm	裂纹破损达到原面积的1/6～1/3

㉖工程车辆:指除电客车以外的所有机车及车辆。

(2)总则

①为贯彻"安全第一、预防为主"的安全生产方针,执行党、政、工、团齐抓共管的原则,分公司各级领导要把安全工作当作首要任务来抓,加强安全管理和安全思想教育,强化职工安全意识,严肃劳动纪律和作业纪律,教育职工自觉执行各项安全规章制度。

②做好员工技术培训,提高技术业务水平。加强安全检查,及时消除各类隐患。搞好设备维修保养,提高设备质量。深入开展安全正点、优质服务的竞赛活动,确保城市轨道交通安全运营。

③发生事故时,要积极采取措施,迅速抢救,以"先通后复"的原则,尽快恢复运营,尽量减少损失。

④分析处理事故要以事实为依据,以有关法规、规章为准绳,按照"四不放过"的原则处理事故,查明原因,分清责任,吸取教训,制订措施,防止同类事故再次发生。

⑤对事故要定性准确。对事故责任者,应根据事故性质和情节分别予以批评教育、经济处罚、行政处分直至追究其法律责任。事故性质、情节严重的,要按有关规定追究相关领导的责任。

⑥对事故分析处理拖延、推脱责任、姑息纵容、隐瞒不报或不如实反映事故情况者,应予以严肃批评教育或纪律处分。

(3)行车事故分类

具体内容见前文。

(4)运营事故的现场应急处理及指挥抢险

①运营事故的现场应急处理。

a. 事故发生后,各相关岗位应按规定的报告程序进行报告。

b. 有关各类突发事件的应急处理办法按规定执行,并执行各有关专业应急处理方案。

②运营事故的抢险指挥。

运营事故的抢险指挥组织分为以下几个层级:事故处理主任、抢险指挥小组、公司抢险指挥领导小组及现场总指挥。运营事故的抢险指挥组织的下一级必须服从上一级的指挥，并向上一级报告抢险工作。

运营事故的抢险指挥组织按以下办法确定。

a. 事故处理主任：在抢险指挥小组到达现场前，现场抢险指挥由事故处理主任负责。事故处理主任按以下办法自然产生：

若直接影响到行车组织、客运服务及线路施工的，且事故发生在区间，涉及列车的，由司机担任；事故区间邻近车站值班站长（或站长）到达事故现场后，由该值班站长（或站长）担任；若事故发生在车站或车辆基地，由值班站长（或站长）或信号楼调度员担任。

若未直接影响到行车组织、客运服务及线路施工的，由管辖责任部门（中心）当班班组长或中心主任担任现场事故处理主任。

b. 抢险指挥小组：抢险指挥小组到达现场后，现场的抢险指挥由抢险指挥小组组长负责。抢险指挥小组组长及副组长按以下办法自然产生：

涉及行车安全的事故处理，由分管副总或客运系统安全领导小组成员担任现场指挥小组组长，相关设备系统领导小组成员担任现场指挥小组副组长。

未涉及行车安全的事故处理，由分管副总或物资设施系统安全领导小组成员担任现场指挥小组组长，其他相关部门（中心）领导担任现场指挥小组副组长。

c. 运营分公司抢险指挥领导小组及现场总指挥：若初步判定为可造成重大、大事故的，由运营分公司抢险指挥领导小组负责现场总指挥。运营分公司抢险指挥领导小组由运营分公司安全委员会主任、副主任及运营分公司其他领导组成。必要时，运营分公司抢险指挥领导小组可以指定现场总指挥。

d. 事故处理主任、抢险指挥小组、运营分公司抢险指挥领导小组及现场总指挥：其任务是负责指挥抢救伤员，做好救援准备工作，尽快开通线路，并查看现场，保存可疑物证，查找事故见证人，做好记录，待事故调查处理小组到达后要如实汇报或移交资料。

（5）运营事故的调查和处理程序

①特别重大事故按国务院34号令发布施行的《特别重大事故调查程序暂行规定》调查处理。

②行车事故调查处理小组

a. 组长：分公司总经理。

b. 副组长：分公司副总经理。

c. 组员：安全保卫部部长、技术部部长、客运部部长、车辆部部长、物资设施部部长、各中心主任。

安全保卫部负责行车事故调查处理的日常管理工作。

③发生重大、大事故时由事故调查处理小组负责组织调查处理；险性事故及一般事故由安全保卫部负责组织调查处理后，报事故调查处理小组审定（或由事故调查小组直接进行调查处理）。事故苗头由事发中心负责调查处理，并将处理情况报安全保卫部备案；涉及两个及以上单位并有争议的事故苗头，由安全保卫部负责组织调查处理。

④重大、大事故调查和处理程序如下：

a. 运营分公司领导接到重大、大事故报告后，要立即组成以分公司总经理或副总经理为组长、城市轨道交通公安分局局长为副组长、安全保卫部和有关部门负责人为组员的事故调查处理小组并迅速赶赴现场,组织指挥有关人员积极抢救伤员,采取一切措施,迅速恢复运营。同时,做好以下工作:

(a)保护、勘查现场,详细检查车辆、线路及其他设备,做好调查记录。绘制现场示意图、摄影录像,如技术设备发生破损故障时,应保存其实物。

(b)若事故地点的线路破坏严重,无法检查线路质量,则应对事故地点前后不少于50m的线路进行测量,作为衡量事故地点线路质量的参考依据。

(c)对事故关系人员分别调查,由本人写出书面材料。

(d)检查有关技术文件的编制、填写情况,必要时将抄件附在调查记录内。

(e)提高警惕,注意是否有人为破坏的迹象。

(f)必要时召开事故调查会。

(g)根据调查结果,初步判定事故原因及责任,及时向分公司安全委员会汇报。

b.发生重大、大事故的责任单位,应于事故后三日内写出行车事故分析报告(表7-5),分析报告一式四份,报事故调查处理小组一份、安全保卫部三份。

行车事故分析报告 表7-5

事故单位	
时间	
地点	
车次	
车型号码	
事故概况(含损失程度)	
事故(事件)定性	
事故处理会议参加人员姓名、职务	

责任者	姓名	性别	年龄	职务	单位	处理意见(建议)
全部责任						
主要责任						
次要责任						
防范措施						

填表人: 报告时间:

c.事故调查处理小组接到责任单位事故报告后,由事故调查处理小组组长主持召开事故分析会议,分析事故原因,判明事故责任,制订防范措施。然后,由安保部写出重大、大事故调查报告,于七日内报分公司安全委员会。

d.运营分公司安全委员会在接到事故调查处理小组的报告后,由运营分公司安全委员会主任(副主任)主持召开事故处理会议,审议事故调查处理小组的调查报告,认定事故性质,并对事故责任人提出处理建议。由安全保卫部写出事故处理报告提交有关部门,于十日内通报全公司,并呈报总公司安委会。

e. 重大事故、大事故若初步判明属城市轨道交通外部单位责任时,事故调查处理小组应立即发出电传,通知城市轨道交通外部责任单位,说明情况和原因,要求责任单位迅速派员参加事故调查分析会议。若双方意见不一致时,可提请司法部门裁决处理。

⑤险性事故及以下事故的调查和处理程序。

a. 发生险性事故及一般事故时,由安全保卫部负责立即组织有关人员进行调查(或分公司安委会组织人员调查处理)。召开事故分析会,查明原因及责任者,作出处理建议,制订防范措施,并于七日内事故报告上报分公司安委会,呈报总公司安委会。安保部同时将事故有关情况审核归档。

b. 发生事故苗头,相关中心立即进行调查。召开分析会,查明原因及责任者,作出处理决定,制订防范措施,并于五日内将处理报告一式两份,报安全保卫部一份备案。

c. 运营分公司安全委员会认为有必要时,可派人员对事故苗头进行调查,并可对事故性质提级处理。

⑥各单位及个人有责任配合事故调查,事故调查人员有权向内部任何部门及人员调查了解有关情况,并有权限期让其提交书面材料和收集有关资料。拒绝、拖延、影响事故调查的,按所属事故同等性质对相关人员进行处理。

⑦其他。

a. 运营事故若属人为破坏性质,交由城市轨道交通公安分局调查处理。

b. 运营事故的损失费用,根据以责论处的原则,应由责任部门承担(包括城市轨道交通外部责任事故)。

c. 凡涉及城市轨道交通外部人员伤亡的,按《地外伤亡事故处理实施细则》执行。

d. 运营事故的分析报告书的管理及要求如下:

(a)运营生产中发生的以下情况,相关部门需向安全管理部门提交事故分析报告:各类各等级的事故及事故苗头;直接影响运营生产安全的故障、事件;上级部门、领导或安全管理部门要求提交的。

(b)事故分析报告书须采取书面形式,按以下要求报送:重大事故、大事故,应于事故发生后三个工作日内将初步报告报送到安全管理部门,并随时配合提供进一步情况的报告。险性事故、一般事故及事故苗头,应于事故发生后五个工作日内报送到安全管理部门。直接影响运营生产安全的故障、事件及其他要求提交的,应于发生后五个工作日内报送到安全管理部门。

上级部门、领导或安全管理部门另有要求的,按要求提交。

(c)事故分析报告书应包括以下方面的内容:

事故经过:事发情况、处理情况、客运组织、应急运营组织、抢险组织、目前状态等。

影响或损失:退票、关闸、关站等服务影响;限速、晚点、抽线、中断行车等行车影响;设备降级运转、损坏、关停等影响;人员伤亡、经济损失等。

原因分析:直接原因、间接原因;主要原因、次要原因、一定原因、管理原因。

定性定责:定性分为重大事故、大事故、险性事故、一般事故、事故苗头、其他事故、事件等,死亡、重伤、轻伤事故等;定责分为主要责任、同等责任、次要责任、一定责任、管理(领导)责任等。

责任单位及人员处理:负有责任的单位及人员,根据相关安全奖惩办法进行处理;表现突出的员工,根据相关安全奖惩办法奖励。

防范措施:根据原因分析,制订包括对人员管理、设备设施、运营组织、操作规程等方面的应急、整改措施等。

（d）不提交或不按时提交事故分析报告书的,按《A市城市轨道交通运营分公司绩效考核办法》中相关条款进行考评。

（e）安全管理部门须对各相关部门提交的事故分析报告书进行评议,明显漏缺本规定第（c）条内容的,按"发生事故未按'四不放过'原则处理"情况,依据《A市城市轨道交通运营分公司绩效考核办法》中相关条款进行考评。

(6)运营事故的责任判定

①事故责任判定的原则:以事实为依据,以规章为准绳。

②运营事故责任,按责任程度分为全部责任、主要责任、同等责任、次要责任、一定责任和无责任;按责任关系分为直接责任、间接责任。

③设备(包括零配件)质量不良造成事故时,根据设备的质量保证期、使用寿命和损坏情况分析事故原因,判定责任单位。判明产品供应者责任的,列产品供应者责任。设备的所属部门或管理部门,对设备原因造成的事故,不认真分析、查不出原因的,定该部门责任事故。

④对发生的事故或事故苗头涉及两个以上单位的,若双方推脱责任,不认真配合调查分析事故,由事故调查小组裁处。

⑤事故发生部门不认真组织事故调查分析、调查资料不全,列非责任事故依据不足的,定发生部门的责任事故。

⑥承包城市轨道交通设备的施工、维修而造成的运营事故,定施工维修承包单位的责任事故。凡因货物装载不良造成的事故,定装载部门的责任事故。

⑦城市轨道交通外部单位责任事故列其他事故。

⑧因设备质量等原因发生的事故一律统计在该部门的事故中,能确定责任的,列责任事故。如不能确定为城市轨道交通责任的,列该部门其他事故。

⑨凡经公司批准的技术革新、科研项目进行试验时,在规定的试验期内,被试验的项目发生事故,不列运营责任事故。但由于违反操作规程以及其他人为事故仍列责任事故。凡已经正式投入使用的各种技术设备,发生运营事故时,一律列运营事故。对非责任事故,事故发生单位统计事故件数,但不影响安全成绩。

⑩事故苗头的责任判定按此规定执行。

(7)运营事故的统计分析和总结报告

①各单位要建立事故记录台账,详细记录各种运营事故发生的经过、原因及处理情况,定期分析总结,对职工进行安全教育。

②各单位安全工程师(安全员、安全协理员)应将当日发生的事故情况汇报给安全保卫

部。各部门(中心)安全工程师(安全员、安全协理员)应在次月初前三日内对事故及安全工作情况进行分析、总结,并填写月度行车安全情况统计表(表7-6),交安全保卫部;各单位应对年内发生的各类行车事故分析汇总,填报年度事故统计表(表7-7),于次年初前五日内报安全保卫部。

月度行车安全情况统计 表7-6

类别 \ 件数 \ 项目		发生事故情况（件数或人数）		防止事故情况（件数）	安 全 管 理	
		责任	非责任		项目	次(件)数
行车事故	特别重大事故				安全教育	
	重大事故				安全检查	
	大事故				发现问题	
	险性事故				自行解决问题	
	一般事故				上报分公司问题	
	事故苗头					
	合计					
火灾事故	特大事故					
	重大事故					
	一般事故					
	合计					
工伤事故	死亡事故					
	重伤事故					
	轻伤事故					
	合计					
地外伤亡事故	死亡					
	受伤					
	合计					

备注：

中心： 中心负责人： 填表人： 年 月 日

③运营分公司于每月前五日内,对上月内发生的各类运营事故进行分析汇总,具体由安全保卫部负责进行汇总,报分公司领导及有关部门。

④事故的统计数字和责任部门以安全保卫部的记载为依据。事故涉及两个以上单位时,应将事故件数列入主要责任单位。按同等责任论处的事故,事故的双方均统计数字,由公司统计一件事故件数。

表 7-7
(永久保存)

年度事故统计表

类别 件数 部门	行车事故			工伤事故			火灾事故			设备事故			道路交通事故				合计	地外伤亡事故			
	一般事故	险性事故	大事故	重大事故	轻伤	重伤	死亡	一般	重大	特大	一般	重大	特大	轻微	一般	大	重大		件数	概况	人数	
																				伤	亡
责任																						
非责任																						

部门、中心：_____ 部门、中心负责人：_____ 填表人：_____ ____年____月____日

⑤因不可抗拒的外因造成的事故,不计事故指标。若因处理不当造成的次生事故,将按上述条款追究有关单位和个人的责任。

⑥当一起事故同时符合两类以上事故的定性条件时,按最重的性质定性。

⑦本规则自公布之日起执行。

7.2 城市轨道交通事故案例分析

一 设备事故

1 城市轨道交通列车制动故障处理

（1）事故概况

2006年3月16日14:08,某市城市轨道交通公司的1312次列车在A站乘客上车完毕准备开车出站时,发现列车无法完全缓解,司机立刻下车检查,无法修复,即以5km/h的速度运行。列车于14:16经B站后,于14:17停在区间,司机下车进行简单的故障处理。14:20重新启动列车,仍以5km/h的速度于14:26运行至C站,由车站及司机组织清客。15:04驶入D站存车线,15:30左右全线畅通,恢复正常运营。

（2）事故原因

发生此次事故的原因为列车制动控制部分故障。该列车刚引进不久,运营时间才半年多,还在磨合期内。

（3）事故应急处理中较好的措施

①及时通知乘客。对受影响的所有车站及列车,都及时以广播等形式通知乘客列车故障,安抚乘客情绪。通过提出无偿退票等具体处理措施,保证乘客及时换乘其他交通工具,消除了乘客的不满。

②积极办理退票手续。故障发生后,沿线车站根据乘客的意愿,及时为部分乘客无偿退票,共计退票571张。

③组织小交路运营方式疏散乘客。城市轨道交通运营部门启动紧急预案,组织了3趟小交路运营模式,对减少乘客候车时间、及时疏散滞留乘客、尽快恢复运营起到了积极作用。

（4）事故应急处理需改进的方面

①没有及时处理故障列车,延误时间较长。1312次列车发生故障后,经过3个车站才清客,在近一个半小时内一直以5km/h的速度运行,对全线车站、列车均造成了不同影响。

②没有通知乘客预计延误时间。由于乘客不了解城市轨道交通运营方式,未告知乘客故障何时消除,很容易让乘客以为下一列车很快就能到达,固执地守在站台等待。这样可能会耽误乘客行程,引发乘客不满情绪。再者可能造成大量人群聚集在车站,一见车来,一拥而上,存在不安全因素。

❷ 救援制动失灵列车事故

(1) 事故经过

2006年10月22日10:33,某市城市轨道交通公司的1314车从上行行驶至距A站300m处,发现速度不降,随即快速制动,仍不降速,最终因超速,列车自动防护系统ATP保护列车产生紧急制动;10:34,司机检查发现DDU面板和故障清单无任何故障显示,制动缸压力为$20N/cm^2$,检查驾驶室设备柜的开关,未发现有开关动作。随后司机采取应急处理措施,发现无法缓解紧急制动;10:41,行车调度员要求司机换端等待列车救援;10:52,救援车与故障车完成连挂;11:01,将故障车推到A站清客;11:03,司机切除车门,进行清客;11:29,到达车辆基地。

(2) 事故损失

此次救援事故使正线行车中断25min,造成清客5列次,单程票退票401张,IC卡更新145张,故障影响涉及5列车4个车站。

(3) 原因分析

本案例事故的原因是司控器航空插头H号针缩针后使制动命令继电器BDR不得电,造成列车既不能制动,又不能缓解紧急制动。

驾驶室航空插头中的H号针是司机控制器与制动命令继电器BDR的线路连接点,当手柄拉到制动位时,司机控制器通过H号针把制动命令信号传递到BDR的线圈,BDR得电动作,其辅助触点闭合,把司机的制动命令传送到每节车,使其施加制动。H号针断开后,司机的制动命令无法传递给每节车,全车都无法执行制动指令。同时,由于紧急制动的缓解过程也需要制动命令信号,所以无法缓解紧急制动。

(4) 防范措施

这是一起因车辆设备质量问题而引发的事件,虽然没有造成严重的后果,但事故本身反映的问题应引起相关单位的注意。如果列车紧急制动系统设备出现故障,导致紧急制动无法实现,产生的后果可能会严重得多。

为避免类似事故的发生,相关单位应做好以下的防范措施:

①制订整改计划,全面实施整改。要求车辆生产单位检查并确认原装防缩齿是否符合使用要求,车辆生产单位要对所有车司控器连接器进行状态普查,及时整改,避免类似故障再次发生;要求其对列车制动系统进行大检查,确保列车运行的安全;要求其严格按照作业程序进行细心作业,尤其是在拆卸和安装类似连接器的过程中严格控制作业质量,做到检查要有记录,使作业过程具有可追溯性。

②加强质保管理,快速处理故障。有关部门要加强与质保方的沟通,在每周的质保例会的基础上,增加专题研究的课题;储备充足的备品备件,以便对常见故障和惯性故障进行快速处理;对于不在检修范围内的质保设备,应要求其定期检查,制订切实可行的保障措施,对已经实施整改的项目要进行跟踪检查、考核。

③加强业务培训,提高工作技能。针对司机的现状,继续加大、加强司机业务培训的力度和强度,不断提高检查和维修的技能,使司机适应工作需要。

④完善救援方案,提高应急能力。在出现应急情况后,应简化处理流程,快速反应,不断积累应急作业经验,加强应急预案的完善工作,针对应急情况进行模拟演练。同时,要规范车站广播和车站工作人员对乘客的服务用语,保证乘客的知情权。

3 城市轨道交通列车到站后车门无法打开

(1)事故概况

2007年7月30日8:33,某市城市轨道交通列车到达A站后,车门无法打开。列车司机立即进行处理,不能消除故障,只好下车手动打开车门,现场清客。由于部分乘客不愿下车,故障列车运载这些乘客到B站,进车库检修。

由于正值上班高峰期,列车内的乘客数量较大,每节车厢的乘客又只能从一扇手动打开的车门下车,因此清客花费时间较长,致使续行列车停于城市轨道交通隧道内长达35min,造成部分乘客出现憋闷头晕等不适感,并产生一定的恐惧心理。

(2)事故原因

故障列车投入运营时间不长,设备尚处于调试期。

(3)事故应急处理中较好的措施

①司机及时手动开门清客。列车司机到站后发现车门故障,无法打开,立即进行紧急处理。在处理无效后,采取手动开门的措施清客。故障列车由8辆车编组,如果将每一扇车门都手动打开,花费时间长,乘客蜂拥挤向已打开的车门,容易造成混乱,也容易引起后面车厢内乘客的焦躁,反而减慢清客速度。因此,司机手动打开车门,每节车厢打开一扇车门,是一种比较好的应急措施,有助于乘客有序下车,并迅速安抚乘客情绪。

②调派备用列车投入运营。由于列车故障造成延误,致使全线不少车站乘客滞留较多。为了缓解客运压力,城市轨道交通运营公司就近调派一列备用列车,加快乘客运输。

③紧急疏散乘客。故障发生后,一部分乘客没有选择其他交通工具,留在车站等待下一趟列车,还不断有乘客进入车站等待乘车,使得部分车站大量乘客滞留。因此,部分城市轨道交通车站启动紧急疏散应急预案,打开安全通道,让下车乘客直接出站,不用通过闸机,加快乘客出站,缓解乘客拥挤状态。

④采取适当措施安抚乘客情绪。乘客直接出站后,所持交通卡在下次使用进站前,向站务员说明情况,即可免去票款。另外,针对此次列车故障对乘客造成的影响,各个车站都向乘客发放了致歉信。

(4)事故应急处理需改进的方面

对续行列车处理不妥,停留在隧道内时间较长,致使部分乘客产生不适和恐惧之感。前方发生故障后,作为控制中心的行车调度员,应考虑后续各列车的运行,尽量使各趟续行列车停在车站或驶入就近车站停留,避免列车停在区间,尤其是隧道内。由于隧道内通风较差,而且地下空间黑暗,容易让乘客产生恐慌和不适。

4 正线车门故障事件

(1)事件经过

2006年11月7日10:34,某市城市轨道交通公司1207次列车在A站下行站台上下客后,关门准备发车,发现"门关好"灯不亮,再次进行开关门作业后发现"门关好"的灯始终不亮;检查驾驶室显示屏,显示最后一节车厢的车门(02A1B门)没有关,故障清单内显示"车门严重故障";10:35,司机下车至故障车门处查看,发现车门处于打开状态;司机紧急解锁后,将车门合上再恢复紧急解锁手柄,用方孔钥匙切除车门;10:37,司机报车门已切除,但"门关好"的灯仍然不亮,行车调度员要求司机再次前往现场处理,司机再次进行车门切除,仍然无法关闭;10:40,行车调度员命令A站配合1207次列车清客,司机做好乘客广播;要求B站强行站控,取消D1101道岔锁定,并排列X1105—X0903进路;10:42,故障车清客完毕,行车调度员要求故障车司机将车门旁路后,采用洗车模式动车到某存车线;要求备用车司机动车到B站下行站台,替开1207次;10:45,故障车到达某存车线,行车调度员调整全线列车运行及发布运营恢复信息。

(2)事件原因

本案例事故的原因是车门故障无法正常关闭,最终造成清客。司机切除车门的操作方法不当,导致车门未能切除,司机对此事故负有一定责任。

切除车门时,应在正常状态(即车门处于非紧急解锁状态)下进行,"紧急解锁"是紧急状态下用于开门逃生的装置。

(3)防范措施

①车辆部应会同车辆生产单位及检修中心,对车门故障进行统计、分析、研究,制订常见故障的预防性检修措施,进一步加强对车门各部件的检查,降低车门故障。

②乘务中心要加强司机实际操作的培训,注重动手能力的培养,使司机具备快速准确判断故障原因并能够独立排除常见故障的能力。

5 某站自动扶梯梯级脱落事故(图7-1)

图7-1 自动扶梯梯级脱落

(1)事故经过

2006年11月7日15:01,某市城市轨道交通A站1号出入口自动扶梯在运行过程中,梯级脱出运行轨道,堆积到扶梯下端地板上,连续损坏到第67个梯级后,扶梯的梯级缺失监控安全开关检测到梯级的丢失并开始动作,扶梯自动停止运行;15:22,迅达公司的扶梯维保人员赶到现场进行处理,随后分公司分管领导、物资设施部、机自中心、安保部、技术部等相关人员陆续赶到,用彩条布覆盖扶梯进行临时保护处理。当晚,迅达公司及分公司相关人员一同对现场进行了初步勘查后,公司领导在某站组织召开了现场分析会,落实故障的后续处理办法。11月8日,迅达公司派出的专家与总公司、分公司相关人员共同对现场进行了详细勘查取证,并恢复了故障设备的外观。11月29日,迅达公司应运营分公司的要求,安排维保人员开始参照出厂标准,对全线自动扶梯安全项目及主要运行指标项目(共72项)进行了全面检查。

(2)事故损失

本次事故造成A站1号出入口自动扶梯停用16d,对运营服务质量造成了一定的影响。

(3)原因分析

本案例事故的原因是11月3日迅达公司维保工维修该梯时,专用维修梯级装夹不到位,导致该维修梯级跳动或攒动,最终脱出轴套,梯级位置发生较大偏移,撞击下端固定的前沿板。

此维修梯级破损后卡夹在前沿板与梯级连杆中间,阻塞了后续梯级的通路,导致后续梯级逐个撞击破损后推开下机房盖板冲出下机房,并在扶梯及扶梯出入口处堆积,直到上端梯级缺失保护开关动作才使扶梯停住。

(4)防范措施

①狠抓质保管理,严格作业程序。加强对质保公司的管理力度,要求其对对可能由人为原因造成的故障或可预见的因设备部件磨损老化导致的故障作提前考虑,特别是对于涉及安全的保养项目,必须在检修规程中完善程序步骤并优化工艺,用完善的工作程序保证或者降低此类故障的发生。

②更新安装形式,增加防护措施。要求迅达公司重新设计盖板保护开关的安装形式,使之不会因乘客踩踏而误动作,并保证盖板在发生明显移位的情况下一定会动作自停扶梯。同时,在工作区梯级增加防护措施,保证与乘客直接接触的工作区内不会有梯级缺失及塌陷等危险情况出现,保证工作区内人员的人身安全。

③加强过程监督,完善维保工作。电扶梯专业重新编排巡检计划,将巡检及设备维保现场监督检查相结合,加强监督检查力度,提高设备维保质量。积极研究现行检修模式的合理性与有效性,进一步完善维保工作机制,对设备设施的维保过程进行严格控制和管理。要求每个维护人员认真按照规范作业,避免此类事故的再次发生。

二 客伤事故乘客跳轨造成行车长时间中断事故

(1)事件经过

2007年7月3日19:45,1112车进某站上行站台,列车距站台15m处时,一青年男乘客突然跳入轨道,司机立即采取紧急制动,但列车已撞人,最终列车停在不到对标处约50m处;19:47,某站值班站长赶到现场,找到两名目击证人,通知120急救中心,同时要求站台安全员下到轨行区确定落轨者具体位置;19:55,120急救人员到达站台,发现跳轨者已经死亡;20:15,列车出清上行站台,找到死亡者尸体并抬离轨道;20:25,保洁人员对站台、轨行区进行临时冲洗;20:30,行车恢复正常。

(2) 事故损失

本次事故影响正常运营近 40min,清客 6 列、下线 1 列、抽线 3 列,对运营服务工作产生了一定的负面影响。

(3) 原因分析

本案例事故的原因一是进行现场处置的城市轨道交通公安人员对地外伤亡事故处置职责与程序不熟悉,对轨道上的尸体清运请示汇报较多,不能按照有关规定果断处置,延误了较长时间;二是控制中心发布的信息不够明确,站务人员现场处置工作考虑不周全,地外伤亡备品配置不到位,延误了事故处理的时间。

在本次事故处理中还暴露出一个值得关注的问题,相关岗位工作人员出现不适应现象,心理上存在障碍,不能按"岗位职责"的有关规定及时处理事件。

《车站运作细则》中规定,值班站长负责本班全站日常的行车、客运管理、乘客服务、事故处理、设备日常管理、安全管理、员工培训、执法管理等工作。值班站长有责任组织相关人员快速处理事故,对于类似的特殊事件,也应严格执行岗位职责的规定。

(4) 防范措施

① 加强站台巡视,完善监控系统。本案例中死者在跳轨之前,在某站台徘徊了一个多小时,站台保安没有引起注意,工作上不够细致。事后查看监控录像,发现监控系统对站台的监视存在一些死角,不能完全看清站台情况。今后应加强站台巡视,发现可疑人员及时上前询问,同时对监控死角进行整改,便于事后的分析调查。

② 规范信息发布,优化处置程序。对类似重大事件,控制中心要发布后续的处置进展,规范信息的发布格式,进一步完善道床伤亡应急预案,警地双方联合加强对民警、运营人员的培训,定期开展演练,共同提高突发事件的处置能力。

③ 整改存在问题,强调新闻扎口。站务中心根据该车站跳轨事件处置过程中存在的不足,制订有效整改措施,加强预案的学习和应急演练,提高应急处置能力;安保部、客运部进一步研究道床伤亡车站备品物资的配置,提出配置标准和数量;有关单位要增强相关人员,包括对站务人员、乘务人员等现场处置人员心理素质的引导,强化员工心理素质的培养。运营出现重大情况,统一由总公司党群人事处或分公司办公室对外发布,做到一个声音对外,运营人员不得传播、议论有关事件的内容,或接受未经授权的采访,违反者严肃处理。

三 消防事故

1 韩国大邱市城市轨道交通火灾事故

(1) 事故概况

2003 年 2 月 18 日 9:53,韩国大邱市 1079 号城市轨道交通列车到达中央路车站,在 3 号车厢内,有精神病史的 56 岁的金大中用打火机点燃装有汽油的塑料桶,扔进车厢,引发生韩国历史上最大的城市轨道交通蓄意纵火案。由于车厢内座椅上包着一层易燃的薄绒布,车厢间也没有隔断,3 号车厢的火势迅速蔓延,整个列车浓烟滚滚。因为 1079 号列车已经到站,车门打开,部分乘客得以逃生。

3min之后,39岁的司机崔相烈驾驶另一列对开的1080号列车到达中央路站,他打开车门,浓烟立刻灌进来,又马上关上车门。司机向综合控制室请示怎么办,同时通知乘客等候,于是乘客坐着没动,失去了逃生时机。浓烟和大火自动切断车站的电源,站内一片漆黑。1080号列车因为停电无法继续运行,6节车厢迅速燃起大火。司机在逃生的同时拔出了主控钥匙,使得紧急电源切断,车厢陷入黑暗,车门无法打开。整个列车24个车门中,仅有4个车门被乘客手动打开,由于多数乘客不知道如何手动开门,城市轨道交通列车风窗玻璃又很坚固无法打破,使得这一列车的遇难人数占了多数。

最终,1300多名消防队员经3个多小时的抢救才扑灭这场城市轨道交通大火,但是车站内温度仍然很高,直到降温后消防人员才得以进入车站救援。这次大邱市城市轨道交通火灾事故一共造成296人死亡、146人受伤、269人失踪。

(2)事故原因

①城市轨道交通车站缺乏安全检查措施。韩国城市轨道交通车站的运作方式是无人化状态,一般只有一位工作人员接待乘客。没人检查乘客及其随身携带物品,乘客可以携带任何物品乘坐城市轨道交通列车,导致纵火犯轻易地携带汽油这类危险品上车,制造了这起城市轨道交通惨案。

②车站内和列车上灭火、通风设备能力不足。韩国的城市轨道交通车站内装有火灾自动报警和自动淋水灭火装置,但是在对付严重火灾时明显不足,尤其是自动淋水灭火装置,在此次事故中没有起到应有的作用。

由于列车上空的接触网是高压电,为了防止触电,列车内不能安装自动淋水灭火装置。但是车厢内也没有配备灭火器,使得在火灾初期,乘客无法灭火自救,造成重大伤亡。

车站设有通风设备,平时足够保障空气流通,可是在对付重大火灾时明显容量不足。在这次火灾事故中,并没有起到太大的作用,大量浓烟无法排放,造成许多乘客窒息而死,并且救援人员到达后也无法进入现场救援。

③车站供电系统缺乏备用电源。火灾自动切断电源,城市轨道交通车站的供电系统立即瘫痪,这种完全停电的状态带来两种不良后果:一是使两列城市轨道交通列车无法行驶,任由大火烧毁,扩大了灾难。二是城市轨道交通站内缺乏可以紧急启动的备用电源,无法点亮紧急照明灯、发光指示标志等,虽然站内到出口只有步行2min的路程,但是断电后车站立刻陷入黑暗,乘客在慌乱中根本找不到出口,加大了伤亡。

④列车设备存在火灾隐患。被烧毁的城市轨道交通列车地板、顶篷和坐椅等虽然由耐燃材料制成,不容易起火,可是一旦经高温燃烧后,就会释放出大量有毒气体。大量乘客正是吸入这些毒烟才迅速死亡,同时有毒气体还阻止救援人员及时进入现场抢救。

该城市轨道交通列车的车厢内座椅较多,而座椅上都包着一层易燃的丝绒,一经着火,火焰就会迅速在整个车厢内蔓延,乘客来不及撤离。

⑤各方面缺乏防灾意识。在韩国现行的"消防法"中,针对飞机、船舶、火车等移动的交通工具,消防安全规定相对缺乏。大邱市城市轨道交通是依据20世纪70年代防灾标准建造的,防灾能力不能适应较大灾害。

民众安全知识薄弱,逃生本领差。许多人不太清楚消防器材的位置和使用方法,遇紧急情况不知道使用灭火器材灭火自救。

城市轨道交通部门防灾意识不强,对乘客从城市轨道交通中逃生的方法宣传教育不足。这次城市轨道交通火灾中,如果乘客能及时手动打开车门,就能大量减少伤亡人数。但是很多人不知道城市轨道交通列车中有手动开门开关,即使知道有这种装置,也不知道其位置或不会使用,造成这些逃生装置在关键时刻形同虚设。

⑥城市轨道交通工作人员采取措施不当。调度人员在得知1079号列车发生火灾的情况下,仍将1080号列车放行进入中央路车站,并且在处理事故时犹豫不决,导致1080号列车也着火燃烧。1080号列车司机逃离时拔出列车主控钥匙,致使列车车门无法打开,乘客难以逃生,大量遇难。

(3) 事故应急处理的不当之处

①司机。1079号列车司机崔正焕在火灾发生22min之后,才用手机报告中央控制室。正是由于他没有及时报告,使得控制室作出了错误判断,延误了事故处理。1079号列车在9:53起火,直到10:00,有乘客亲属打电话给城市轨道交通总公司,此前城市轨道交通公司尚不知情。由于没有得到现场报告,城市轨道交通控制室难以掌握火灾实际情况,因而没有及时阻止1080号列车驶进车站,导致1080号列车也着火燃烧。

1080号列车驶入中央路车站后,因为断电无法行驶,司机崔相烈没有采取有效措施疏散乘客,而是先打开车门,发现烟雾涌入车内,立刻关闭车门,向调度人员请示。在没有得到调度人员明确答复的情况下,广播通知乘客别动,贻误了乘客的逃生时机。在火势蔓延、形势危急的情况下,1080号列车司机紧急逃离火灾现场,竟然拔走了列车的主控钥匙,致使列车车门不能打开,车内陷入黑暗,大批乘客无法逃出,使得1080号列车上的死亡人数远远高于1079号列车。另外,该司机为掩盖真相,还与其他同事串通,直到事发11个小时后才向警方讲出事件真相。

②调度人员。城市轨道交通公司机械设备调度室的3名当班人员在9:53就得到了火灾报警信号,但是因为安全意识淡薄,没有对此引起重视,既没报告,也没采取任何措施,直到10:00左右才确认火灾发生。因而,没有及时阻止1080号列车驶入中央路车站,使大批乘客失去生命。

城市轨道交通控制室在得知中央路车站发生火灾后,没有深入了解情况,也没有意识到事故的严重性,主观臆测为轻微事故,仍然将1080号列车放行进站,只是通知司机"小心驾驶,那里发生火灾",使伤亡人数大幅度增加。

1080号列车到中央路车站后,不能继续行驶,烟雾涌入车厢,司机请示城市轨道交通控制中心调度人员:"车厢内秩序大乱。许多人被烟呛住了。我是否应疏散乘客?我应该做什么?"但调度人员在长达5min的时间内未作出任何具体指示,致使司机广播通知乘客等候,使乘客错失逃生机会。而5min之后,调度人员下达的指令居然是"允许1080号车出发",可能他们认为将列车开出车站是比较好的做法。殊不知,因为火灾自动切断电源,列车已无法移动。

❷ 联络通道防火门掉落轨道事故(图7-2、图7-3)

(1) 事故经过

2006年6月3日7:02,0902次列车(1314车)司机报告行车调度员,上行线某出站至某某站区间列车突然发生剧烈振动,司机立即采取手动驾驶模式和快速制动,振动缓解后,减速行驶;7:09,后续列车司机发现一块铁皮压在钢轨上,已被压扁,不影响列车通过;7:26,某站接行车调度员发出通知,派值班员、保安跟车到区间处理;7:31,某站行值带领两名站台保安随车出到达事发地点,发现联络通道铁皮门横卧在左侧钢轨上,一半在钢轨外侧,另一半在两根钢轨间,压在钢轨上的部位已经变形,行车值班员、司机和保安共同将门抬离线路,放进区间联络通道内,并向行车调度员汇报;7:37,行车调度员通知后续列车司机再次确认,线路已恢复正常。

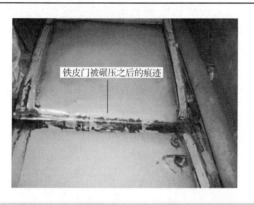
图 7-2 联络通道防火门掉落轨道事故

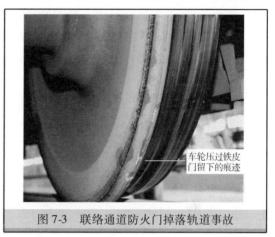
图 7-3 联络通道防火门掉落轨道事故

(2)事故损失

此次事故造成 1314 车车轮以及车下部分器件轻微擦伤。

(3)原因分析

本案例事故的原因是施工单位在施工时存在偷工减料现象,没有按要求将联络通道门进行固定,致使防火门脱落掉入轨道。掉入轨道的是联络通道防火门及框架,该防火门门框与墙体没有任何螺栓类固定,与墙体 4~5cm 空隙的填充物是泡沫、纸盒、废弃电缆等,外表用水泥砂浆抹平,这与《城市轨道交通设计规范》(GB 50157—2003)对防火设施的要求严重不符。

《城市轨道交通设计规范》关于"防灾"项中明确规定:防火设施与建筑之间的缝隙以及管道、电缆、风管等穿过防火墙、楼板以及防火分隔物时,应采用防火封堵材料将空隙填塞密实,并应达到防火分隔物的耐火极限。同时,在"工程材料"中,对地下建筑材料的使用也要考虑环境因素,其颜色应与轨道、道床等线路设施有所区别。

(4)防范措施

①加强线路巡视,及时排除隐患。相关部门中心应加强线路巡查工作管理力度,对有可能影响正线运营安全的点,要重点查看,发现隐患及时排除。

②参照相关规定,整改施工缺陷。对全线如隧道内的消火栓、灭火器、隧道内通风系统以及过压过流保护设备等安全设施进行全面检查,严格执行《城市轨道交通设计规范》、《施工合同》中的有关规定;对不合格项,要求施工单位及时整改。

③增强责任意识,确保施工安全。对于夜间作业中使用的材料,需要白天提前放置在区间内的,一定要做好固定措施,防止意外掉落到正线。作业完毕后,应确认线路上无任何工程材料,严格检查制度,杜绝因人为疏忽造成事故的发生。

(5)类似案例

2005 年 7 月 5 日,伦敦东部的中线城市轨道交通列车在贝斯纳尔格林站和迈尔恩德站之间以大约50km/h的速度由东向西运行,突然司机看到城市轨道交通通道中有白色物体坠落,列车随后撞上障碍物。司机听到重重的响声,立即采取了紧急制动措施,但城市轨道交通右侧车轮最终还是被障碍物卡住,导致一节车厢出轨,紧随其后的5节车厢也随之出轨。随后到来的一列列车也被困在通道中。两列车上共有约800名乘客,被困在30℃以上的车厢约两小时。

事故分析:一卷供晚间作业使用的厚约0.5m的工程材料松动坠落造成了这次事故。这些材料原本应存放在城市轨道交通通道侧面的一处空间内,因工作人员疏忽,没有采取牢固的固定措施而导致材料坠落到线路上,致使列车车轮碾压脱轨。

四 行车事故

1 列车无法正常牵引事故

(1)事故经过

2006年3月15日14:06,某市城市轨道交通0506车运行至A站上行站台停车开关门作业后,正常按ATO驾驶启动,启动后不久,列车发生冲动,随即自动停车,改用手动SM模式驾驶,列车只能以5km/h的速度缓慢牵引;14:15,故障列车到达B站,按规定开关门作业上下乘客后开出不久,列车产生紧急制动。手动SM驾驶时,速度只能维持在5km/h左右,故障现象仍然存在;14:26,列车到达C站,进行清客;14:35,在故障状态下,列车以5km/h的速度开往E站存车线;14:54,列车通过D站。由于上行进E站线路上坡道坡度较大,列车运行速度一直低于5km/h;15:03,列车到达E站存车线。

(2)原因分析

本案例事故的原因是列车制动系统中的制动压力开关状态不稳定,造成电路上不能"制动释放",导致列车无法正常牵引。这条电路曾经也发生过类似故障,但都是在终点站或存车线附近,未影响到正常运营。这类故障难以重现,故障原因无法查明,致使故障一次次地被放过,最终造成此次事故的发生。

另外,在事故处理过程中,列车在故障状态下仍然载客运行了两个区间,影响正线正常运营近一个小时。这也反映出调度人员处理突发事件的能力不足,安全意识不强。

通常所说的常用制动压力开关实际上包括两个部件:一是压力传感器,用来直接检测制动管路的气压;二是继电器箱里的继电器BRG,用来接收传感器的电信号,然后放大、串联到制动缓解回路上,传递本节车的制动状态信号。故障车因一节车的制动压力开关损坏,在常用制动已经全部缓解的情况下,驾驶室得不到制动已缓解的信号,牵引不能持续,在高于零速(5km/h)后2s列车又失去牵引力,低于零速后又重新开始牵引,所以只能已以5km/h的速度前进。

(3)防范措施

①驱除侥幸心理,彻底消除安全隐患。相同的现象发生过多次,因未影响运营而没有受到重视。虽然此类故障在库内无法重现,难以查明原因,但让有安全隐患的列车上线运营,无疑是把运营安全置于脑后。相关单位应把责任放在首位,以安全运营为出发点,清醒地认识到正线车辆故障的危险性,对故障列车不查明原因绝不能放过。

②加强业务学习,确保行车安全。目前,车辆系统面临的一个主要问题是"出质保",相

关人员应该审视一下自身的业务水平是否能够独立完成车辆故障的排查和检修,是否能够保障列车的安全运行。对于不足之处,应该加强学习;对于缺少的技术资料,应尽快收集全,以便将来能够独立完成相关工作。

③培养学习意识,积累事故经验。各级调度对事故的预见性不足,在指挥和决策等方面不够果断。调度应当对正线的设备、车辆故障有高度的敏感性,要有意识地培养判断能力和决策能力,遇到突发情况学会冷静思考、判断准确、决策果断。

(4)类似案例

2003年7月20日,某市城市轨道交通列车上行出站10m后,司机报:有一个DCU严重故障,列车无牵引力,列车速度超过5km/h列车会自动停车,除此之外没有其他故障显示。进行气制动缓解试验,发现列车气制动可以缓解,但无牵引力,同时出现ATP无有效信号。行车调度员通过闭路电视(CCTV)观察及车站现场确认,发现1A15车侧墙一直亮红灯(在气制动缓解试验时如该车制动能缓解应亮绿灯)。行车调度员通知司机到该车厢处理,确认ECU严重故障则切除该车B09阀。司机报切除该车B09阀后RM模式动车,恢复运行。

❷ 基地内列车脱轨事故(图7-4~图7-6)

(1)事故经过

2006年6月6日5:54,0910车0501次完成车库准备作业后,信号楼要求在A端待命,司机臆测行车,挤上47号道岔,之后司机未向信号楼汇报便擅自违反行车规定退行,造成列车脱轨事故;6:27,检修调度打电话给工程车班,要求准备好工程车;6:38,0910车准备进行复轨救援;7:05,当日13列电客车全部出库上线;7:23,车辆复轨救援开始实施,信号专业开始抢修,对47号道岔和47DG轨道电路受伤部件进行更换;9:35,电客车复位装置安装完毕,电客车开始复位;10:52,电客车复位成功。

图7-4 列车脱轨事故

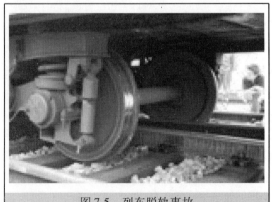

图7-5 列车脱轨事故

图7-6 列车脱轨事故

(2) 事故损失

此次事故造成轨道岔尖一组损坏；DZ6 电动转辙机一台、尖端杆一根、密贴调整杆一根、外表示杆一根、$95mm^2 \times 1.5m$ 钢轨连接线两根不同程度受损；0910 车 A 车一位端转向架部件多处损坏。

(3) 原因分析

本案例事故的原因是司机违反作业规定，未按信号要求行车，造成挤岔。挤岔后司机又擅自向后倒车，造成掉道。

《行车组织规则》中"列车运行条件"项要求：列车占用前方进路的许可是信号机显示的开放信号。《车辆基地运作规则》中"列车出入车辆基地"项规定：调车司机应根据调车员的信号，准确、平稳地操纵机车，时刻注意确认信号，不间断进行瞭望，正确、及时地执行信号要求，负责调车作业安全。

(4) 防范措施

①加强员工管理，完善相关规定。脱轨事件的发生，反映出日常工作中还存在管理不严，制度、标准不完善等问题。有关部门、中心要进一步强化管理，确保行车安全；编制《司机预防违章指南》，进一步完善规章制度，指导司机正确作业；严格作业标准化，按信号行车，杜绝臆测行车；重新梳理作业标准化，制订库内动车的详细作业标准，动车"四确认"，库内限速 5km/h，出库门和经过道口要停车确认信号，基地内限速 20km/h，确定在转换轨处与行车调度员的联系方法；把折返线作业、库内转线等列为安全关键点，制订防范措施，加强对这些关键环节的检查和抽查；做好与信号楼、行车调度员和其他有关岗位之间的作业互控；加强人性化管理，列车长和派班员要加强对司机的精神状态、生理状态的观察，及时发现异常情况；对带病作业的司机，要果断阻止其出乘，对有思想情绪的司机，要了解其状况，待其情绪稳定后再安排出乘。

②加强演练培训，配齐作业设备。相关部门、中心应加强事故救援演练的针对性，优化救援流程，检查救援设备的配置情况，配齐救援设备，并加强日常保养。对救援组织工作进行完善，明确人员的作业任务和作业位置，使救援过程标准化。

③健全规章制度，加强设备管理。加强轨行区限界管理，建立健全相关规章。各相关专业要对所辖设备、设施定期检查，特别是对轨行区的设备、设施，要建立长效管理机制，及时排除安全隐患，严防事故发生。

④加强业务培训，制订学习计划。各部门、中心，特别是一线生产的单位，要加强培训工作，保证规章制度在一线要落到实处。每个班组应制订出切实可行的月学习计划和周学习计划，真正做到熟练掌握规章、规程和作业指南等制度，并能灵活运用。

❸ 列车撞列检库门事件

(1) 事件经过

2005 年 12 月 6 日 22:11，某市城市轨道交通 1920 车在回列检库 15 道时，19A 车头撞上车门。检修调度人员接报后，立即要求信号楼不要动车，同时到现场察看情况，发现 15 道库门在列检库内侧，门页下方被电客车撞凹陷一块（被电客车防爬器所撞），大门撞过门上止挡，导致该大门无法向外正常开启到位。电客车头部右侧有一处表面擦伤（长 8cm、宽 1.4cm），另有两处与大门有轻微摩擦。因 15 道大门无法开启到位，1920 车后退转至 14 道 B 端。

（2）事故原因

本案例事故的原因是 15 道库门没有开到位。

（3）防范措施

①库内保安人员加强在列车出库、回库时的安全检查，发现轨道有异物或库门没有开到位的情况，应及时处理；来不及处理时，要迅速通报，保证库内行车安全。

②司机在驾驶时，注意力要时刻集中，不能因为是在基地内行车就麻痹大意。

五 供电故障事故

1 受电弓部分解体导致弓挂网事故（图 7-7～图 7-9）

（1）事故经过

2006 年 3 月 23 日 15:08，某市城市轨道交通 A 站报下行 0479 支柱处接触网异常打火，接触网专业人员检查后认为接触网设备运行正常；16:49，A 牵引变电所跳闸；17:10，确认 1112 次列车不能降弓；17:24，供电中心抢修人员到达事件现场，发现从 B 站至 C 隧道口的接触网已经大面积受损，故障车被困于 C 隧道口，受电弓已损坏；17:29，救援车与故障车联挂成功；17:42，救援车启动后，故障车发生弓挂网现象；18:03，接触网专业和检修专业人员上车顶拆除故障受电弓；18:22，救援车启动，将电客车推至 D 站；18:42，接触网抢修作业车到达事件现场，接触网抢修人员立即实施抢修作业；19:47，E 站至 D 站上行接触网受电成功，运营恢复。

（2）事故损失

此次事故造成一个受电弓严重损坏，接触网大面积受损，影响正常运营两个多小时。

图 7-7 受电弓部分解体导致弓挂网事故

图 7-8 受损受电弓

图 7-9 现场抢修

（3）原因分析

本案例事故的原因尚不清楚。但排除弓网自身的质量缺陷不说，故障车从 15:08 发现异常打火，仍然运营了近两个小时，最后发生弓网碰撞，导致受电弓部分解体，发生弓挂网事件。期间，接触网专业人员已经在现场看到打火情况，调度也接到多次打火报告，仍然没有引起足够重视，可以看出一方面触网人员安全意识不够，现场勘查不够细致，没有按文本规定进行处理，另一方面调度人员由于经验不足，没有及时采取有效的处置措施，未能避免事件的发生。

另外，在事故救援工作中，行车组织不够紧凑，信息传递、抢修组织较慢，接触网抢修作业车也未能及时出动，以致影响正常运营近两个小时。

在接触网巡视检查过程中，对危及安全的缺陷要及时处理，巡视检查和缺陷处理的主要情况都要认真填写在接触网巡视和处理记录中。

（4）防范措施

①增强责任意识，全面排查故障。各部门、中心在巡查的过程中，遇到非正常情况应予以重视，事前就进行全面分析和排查，避免因工作疏漏导致事故的发生。

②及时发布信息，缩短抢修时间。列车运行间隔延误达到一倍时，控制中心应及时发布信息，启动应急预案，并将事件的进展逐层上报。相关部门、中心人员要尽快分析原因，采取有效措施，以最快的速度恢复运营。

③推行首问负责，做好服务工作。本次事故的处理过程中暴露的另外一个问题就是车站服务工作不到位，对乘客的询问以"不知道"、"不清楚"之类的语言搪塞，没能很好地执行首问负责制度。另外，车站广播系统在非正常运营时的播音用语还应进一步细化，做好乘客的安抚工作。

④完善应急预案，加强日常演练。对每一次事故抢修过程中的不足之处进行收集整理，研究应对措施，完善应急预案，使之能够真正成为事故处理时可靠的决策依据。同时，针对不足之处，要加强日常演练，保证事故处理时能够临危不慌、忙而不乱。

2 接触网雷击断线事故（图7-10）

（1）事故经过

2007年7月8日8:27，A市城市轨道交通B站至C站上行接触网因雷击短时跳电（C站212开关$dI/dT+\Delta I$保护动作），自动重合闸成功；8:32，0706次（0506车）运行至上行线K5+600处（距信号楼约300m），司机发现轨行区前方有一接触网线垂在线路上方，距地面2m左右，立即紧急制动，由于惯性，列车05A车4B门上方与接触网线接触并发出猛烈火花，B站至C站区间上行接触网跳闸停电；8:57，接触网抢修人员查到故障点，立

图7-10 接触网雷击断线事故

即实施抢修；9:20，工程车到达救援现场；9:31，工程车与电客车连挂完毕，经D站上行正线推回车辆基地27道，至此列车救援完成；9:34，接触网作业车到达故障点，抢修人员利用接触网抢修作业车和梯车继续抢修；10:05，接触网抢修完成；10:09，B站至C站上行接触网送电成功，全线恢复运营。

(2) 事故损失

此次事故影响正线运营97min,清客1列次、救援1列次、抽线10列次、下线1列次、晚点2列次,全线IC卡更新220张,单程票退款944元,接触网04—16支柱处的承力索下铆绝缘子损坏,05A车4B门上方被灼伤。

(3) 原因分析

本案例事故是由雷雨天气接触网04—16支柱处的承力索下铆绝缘子被雷击碎造成的。另外,供电系统的防雷设施存在缺陷,高架、地面接触网保护不强,没有起到很好的避雷作用。

在遇有大风、大雨、大雾等恶劣天气时,要适当增加巡视次数,同时每年雷雨季节前要按有关规定对避雷器和动作计数器进行预防性试验。

(4) 防范措施

①认真执行规程,做好巡查工作。各部门、中心要切实加强应急抢险的各项工作,特别是在防汛、防雷季节,要加强设备设施的巡查,做好应急救援抢险准备工作。

②总结经验教训,优化抢修方案。供电中心要进一步加强接触网的维护工作,总结接触网故障抢修的经验与教训,强化员工的抢修专业技能的培养,优化抢险方案、流程。

③明确现场指挥,简化调度流程。各部门、中心要进一步明确突发事件的现场处置指挥人员,高度重视前期处置工作,在突发事件处置现场,临危不乱,主动协调各相关专业接口联系工作,用最短的时间、最有效的方式开展初期处置工作,为抢险救援打好基础。控制中心要进一步研究不同区域、不同情况的列车救援方式,采取的措施要果断有效,缩短应急救援时间,降低对运营秩序的社会负面影响。

④开展专题调研,整改技术缺陷。物资设施部、供电中心专题研究供电系统避雷设施、设备,请有关防雷专家、有关单位现场察看,对城市轨道交通一号线防雷覆盖范围以及目前避雷器本身的技术参数是否满足雷雨天气下的防雷要求进行论证;对存在的缺陷,要抓紧整改,避免因雷击对城市轨道交通运营造成危害。

(5) 类似案例

2006年8月17日14:20,某市城市轨道交通3940车在试车线调试时,司机发现隧道洞口前方接触网异常,立即采取紧急停车措施,但仍然没能避免事故的发生。试车线J130号支柱非支定位腕的斜吊索断裂掉在电客车上,与电客车形成电短路,造成3940A车二位端的一个中空玻璃被击裂,一块端部罩板上的油漆被灼伤。

原因分析:本次事故是因8月16日晚,该地区遭遇特大雷雨,车辆基地试车线的J130号支柱非支定位腕臂的斜吊索($50mm^2$青铜绞线,共19股)在受雷击后严重受损,当电客车在试车线上运行时,随着振动,受雷击致损的吊索最终折断并下垂悬挂在线路上方,导致事故的发生。

3 气球挂于城市轨道交通接触网的处理

(1) 事件概况

2005年12月5日8:11,某市城市轨道交通列车在A站乘客上车完毕,关好车门准备启动。站台保安发现一名男子越过黄色安全线,并手持卡通气球,当即上前要求其退出安全线以保证安全,并告知不能携带气球进入城市轨道交通车站,请立即处理掉气球。但该男子不但不听劝阻,反而放飞了气球,这只气球向上飞起,挂于接触网上,导致列车晚点20min。该男子受到了500元行政罚款处理。

(2)事件应急处理

①列车停止运行进行清客。列车司机发现接触网上的气球后,向控制中心行车调度员报告,行车调度员立即扣车,并指示车站和列车进行清客。

②维修人员停电取下气球。城市轨道交通维修人员到达后,先将该区段接触网断电,再使用长杆慢慢将挂于接触网的气球取下,使受影响区段恢复正常运营。

③组织小交路运营。由于正值上班高峰期,为了避免发生乘客聚集站台,尽快运送乘客,城市轨道交通公司组织两列车以小交路折返方式运营,缓解了客流压力。

7.3 城市轨道交通事故预防与处理

一 城市轨道交通系统防灾

城市轨道交通系统一旦发生事故,将成为公众舆论的焦点,并带来不利的政治影响和社会影响,人员伤亡、车辆损毁而带来的经济损失也将十分严重。为提高城市轨道交通运营的安全,有效减少事故的发生和降低事故损失,依据上述事故分析,事故的处理预案可从事前预防对策以及事后处理措施入手,并将重点放在事故发生前的预防方面。

1 事故发生前的预防

(1)加强对乘客和工作人员的教育

①乘客。由于乘客素质对城市轨道交通安全有很大的影响,所以应加强对市民的城市轨道交通安全乘车意识的教育,减少由于乘客的失误而产生的城市轨道交通运营事故。例如,2004年4月出台的《北京市城市轨道交通安全运营管理办法》中,对乘客的各种危害城市轨道交通安全运营的行为做了规定,并且明确了运营单位工作人员应当履行的安全管理职责,并明确了要多加强对乘客在紧急情况下逃生自救知识的宣传教育。

②工作人员。统计表明,几乎每一起重大事故都与城市轨道交通工作人员的失职有关。所以,务必加强对工作人员的法制教育、技术教育、安全教育和职业道德教育。工作人员要牢记"安全第一"的运营准则,任何时候都不能麻痹大意。一些城市轨道交通事故之所以造成的一个重要原因就是平时的安全教育流于形式,没有落实到实处。

(2)采用先进的设备及其检测体系

城市轨道交通系统的运营涉及众多人员和先进的设备,车辆因素、线路问题、信号标志等设备都直接关系到列车的安全运行。车辆所使用的阻燃材料是否合格、安全装置是否充足有效、车辆是否符合运行要求、车辆技术状况的好坏等都会直接影响到城市轨道交通的运行安全。在韩国大邱的城市轨道交通事故中,车厢内为了防止触电未安装自动报警设备和自动淋水灭火装置,也未采用先进的阻燃材料,使得易燃材料燃烧后产生了大量毒气和烟雾,导致了事故的扩大和蔓延。

配备事故监控设备有利于防止事故的发生,减少事故带来的影响。上海城市轨道交通有两级自动监控系统:车站监控和中央控制级监控。自动灭火喷淋系统设有水喷和气体喷两种,可以针对不同的火灾原因进行车调度员监控。地下隧道里还设有专门的排烟装置,一旦发生火灾,隧道内的事故风机系统就会启动,在最短时间内排出有毒烟雾,防止乘客产生窒息危险。

北京城市轨道交通设有双组变电站供电、紧急照明和应急通风设施,即使出现两个主变电站同时停电,列车失去牵引力最终停车时,也不会出现城市轨道交通"失控"现象。为在失电情况下仍能正常使用,城市轨道交通的指挥系统(如调度电话、通信系统等),全部由蓄电池供电。

在地下隧道或车站内因意外导致紧急断电时,突如其来的黑暗使人员极易发生混乱,造成伤亡。因此,在断电情况下持续提高光源十分关键。自发光疏散指示系统完全解决了这个问题。这些安全标志在完全失去光源的情况下仍然能够利用自身的蓄能发光,有助于乘客在漆黑一片中找到逃生的方向。

建立和完善设备状况计量检测体系,确保设备运作的安全度,对已出过的事故苗头、灾害险情要及时记录,用系统安全工程的方法进行评价,及时制订切实可行的整改措施,把工作落到实处,尽量把事故和灾害消灭在萌芽状态。

(3)建立自动监视及自动报警系统

为了保证城市轨道交通的安全运行,每个城市轨道交通系统都应配备监测及自动报警系统FAS。FAS对于确保城市轨道交通的安全以及正常运营,具有极其重要的作用,已成为城市轨道交通各系统中不可缺少的重要组成部分。受FAS系统保护的具体对象是全线车站、主变电所、车辆段及通信信号楼。城市轨道交通FAS系统必须是一个高度可靠的系统,接线简单,组网灵活,容易维修和扩展。控制中心(OCC)应有全线示意图,能监控全线的报警情况。

例如,伦敦城市轨道交通在115个地下车站内安装了"快速追踪"的火灾探测与报警系统。该设备包括一个探测范围宽广的模拟可寻址烟雾与热量探测系统以及遥控关门器、应急有线广播系统、防火阀控制装置、检票口等安全防火设施。每个车站内的电脑能对本区段内的消防设施予以监视与控制。通过预先编制的程序,对每个车站上的所有消防安全设施进行扫描,在连续不断地进行基础分类后,确认这些设备的特征、位置及所处的工作状况。

(4)配备应急通信系统

应具备无线电通信设备和有线通信紧急电话,车站工作人员和城市轨道交通司机可通过无线系统或有线电话、站台内的闭路电视(CCTV)视频传输系统向控制中心传递事态信息。车站内应装设全方位的监视器,实时收集站内各方位视频信息,避免出现有城市轨道交通发生火灾、爆炸、毒气等紧急事件而控制中心不知情的情况。列车上还应配备有紧急报警按钮,发生火灾爆炸等意外事件时,乘客可迅速按压此按钮通知司机。

(5) 建立事故故障的预警

以历史的事故故障信息为基础,结合运营单位对安全及可靠性状况的要求,对运营中的事故故障建立界限区域,实施预警管理。在划预警指标进行量化分析之后,按照确定的预警信号区域边界(即预警界限),同时将各类预警指标转化为预警信号输出,直观反映当时的运营安全、可靠性状况及发展趋势。根据预警指标的数值大小划分成正常区域、可控区域和危险区域,以分别表示城市轨道交通运营的安全态、病害态和危机态。通过预先识别影响运营安全及可靠性的危险源和危险状态,对超出界限的事故故障进行识别和警告,保证城市轨道交通运营的有序、安全、可靠,有效地降低事故故障率。

(6) 制订应急处理方案

事故和灾害是难以根本杜绝的,必须高度重视应急预案的制订。"预防为主"是城市轨道交通安全正常运营的原则,凡事预则立,不预则废。不同的事故,应急处理方法不同。只有事先制订多套突发事故应急预案,增强突发性事件的应急处理能力,才能把事故与灾害所造成的人员伤亡和财产损失降到最低程度。迅速的反应和正确的措施是处理紧急事故和灾害的关键。

应急预案是对日常安全管理工作的必要补充,主要内容包括:指挥系统组织构成、应急装备的设置(主要包括报警系统、救护设备、消防器材、通信器材等)和事故处理与恢复正常运行。

(7) 建立定期演练机制

对紧急状况进行定期演练,可以使人们对危险因素保持长时间的警觉性,增强全员安全生产意识,提高操作的熟练性,保持对紧急状态的敏感性及处理问题的正确性,使城市轨道交通运营系统能长时间保持人、物、环境的相互适应、相互协调,逐步提高各有关专业和工种的应变能力、协同配合能力和对事故的综合救援能力。

莫斯科城市轨道交通当局基本上每月进行一次指挥部训练,每季度至少出动一次百名员工以及车辆和设备进行"实战演习"。在马德里发生系列火车恐怖爆炸事件后,世界一些大城市如纽约、巴黎、伦敦、东京的城市轨道交通纷纷制订恐怖防范计划,进行大规模"实战演习"。我国北京、上海、广州、香港等地的城市轨道交通管理部门,多次会同消防及相关部门进行实战演练,以提高处理紧急事故的能力。

2 事故发生后的处理

(1) 乘客的安全疏散问题

根据全世界的城市轨道交通重大事故的经验和教训,如果事故发生后乘客没有得到快速、及时、安全的疏散,将会造成严重的后果。乘客快速、及时的安全疏散是整个城市轨道交通安全体系中极其重要的内容。完善的乘客安全疏散方案要尽可能详尽和具体,如城市轨道交通系统在 1~2h 不能恢复正常运营的情况下,城市轨道交通运营企业应尽快联系地面公交部门,在各个城市轨道交通系统出口处设立对应的公交线路,以有效疏导乘客。事故发生后,运营部门应担负起告知责任,不能以"故障"为借口,忽视甚至漠视乘客的知情权,造成乘客恐惧不安和混乱。

(2) 事故处理专家系统

城市轨道交通事故的分析和处理是一项复杂、经验性很强的技术工作,城市轨道交通发生事故的原因很多,要求快速、有效、准确地识别故障原因,并采取有效措施及时恢复城市轨道交通正常运行。近年来,在安全科学领域中计算机技术已与安全管理、安全评价、风险分析预测等工程技术广泛结合,并且推动了安全科学发展的进程——利用计算机准确及高速度的科学计算功能进行安全分析、事故诊断、安全决策等任务。

专家系统内部含有城市轨道交通领域专家水平的知识与经验,利用专家的经验快速给出处理措施,辅助管理人员进行事故处理,提高城市轨道交通的安全经济运行水平。城市轨道交通事故处理专家系统就是建立在这样的基础上的。

(3) 事故的快速处理

一旦事故和灾害发生,在线路上运行的列车不能继续按照原先的列车运行图运行,中央控制室必须及时对所有列车运行作出科学正确的调整。韩国大邱城市轨道交通纵火案中正是由于中央控制室管理不力,没有及时阻止另一列列车驶入已经失火的车站,才导致了伤亡人员的增加,死亡人员的多数也是第二列列车的乘客。

未来列车自动控制系统(ATC)中应包括针对发生紧急事故和灾害情况下的列车自动调度系统,这个自动调度系统应该是一个实时专家系统,在紧急情况下,可模拟调度专家的思维方式,根据事实库中的事实,调用规则库中的规则,逐步进行推理。自动调度系统将及时制订出新的列车运行方案,防止灾害的扩大化。

国际范围内恐怖主义的存在和国内社会竞争的日益加剧,今后我国的城市轨道交通运营安全工作任务十分繁重,面临的安全形势不容乐观。营造安全的运营局面需要全社会的共同努力,需要各部门的齐抓共管。具体来说,需要人的要素、物的要素、安全管理体制要素和社会环境要素几个方面的保障。只有把这些方面有机地结合起来,才能实现安全运营。

①人的要素是指乘客要有较强的安全防范意识,运营的管理者和作业人员要有高素质的职业道德和工作水平。

②物的要素是指系统装备功能完备、性能先进、防灾抗灾能力强,车站和区间隧道建筑结构设计合理,灾害发生时便于逃生。

③制度的要素是指实现安全运营的各种管理制度要规范完备。从保障我国城市轨道交通安全运营的实际情况来看,急需建立和完善城市轨道交通灾害应急处理制度、设施设备日常安全维护制度、紧急状况定期演练机制及国民安全教育计划。

④社会环境的要素是指城市轨道交通安全运营问题需要全社会的共同努力,进行综合整治预防灾难。

随着事故影响因素越来越多、越来越复杂,单独依靠城市轨道交通系统应对事故,尤其是大型、特大型事故变得越来越困难。目前,我国很多城市都成立了城市轨道交通抢险指挥中心,由市政府牵头,动用社会多部门的力量来共同处理大型事故。

二 突发事件时的抢险组织与运营组织

城市轨道交通运营过程中经常发生各种各种各样的突发事件,对各种突发事件的处理进行演练是城市轨道交通日常工作的重要组成部分。

城市轨道交通系统各部门必须牢固树立"安全第一"的思想,遵循预防为主、常备不懈的方针,抢险组织工作要贯彻"高度集中、统一指挥、逐级负责、先通后复"的原则,确保抢险救援工作反应及时、措施果断、有序、可控、快速,减少事故影响,尽快恢复运营生产。

1 有关概念

(1) 突发事件

突发事件是指城市轨道交通运营管辖范围内突然发生,造成或者可能造成员工人身、城市轨道交通财产、城市轨道交通形象受损或乘客财产、健康严重损害的事件。

(2) 地外伤亡事故

凡在城市轨道交通列车运行和调车作业中,或其他原因发生导致城市轨道交通外部人员及非在岗作业的城市轨道交通员工伤残死亡的,均列为地外伤亡事故。

(3) 群死群伤

在城市轨道交通运营生产中,无论何种原因造成三人死亡或死亡重伤五人以上的,均视为群死群伤。

2 突发事件的分类及分级

突发事件分为三类:运营生产类、消防治安类、自然灾害类。

突发事件分为两级:重大级、一般级。

运营生产类重大级突发事件包括行车大事故及以上事故;一般级突发事件包括行车险性及以下事故或严重影响运营的设备设施故障。

消防治安类重大级突发事件包括在城市轨道交通运营范围内发生爆炸、毒气、恐怖袭击、火势较大需公安消防队灭火、5人以上聚众闹事严重影响城市轨道交通运营的事件。一般级突发事件包括在城市轨道交通运营范围内收到爆炸、毒气、恐怖袭击等恐吓信息、火势较小依靠自身力量可灭火、5人以下聚众闹事对城市轨道交通运营影响较小的事件。

自然灾害类重大级突发事件包括发生地震、水灾及气象台发布的黑色气候信号等严重影响城市轨道交通运营事件。一般级突发事件包括气象台发布的白色、红色、黄色气候信号影响城市轨道交通运营事件。

3 突发事件的抢险组织

(1) 抢险组织的原则

现场有乘客时,应采取各种措施,稳定乘客情绪、维持秩序,尽力保证乘客安全;及时判明现场情况,及时报告;控制事态,减少影响,积极动员和组织一切力量进行抢险。

在现场总指挥到达之前,若事故发生在区间,由司机负责;根据需要,行车调度员可安排事故区间邻近车站值班站长(或站长)到达事故现场后,由该值班站长(或站长)负责。若事故发生在车站或车厂,由值班站长(或站长)、车厂调度员负责。现场总指挥到达后由现场总指挥接管,并组织开展工作。

(2) 控制中心的组织

控制中心值班主任根据现场情况启动相应预案;采取各种措施,控制事态发展,减少人员伤亡和财产损失;加强与现场指挥的联系,负责信息的收集和传递;通知相关部门派出抢险队,赶赴现场;协助相关部门调集抢险物资;掌握全公司生产动态;努力保证其他工作的正常进行;按照《行车组织规则》的规定尽量组织其他区段列车的运营。

(3) 车厂控制中心的组织

接到事故报告后,采取有效措施,控制事态发展,减少损失;立即报告控制中心及本部门领导,现场情况一时无法判明时,也应将所了解的情况先行报告,详细了解后再续报;根据现场需要,按照本部门事故抢险预案迅速组织人力、物力赶赴现场;根据现场情况,筹集并运送抢险物资。

(4) 维修控制中心的组织

接到事故报告后,采取有效措施,控制事态发展,减少损失;立即报告控制中心及本部门领导,现场情况一时无法判明时,也应将所了解的情况先行报告,详细了解后再续报。

④ 突发事件的运营组织及乘客疏散原则

(1) 运营组织原则

控制中心值班主任应与现场指挥加强联系,随时了解现场情况,组织具备运行条件的区段维持运营。

行车调度员应尽快了解现场情况并迅速上报,现场情况一时无法判明时,也应将所能了解到的情况先行报告,详细了解后再行续报;根据现场情况,正确、及时地发布抢险救援命令;协助现场处理有关事宜;其他区段具备开通条件时,应组织列车分段运行。

电力调度员应尽快了解现场情况并迅速上报,现场情况一时无法判明时,也应将了解的情况先行报告,详细了解后再行续报;根据现场情况,正确、及时地发布停、送电命令;协助现场处理有关事宜;保证其他具备供电条件区段的正常供电。

车站应与控制中心加强联系,及时执行行车调度员命令,组织本站人员做好本站客运组织、票务组织和乘客服务,利用广播加强宣传,稳定乘客情绪。

封闭的车站或事故现场,除有关救援人员外,其他人员一律不得进入。

城市轨道交通公安人员要维护车站秩序,保护事故现场,并对事故进行必要的调查取证。要密切注意可疑动态,严防不法分子乘机破坏和捣乱。

在车站或现场的城市轨道交通员工,要服从现场指挥人员的统一指挥,并积极协助,尽一切能力参与抢险救援工作。

(2) 乘客疏散原则

因发生各类突发事件需要疏散乘客时,列车司机、站务员、公安干警等相关人员应在车站站长(或值班站长)的统一指挥下,密切配合、协调动作,根据调度命令进行疏散乘客作业。

疏散乘客时,车站应加强广播,做好乘客引导工作。车站根据现场实际情况必要时张贴宣传告示。在区间疏散乘客时,行车调度员应扣停后续列车及区间邻线列车。

三 常见运营事故的应急处理

城市轨道交通作为城市公共交通的重要组成部分,处于地下的空间,形成封闭的环境,聚集密集的人员,通风和人员疏散都受到极大的限制。近几年,城市轨道交通又成为破坏与恐怖袭击的主要目标之一,城市轨道交通安全工作的特殊性和脆弱性日益突出。一旦发生意外事故,伤亡损失往往非常惨重。

为迅速有效处置城市轨道交通的运营事故及各类突发事件,各城市轨道交通公司认真总结兄弟城市城市轨道交通以往的经验教训,制订了《突发事件应急处理办法》,用以指导各专业人员迅速处理各类突发事件。

各类突发事件在处理上受发生的地点和影响程度不同,需要采取的预案等级也不同。对于站务人员来说,在各类突发事件处理中最主要的职责:一是根据事故影响程度,向乘客做好宣传解释工作,安抚乘客,按预案进行疏散,确保乘客人身安全;二是尽力做好或者协助其他部门、中心做好事故救援工作,尽快恢复运营,减小影响;三是合理应付媒体,特别是在重大的突发事件中,更要注重维护城市轨道交通公司的形象。为了统一口径,公司明确规定不允许员工随意接受采访,但不能用这个原因作为拒绝媒体的理由,建议回答:事情正在调查处理过程中,目前我对整件事情不是很了解,等公司将事情调查清楚后,会给各媒体和广大市民一个交代。

1 人身伤亡事故的处理(表7-8)

人身伤亡事故的处理　　　　　　　　表7-8

岗位	应 急 措 施
值班站长	1. 班站长接报后,立即组织客值、备班人员等,携带专用工具(照相机)赶赴现场; 2. 配合现场公安进行取证、拍照; 3. 如伤亡者压在车轮地下,经现场公安许可,指挥列车司机按要求动车; 4. 在公安画线、取证、拍照等工作完毕后,经现场公安许可,迅速将伤者抬上担架/死者用裹尸布,送往指定出入口等待救护车,若已死亡则尸体存放在适合地点(避免乘客围观或造成恐慌); 5. 通知保洁人员处理站台、站厅层血迹; 6. 带目击证人到警务室取证; 7. 立即向OCC值班主任、站务中心领导汇报处置情况; 8. 派员到出入口引导救护车
行车值班员	1. 立即报告警务室、OCC值班主任和当班值班站长(或站长),并拨打120; 2. 不断人工广播,安抚乘客,劝乘客不要围观,得到行车调度员批准后,要及时向乘客发布××方向的列车将有延误的信息; 3. 配合OCC维持正常的列车运行作业
客运值班员	1. 关闭部分TVM和进站闸机,尽量采用人工售票,未关闭的TVM和进站闸机,要派志愿者提醒乘客××方向的列车将延误; 2. 通知售检票员停止发售受影响方向的车票,并做好乘客解释工作; 3. 到站台协助值班站长处理
售检票员	停止发售影响方向的车票,做好乘客解释工作
站台安全员	1. 一名安全员立即按下紧急停车按钮,报告车站控制室,保护现场,挽留两名目击证人(乘客),现场等候处理; 2. 另一名安全员迅速引导、疏散其他围观乘客,维持好站台秩序,避免人多时发生其他意外; 3. 第三名站台安全员迅速到应急备品间取出担架、裹尸布、手套、粉笔等应急备品,赶赴现场(只有两名站台安全员的车站,该项工作由客运值班员负责)

注:1. 发生列车压人事故时,寻找目击证人对今后的事故调查处理十分关键,必要时可以先留下证人的联系方式(并许诺作证可以获得一定的交通费补助等),交由公安调查处理。
　　2. 若人多混乱,一定要控制好现场的秩序,避免发生其他意外,必要时请求支援。

❷ 列车在隧道内因故障停车,需要疏散乘客和救援时的处理

(1)行车值班员接到行车调度员封锁线路隧道清客的调度命令后,打开隧道照明灯。

(2)执行行车调度员的指示,车站值班站长和故障列车司机组织乘客从某端疏散到车站(一般故障不是火灾,在列车前端疏散,有利乘客的安全)。

(3)值班站长安排值班员和站务员携带手提广播、对讲机、照明灯(手电筒),穿荧光服到隧道内引导乘客向站台疏散,通知售票员暂停售票,控制客流进站。

(4)值班员负责确认乘客全部安全到达站台和线路出清后报告站控室行车值班员。

(5)值班站长确认线路出清后,报告行车调度员线路已出清,按行车调度员命令做好救援准备工作。

(6)根据行车调度员的指示,车站填写封锁线路的命令,交给救援列车司机,作为进入封锁线路的凭证。

(7)救援列车从站间返回后,确认故障列车已被拉进站时,报告行车调度员。

(8)行车调度员发布取消前发封锁线路的命令。

(9)救援列车司机将故障列车拉回车厂,或送到沿途存车线(折返线)待令。

❸ 列车清客时的应急处理

(1)当需要清客时,司机应:

①向行车调度员报告清客原因。

②确认列车的具体位置。

③确认列车上乘客的数量。

(2)清客前司机应:

①用列车广播告知乘客清客的原因,并安抚乘客情绪以避免乘客发生混乱。

②与行车调度员保持密切的联系。

(3)列车未完全进站时,如果列车只有一部分停在站台内,不能向前移动对标时,按照下列程序处理:

①报告值班站长,并执行行车调度员的清客命令。

②用广播通知乘客。

③手动打开已进入站台侧的车门。

④要求站务人员协助乘客下车。

⑤出清后,按行车调度员的指示执行。

(4)当列车在隧道停车需要紧急清客时,执行下列程序:

①放下前端疏散门或后端疏散门。

②广播通知乘客按顺序从疏散门离开列车。

③确认所有乘客已经离开列车。

④司机必须停留在现场,做好列车的防护。

❹ 列车救援时的应急处理

(1)请求救援列车司机应:

①报告行车调度员,故障列车的停留位置(km、m)以及要求协助的内容事项等。

②施加停车制动,关闭操纵台,关闭车厢风缸塞门。
③司机应在救援列车的来车方向的驾驶室打开列车头、尾部红灯进行防护。
④救援列车到达后,在救援列车的来车方向的驾驶室向救援列车司机显示信号,指挥列车连挂。
⑤列车连挂好后,激活操纵台,缓解停车制动,切除连挂端A车的两个车厢风缸塞门,与救援列车司机进行通话及制动试验。
⑥执行事故处理主任的指示。
⑦运行中,与救援列车司机加强联系,发现危及行车、人身安全情况时,立即采取停车措施。
(2)救援列车司机应:
①担当事故处理主任的角色。
②认真执行车调度员度命令。
③明确故障列车停留位置(区间、km、m)、运行速度、线路坡度、曲线半径以及下列注意事项:
a. 以 ATO 或 SM 或 RM 模式驾驶列车前往救援地点。
b. 在救援地点前15m处一度停车,确认被救援列车司机发出的手信号。
c. 在接近车辆前1m处一度停车,确认安全后再连挂。
d. 挂后应试拉、检查车钩连挂状态。
e. 与被救援列车司机进行通话、制动试验。
f. 运行中,与被救援列车司机加强联系,发现危及行车、人身安全情况时,立即采取停车措施。

四 事故处理应急预案

1 列车晚点应急预案(表7-9)

列车晚点应急预案　　　　　　　　　表7-9

岗　位	应　急　措　施
行车值班员	1. 行车值班员接到行车调度员及后方站上行(或下行)列车晚点的通知后,判断晚点时间,报告当班值站,按要求不间断播放列车晚点信息; 2. 与行车调度员及邻站保持联系,加强广播,CCTV密切监控车站乘客动态; 3. 在行车日志上做好记录,将列车延误的原因、具体时间段、延误的列车车次等汇总信息报告给值班站长; 4. 运营恢复时,及时更换播音内容
值班站长	1. 接到行值通知后,及时将有关列车延误信息汇报给中心站长; 2. 通知并监督各岗位按照应急预案要求,做好本职工作; 3. 必要时与驻站公安取得联系,请求支援; 4. 如列车晚点时间过长,根据中心站长的指示,进一步做好列车延误车站的应急工作; 5. 待列车运营秩序正常后,通知车站各岗位恢复正常,厅巡或备班人员撤除各个出入口的列车延误告示,行车值班员和客运值班员统计相关数据; 6. 值班站长收到行车值班员值、客运值班员值的报告进行汇总后报告给中心站长及相关部门

续上表

岗　位	应　急　措　施
客运值班员	1. 接到值班站长的通知后,到站厅做好对乘客的宣传解释工作,用录音喇叭在站厅播放列车延误信息(主要包括晚点的方向、大概延误的时间及有急事的乘客改乘其他地面交通工具等); 2. 晚点10min以上时,到补票亭协助检票员做好乘客退票及IC卡免费更新工作,用录音广播不间断播放退票及IC卡免费更新的信息(退票及更新均需填写乘客事务处理单,并注明原因); 3. 列车晚点30min以上时,听从值班站长安排,在各个出入口张贴列车延误的告示; 4. 恢复运营后,及时将出入口的列车延误告示撤除,统计因城市轨道交通原因造成的退票数量、金额及免费更新IC卡的数量,将信息报告给值班站长
售票员	售票前询问买到哪个方向的车票,并再次告知乘客列车延误的信息,出售该方向的车票时注意放慢速度,听到值班站长停止出售该方向的车票时立即停止出售,并耐心向乘客解释
站台安全员	1. 密切注意站台乘客动态,用录音广播不间断告知乘客列车晚点信息(主要包括晚点的方向、大概延误的时间及请乘客改乘其他地面交通工具等); 2. 必要时向值班站长请求支援,维持好现场秩序,避免人多拥挤发生人身安全及行车安全事故
中心站长	1. 接到值班站长的汇报后,根据晚点时间及影响大小作出相关指示; 2. 保持与相关部门(OCC、票务中心及站务中心领导)的联系,随时听取有关指示,并传达给值班站长

注:1. 发布列车延误信息时,要经过行车调度员批准,内容要力求准确。
　　2. 影响时间较长,有乘客需要退票时,要经过值班主任批准,至少要得到各站按文本规定执行的命令。
　　3. 退票时,按规定仍需填记乘客事务处理单,可以请乘客不要集中在当天退票(7日内均可)。如经过宣传后仍有大批乘客需要当时退票,应及时请示票务中心领导后,灵活处理,避免因等候时间过长而引发其他纠纷。

2 通信应急预案

为使在城市轨道交通运营过程中通信设备发生的重大故障、事故及突发事件得以及时修复,确保运营的需要,本着"先通后复"的原则,以最短的时间恢复或提供有效的通信手段,并保证抢修抢险工作有序、有效进行,特制订通信应急预案。

(1) 事故(事件)的报告

通信值班人员接到设修调度通知后,应立即赶赴事故现场,并向设修调度报告以下内容:报告人姓名、部门、联系方式;事故(事件)发生时间(月、日、时、分)、地点(区间、百米标或股道);事故(事件)概况、设备损坏情况及运营影响程度;请求救援内容;其他必须说明的内容。

(2) 事故(事件)的处理

事故(事件)应根据"四不放过"的原则开展调查处理。设修调度在接到通信值班人员事故报告后,在获得有关方面的技术支持下应立即判断是否影响正常运营。若不影响正常运营,则由通号中心根据客观情况灵活安排检修计划;若影响正常运营,则通信抢险队在设修调度的通知下立即启动以下抢险程序。

①通信抢险队队长指定一名负责人,由该负责人牵头抢修工作,所有参加抢险人员必须无条件服从此负责人的命令。在联合抢险时,负责人必须无条件服从现场总指挥的命令。

②在设修调度安排下工程抢险车司机在10min内出车,通信抢险人员带齐抢险用具上

车出发,赴事故(事件)发生地点执行抢险任务。

③在抢险过程中必须随时向有关领导报告情况。

④设修调度在征得抢险小组负责人的意见后,提前与事故发生地点就近车站联系,请点事宜。抢险小组到达后,立刻办理请点手续并开始组织进行抢险,同时向设修调度报告开始抢险。

⑤抢险作业完成后,由抢险组指挥人向设修调度报告抢险完成及现场出清情况。

⑥抢险注意事项:

a.抢险组织工作必须牢固树立"安全第一"的思想,贯彻"高度集中、统一指挥、逐级负责"的原则,采取"先通后复"的办法,尽快恢复运营。

b.抢险必须由设修调度授权。

c.抢险必须严格保证抢险指令的统一性、唯一性、权威性,杜绝"多头指挥"、"无人指挥"。

d.抢险现场必须指定抢险的防护员、联络员及记录员,安排安全防护的设置,并注意抢险完成后现场的出清,确保抢险有序、安全地进行。

e.不论发生事故(事件)的性质如何,都必须向设备维修调度汇报。

(3)通信专业抢修抢险报告及处理流程(图7-11)

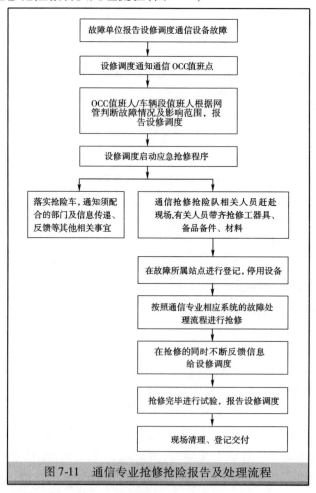

图7-11 通信专业抢修抢险报告及处理流程

(4)光缆全部中断故障抢修预案

光缆全部中断会对通信各子系统以及与OTN有接口的其他系统(如BAS、SCADA、AFC、ATS等系统)造成重大影响,甚至中断。

①应急抢险要点。抢险人员要树立"安全第一"的思想,抢险组织工作贯彻"高度集中、统一指挥、逐级负责"的原则,保证抢险救援工作安全有序,减少不良影响,尽快恢复运营生产的重要环节。

发生通信光缆故障后,应迅速准确地报告情况,积极合理地调动人力、物力投入抢险,尽快开通线路,减少损失,恢复运营。

抢险救援设备、工具、备品按照相关要求配置、配齐,并确保状态良好。

②光缆全部中断故障抢修流程如图7-12所示。

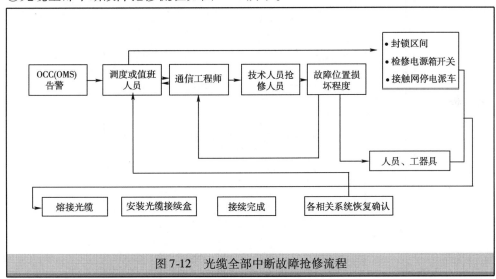

图7-12 光缆全部中断故障抢修流程

(5)UPS故障抢修预案

通信UPS系统为通信无线子系统、传输子系统、交换系统、闭路电视子系统、广播子系统、时钟子系统、网管子系统提供不间断的电源供应。

当车站电源系统发生故障时,通常会自动启动其他运行模式,原则上不影响其他子系统的正常使用。但若发生供电中断故障时,会影响其所在站点的通信各子系统的正常使用,通信各子系统会因无电源供电而停机。

当控制中心电源发生故障时,通常会自动启动其他运行模式,原则上不影响其他子系统的正常使用。但若发生供电中断故障时,控制中心通信各子系统会因无电源供应而停机,无线调度系统无法使用,有线调度系统、公务电话无法使用,传输系统中断导致其他相关专业的传输数据丢失。

①应急抢险要点:树立"安全第一"的思想,抢险组织工作贯彻"高度集中、统一指挥、逐级负责"的原则,保证抢险救援工作安全有序,减少不良影响,尽快恢复运营生产的重要环节。

发生通信UPS故障后,应迅速准确地报告情况,积极合理地调动人力、物力投入抢险,尽快开通线路,减少损失,恢复运营。

抢险救援设备、工具、备品按照相关要求配置、配齐,并确保状态良好。

②应急处理程序如图 7-13 所示。

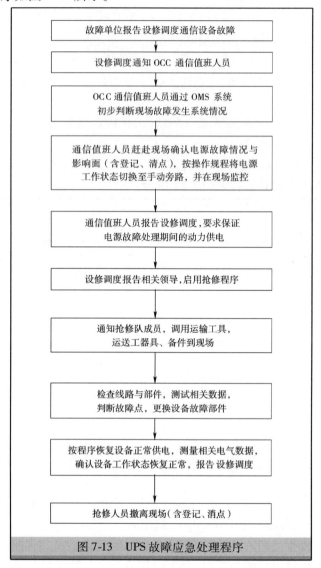

图 7-13　UPS 故障应急处理程序

 复习与思考题

1. 城市轨道交通事故与事故等级应如何确定？
2. 列车在区间发生脱轨时，应如何处理？
3. 在城市轨道交通车站发生火灾时，应如何处理？
4. 城市轨道交通列车到站后发生屏蔽门不能打开时，应如何处理？
5. 城市轨道交通列车由于故障临时停留在隧道内时，应如何处理？
6. 列车运行过程中发现接触网导线上挂有一个气球，并影响行车时，应如何处理？

附录 城市轨道交通常用缩略语英汉对照表

缩写	英文全拼	中文含义
AFC	Automatic Fare Collection	自动售检票系统
AGT	Automated Guideway Transit	自动导向交通
AR	Automatic Reversal	自动折返
ARS	Automatic Route Setting	进路自动排列
ATC	Automatic Train Control	列车自动控制
ATO	Automatic Train Operation	列车自动驾驶
ATP	Automatic Train Protection	列车自动防护
ATR	Automatic Train Regulation	列车自动调整
ATS	Automatic Train Supervision	列车自动监控
ATT	Automatic Train Tracking	列车自动跟踪
AVM	Automatic Vehicle Monitoring	车辆自动监控
BAS	Building Automation System	环境自动控制系统
BCC	Backup Control Center	备用控制中心
CC	Central Computer	中央计算机
CCR	Central Control Room	中央控制室
CCTV	Closed Circuit Television	闭路电视
CLOW	Center Local Operation Workstation	中央联锁工作站
CTC	Centralized Traffic Control	调度集中
DCC	Depot Control Center	车辆段控制中心
DVA	Digital and Video Announcements	数字语音广播器
DTI	Departure Time Indicator	发车计时器
FAS	Fire Alarm System	防灾报警系统
FDU	Frontal Display Unit	前部显示单元
LOW	Local Operation Workstation	联锁工作站
LCP	Local Control Panel	局部控制台
LAN	Local Area Network	局域网

续上表

缩写	英文全拼	中文含义
MMI	Man Machine Interface	人机接口
M(C)	Motor Car	动车
MP(B)	Motor Car With Pantograph	带受电弓的动车
OCC	Operation Control Center	运营控制中心
PIS	Passenger Information System	乘客信息系统
PIIS	Passenger Information and Indication System	乘客向导系统
RM	Restricted Manual	（ATP）限速人工驾驶
RTU	Remote Terminal Unit	远程控制单元
SC	Station Computer	车站计算机
SM	Supervised Manual	（ATP）监控人工驾驶
TIMS	Tran Integrated Management System	列车综合管理系统
URM	Unrestricted Manual	（ATP切除）人工驾驶
UPS	Uninterrupted Power Supply	不间断电源供给

参 考 文 献

[1] 王珏.城市轨道交通概论[M].北京:中国铁道出版社,2008.
[2] 李建国.城市轨道交通系统概论[M].北京:机械工业出版社,2009.
[3] 谢如鹤.交通运输导论[M].北京:中国铁道出版社,1998.
[4] 张国宝.城市轨道交通运营组织[M].上海:上海科学技术出版社,2008.
[5] 刘莉娜.城市轨道交通客运组织[M].北京:人民交通出版社,2010.
[6] 耿幸福,宁斌.城市轨道交通运营安全[M].北京:人民交通出版社,2010.
[7] 耿幸福,徐新玉.城市轨道交通行车组织[M].北京:人民交通出版社,2010.
[8] 仇海兵.城市轨道交通车辆及操作[M].北京:人民交通出版社,2009.
[9] 上海申通城市轨道交通集团有限公司轨道交通培训中心.城市轨道交通电动列车驾驶[M].北京:中国铁道出版社,2010.
[10] 毛保华.城市轨道交通系统运营管理[M].北京:人民交通出版社,2006.